PROPÓSITO PROFUNDO

G971p Gulati, Ranjay.
          Propósito profundo : o coração e a alma das empresas de
      alto desempenho / Ranjay Gulati ; tradução: Daniel Vieira ;
      revisão técnica: Gustavo Severo de Borba. – Porto Alegre :
      Bookman, 2024.
          xxx, 272 p. ; 23 cm.

          ISBN 978-85-8260-643-8

          1. Administração. 2. Mentores em negócios. 3. Liderança.
      I. Título.

                                                        CDU 658

Catalogação na publicação: Karin Lorien Menoncin – CRB 10/2147

RANJAY GULATI

PROPÓSITO PROFUNDO

O CORAÇÃO E A ALMA DAS EMPRESAS DE ALTO DESEMPENHO

Tradução
Daniel Vieira

Revisão técnica
Gustavo Severo de Borba
Professor e escritor. Mestre e Doutor em Engenharia de Produção pela
Universidade Federal do Rio Grande do Sul (UFRGS)
Especialista em Design Estratégico pela Universidade do Vale do Rio dos Sinos (Unisinos)

Porto Alegre
2024

Obra originalmente publicada sob o título
Deep Purpose: The Heart and Soul of High-Performance Companies, 1st Edition
ISBN 9780241513408

Copyright © 2022 by HarperCollins Publishers, New York, New York 10007.

Gerente editorial: *Letícia Bispo de Lima*

Colaboraram nesta edição:

Editora: *Simone de Fraga*

Preparação de originais: *Ildo Orsolin Filho*

Leitura final: *Mariana Belloli Cunha*

Capa: *Márcio Monticelli*

Projeto gráfico e editoração: *Clic Editoração Eletrônica Ltda.*

Reservados todos os direitos de publicação, em língua portuguesa, a
GRUPO A EDUCAÇÃO S.A.
(Bookman é um selo editorial do GRUPO A EDUCAÇÃO S.A.)
Rua Ernesto Alves, 150 – Bairro Floresta
90220-190 – Porto Alegre – RS
Fone: (51) 3027-7000

SAC 0800 703 3444 – www.grupoa.com.br

É proibida a duplicação ou reprodução deste volume, no todo ou em parte, sob quaisquer formas ou por quaisquer meios (eletrônico, mecânico, gravação, fotocópia, distribuição na Web e outros), sem permissão expressa da Editora.

IMPRESSO NO BRASIL
PRINTED IN BRAZIL

O AUTOR

Ranjay Gulati é professor do MBA da Harvard Business School e ex-presidente do Advanced Management Program, o principal programa executivo de liderança sênior da escola. Considerado um dos 10 mais citados estudiosos em economia e negócios, Gulati estuda como as organizações resilientes – aquelas que prosperam em momentos bons e ruins – impulsionam o crescimento e a lucratividade. É consultor de grandes e pequenas empresas em todo o mundo e já atuou nos conselhos consultivos de vários empreendimentos comerciais. Gulati se formou em Harvard, na Sloan School of Management do Massachusetts Institute of Technology, na Washington State University e no St. Stephen's College, Nova Delhi. Atualmente, mora em Newton, Massachusetts.

Para minha esposa, Anuradha, e minha falecida mãe, Sushma.
Vocês são duas das líderes mais inspiradoras
e orientadas a propósito que já conheci.

Não basta ser ocupado; as formigas também o são.
A pergunta é: você se ocupa com o quê?

—Henry David Thoreau

AGRADECIMENTOS

Este livro teve origem em dois diálogos que tive nos últimos anos. O primeiro começou em um debate acalorado que tive há vários anos com dois amigos, Frank Cooper e Matt Breitfelder. Estávamos discutindo o propósito dos negócios e por que tão poucas empresas haviam elaborado e expressado propósitos para si mesmas. Frank e Matt me fizeram uma pergunta difícil: o que eu estava fazendo sobre isso como educador e pesquisador da área de negócios?

Eu não tinha uma resposta convincente, e isso me incomodou. Contudo, esse momento constrangedor me levou a pensar mais sobre propósito do que já tinha pensado antes. Hoje olho para trás, para essa discussão e para muitas das conversas seguintes que tive com Frank e Matt, e me sinto profundamente grato pelo empurrão que eles me deram.

Naquela época, também me inspirei no exemplo do CEO da BlackRock, Larry Fink. Entre os muitos líderes de empresa com um propósito profundo que conheci ao longo dos anos, Larry se destaca não apenas por ter vivido esse ideal desde a época em que fundou a BlackRock, mas também por encorajar outros a fazerem o mesmo. Minhas conversas com Frank e Matt, as cartas públicas de Larry e minhas conversas com ele me convenceram a deixar de lado outros projetos e escrever este livro. A ele também desejo expressar os meus profundos agradecimentos.

Tive a sorte de ter um *dream team* editorial do meu lado: meu agente Richard Pine e a editora Hollis Heimbouch. Richard foi fundamental para me ajudar a conceituar o livro. Sua crença neste projeto desde o início e sua visão otimista do mundo tiveram um profundo impacto sobre mim. Ele é a personificação do tipo "idealista prático" que discuto neste livro. Também me sinto afortunado por ter uma editora como Hollis, que se entrega completamente uma vez que assume um autor. Seu retorno cuidadoso sobre o livro foi incrivelmente útil durante todo o processo de escrita. Todo escritor precisa de um público para o qual está escrevendo. Ela foi o público que visualizei enquanto escrevia este livro, porque sabia que ela seria a primeira pessoa a ver o rascunho.

Para a pesquisa que realizei ao escrever este livro, tive de canalizar a sabedoria de muitos outros que haviam praticado o propósito profundo. Em primeiro lugar, sou grato aos mais de 200 líderes empresariais que encontraram um tempo em suas agendas lotadas para me dar relatos sinceros de suas experiências com o propósito profundo. Sinto-me privilegiado por ter tido a oportunidade de ouvir em primeira mão algumas pessoas incríveis, de CEOs a trabalhadores da linha de frente. Cada um compartilhou suas provações e adversidades com a busca de um propósito profundo. Só espero ter feito justiça a eles ao contar suas histórias inspiradoras.

Pesquisar e escrever é tudo menos um processo solitário. Conduzir mais de 200 entrevistas e depois transformar algumas delas em estudos de caso e em materiais para este livro foi uma tarefa monumental que não poderia ter feito sozinho. Sou grato a várias pessoas que me ajudaram durante todo esse processo. Minha longa lista de parceiros de pesquisa inclui Monte Burke, Patrick Healy, Akiko Kanno, Joseph Mesfin, Eppa Rixey, Amar Scherzer, Malini Sen, Rohan Sheth, Aseem Shukla, Luciana Silvestri, Rachna Tahilyani, Margaret Vo, Franz Wohlgezogen e Sam Yogi. Sou grato a Jennifer Beauregard e Susan Kahn, da Baker Library, por sua excelente assistência e apoio à pesquisa. Também sou grato a Amber Haynes, por sua ajuda com os números apresentados neste livro. Sou especialmente grato a Seth Schulman e Rachel Gostenhofer, por sua excelente ajuda editorial. Seu profundo compromisso com este projeto ficou evidente a cada passo do caminho.

À medida que mergulhava no enorme corpo de trabalho que havia sido feito sobre propósito organizacional e tópicos relacionados, tive a sorte de encontrar outros que me apontaram a direção certa. Eles ouviram pacientemente minhas histórias, ofereceram seu próprio entendimento dos meus relatos e ajudaram a me direcionar para algumas das pesquisas anteriores mais relevantes. Sou grato a Aaron Chatterji, Francesca Gino, Denny Gioia, Scott Goodson, Rebecca Henderson, Ioannis Ioannou, Sarah Kaplan, Deepak Malhotra, Joel Podolny, Violina Rindova, Majken Schultz, Jim Sebenius, George Serafeim e Richard Tedlow. É bem provável que eu esteja esquecendo de incluir algumas pessoas aqui. Meu erro não deve diminuir meu sincero apreço por você, e peço seu perdão. Sou grato às seguintes pessoas que me inspiraram a pensar mais profundamente sobre propósito: Maria Carolina V. Dominguez, Wai Ching Chan, Niren Chaudhary, Betty Lau, Alicia Morales e Dilhan Pillay. Sou grato a toda a equipe da Temasek, que proporcionou retorno e inspiração inestimáveis durante todo o meu processo de pesquisa.

Pode ser tedioso ler o rascunho de um manuscrito incompleto e às vezes incoerente e dar um retorno que seja ao mesmo tempo construtivo e encorajador. Tive a sorte de ter colegas e amigos queridos que se esforçaram para fazer isso por mim: John Campbell, Rakesh Khurana, Mark Mizruchi e Peter Murmann. Frank Cooper e Nitin Nohria se tornaram companheiros de viagem comigo nessa jornada do livro, não apenas lendo vários rascunhos, mas também arregaçando as mangas, debatendo comigo e me ajudando a reestruturar as principais seções do livro.

Mary Gros é uma amiga extraordinária que está comigo desde a época em que comecei minha vida acadêmica. Ela tem a capacidade única de desafiar e apoiar meus esforços de pesquisa, e fez isso novamente em momentos-chave enquanto eu escrevia este livro.

Eu não poderia ter escrito este livro se não tivesse frequentado a Harvard Business School, a própria materialização de uma organização com um propósito profundo. Sou grato não só por todo o apoio financeiro que recebi da nossa Divisão de Pesquisa para este livro, mas também pelo que essa instituição representa. Quando dizemos que "educamos líderes que fazem a diferença no mundo", realmente queremos dizer isso. O propósito permeia essa organização e, portanto, uma vez que me concentrei no poder do propósito, foi fácil para mim ir mais a fundo sem ter de olhar muito longe. Também passei a prezar o fato de que muitos dos meus atuais e ex-colegas da HBS haviam feito pesquisas pioneiras e influentes sobre tópicos relacionados muito antes de eu entrar em cena. Sou profundamente grato a muitos deles, incluindo Joe Badaracco, Chris Bartlett, Julie Battilana, Mike Beer, Joe Bower, Amy Edmondson, Bill George, Rebecca Henderson, Rosabeth Moss Kanter, Joshua Margolis, Lynn Paine, Michael Porter, Kash Rangan, George Serafeim e Mike Toffel, por abrirem o caminho para este livro.

Um dos maiores privilégios para mim na Harvard Business School foi ensinar e, por fim, presidir o Advanced Management Program (AMP). Nossos alunos são importantes líderes em todos os cantos do mundo, e cada um vem com o compromisso de avançar como líder durante as sete semanas em que estão conosco no *campus*. Foi por meio do olhar deles que tive meu primeiro vislumbre do poder do propósito profundo. Sou eternamente grato por tudo o que aprendi com eles.

Algumas pessoas não estão mais conosco, mas seu trabalho e filosofia tiveram um profundo impacto sobre mim: Sumantra Ghoshal, Paul Lawrence e meus pais, Sushma e Satya Paul Gulati. Sumantra e Paul continuam sendo modelos inspiradores, pesquisadores que estudaram problemas importantes e buscaram destilar ideias relevantes tanto para a teoria quanto para a prática. Cada um falou sobre a importância de encarar problemas críticos enfrentados pelas empresas e pelo mundo em geral. Suas vozes eram uma constante em minha cabeça enquanto eu conduzia esta pesquisa. Gostaria que eles estivessem aqui para ler este livro. Meus pais eram especiais à sua maneira. Minha mãe era a personificação de uma líder com propósito profundo, e meu pai acreditava profundamente que fazer o bem era um precursor essencial do fazer bem feito, e que devemos ter fé quando damos o salto e tentamos fazer algo bom.

Para fazer este livro, procurei outros cujo trabalho admiro profundamente e que conseguiram superar a divisão entre a academia e a prática. Cada um desses estudiosos foi notavelmente generoso com seu tempo ao me orientar sobre como eu poderia imaginá-lo e abrir caminho no processo de publicação. Um grande agradecimento a Angela Duckworth, Adam Grant e Morten Hansen.

Escrever um livro requer imensas habilidades de gerenciamento de projeto. Como alguém com deficiências administrativas, eu jamais teria sido capaz de completar este livro sem Evan Terwilliger e seu esforço infalível para garantir que tudo fosse feito corretamente. Ele esteve envolvido desde o início e fez de tudo, desde organizar reuniões até me ajudar a vasculhar informações básicas das empresas. Ele me ajudou a manter todo o meu material em ordem e sabia onde tudo estava arquivado. Não importava quão complexa fosse a tarefa, eu sabia que poderia confiar em Evan para realizá-la. Seu espírito positivo me ajudou a continuar, mesmo quando este projeto parecia interminável.

Trabalhar no processo de escrita de um livro requer imenso apreço pelos prazos e atenção aos detalhes. Wendy Wong desempenhou papel crucial na publicação deste livro dentro do prazo estabelecido. Também tenho sorte de ter trabalhado com Barbara Cave Henricks, Jessica Krakoski e Nina Nocciolino. Elas deram orientação e direção incríveis para garantir que a mensagem deste livro fosse lida pelo maior número possível de pessoas.

Sou abençoado por ter um círculo de amigos queridos, e eles me sustentaram durante o longo e árduo processo de escrever um livro. Eles aceitaram pacientemente minha incessante desculpa de que não poderia encontrá-los devido a prazos urgentes e autoimpostos para o meu livro. Sua presença contínua me sustentou e me ajudou a permanecer conectado com meu próprio propósito profundo. Espero compensar todas essas ausências agora que este livro está pronto!

Quero agradecer à minha família por tolerar meu longo tempo trancado no escritório de casa, bem como meus intermináveis monólogos sobre propósito profundo à mesa de jantar. A pandemia da covid-19 reuniu nossa família sob o mesmo teto, mas também tornou mais difícil para mim permanecer escondido em meu escritório. Sou grato aos meus filhos, Varoun e Shivani, por seu amor, mas ainda mais por quem eles são como seres humanos. Espero que sigam trabalhando para encontrar seu próprio propósito na vida e tentar viver de acordo com ele. Por fim, quero agradecer à minha esposa, Anuradha. Em diversos momentos, ela colocou seu próprio livro à espera para que eu pudesse seguir com o meu. Seu trabalho em encontrar um propósito pessoal me inspirou a estudar organizações com um propósito profundo. Ela é uma das pessoas com mais propósito que já conheci e continua a me inspirar a encontrar meu próprio propósito em tudo o que faço. Sou grato por todo o seu amor e apoio, que tornam cada dia mágico.

PREFÁCIO

Larry Fink
Fundador e CEO da BlackRock

Fiquei profundamente honrado quando meu amigo Ranjay me pediu para escrever o prefácio deste livro. Descobrir o poder do propósito corporativo, aprender a buscá-lo e trabalhar para desenvolver o propósito ao longo do tempo tem sido um dos elementos mais desafiadores – e gratificantes – da minha carreira. Embora saibamos que um senso de propósito é, por vezes, a força motriz por trás de empresas de alto desempenho, esse é um conceito muito difícil de ser definido. Não há dúvida de que ele aparece nos resultados financeiros de longo prazo, mas o propósito corporativo não pode ser capturado no demonstrativo de lucros e perdas, no preço das ações ou no valor de mercado. Com este livro, Ranjay fez o trabalho pesado de descrever o que é propósito e, talvez até mais importante, o que não é. Suas distinções, estudos de caso e ferramentas sobre como impulsionar a mudança serão valiosíssimas para qualquer líder de negócios que trabalhe para impulsionar o propósito, bem como o lucro.

Minha própria jornada para entender o propósito corporativo tem sido muito longa. Em 1988, sete outras pessoas e eu fundamos a BlackRock para usar a tecnologia e a análise de dados mais profundamente para administrar o dinheiro de pessoas que estão economizando para a aposentadoria ou outros investimentos de longo prazo. Nosso objetivo é ajudar cada vez mais pessoas a atingirem o bem-estar financeiro. Contudo, no final da última década, percebi que, como fiduciário de nossos clientes e como investidor, era importante falar mais abertamente sobre o papel essencial que o propósito desempenha na realização do sucesso em longo prazo.

"Sem um senso de propósito, nenhuma empresa, seja ela pública, seja privada, pode alcançar todo o seu potencial". Foi o que escrevi em 2018 em uma carta

aos CEOs das empresas nas quais os nossos clientes estavam investindo. Comecei a escrever cartas aos CEOs em nome de nossos clientes depois de me cansar da obsessão da mídia financeira e de Wall Street com os altos e baixos do mercado. Queria incentivar mais CEOs a terem uma visão de longo prazo (como os melhores líderes já tiveram), a fim de gerar maior valor no longo prazo para nossos clientes. Muitas pessoas ficaram surpresas quando eu, líder de uma empresa de investimentos globais, escrevi naquela mesma carta anual sobre a necessidade de cada empresa se concentrar não apenas no lucro, mas também no propósito. Algumas pessoas pensaram que eu estava perdendo meu tempo e me tornando *"new-age"* de certa forma. Na verdade, eu estava repassando o que tinha visto após anos conversando com líderes das melhores e mais bem-sucedidas empresas em todo o mundo. Não fui o primeiro a observar o importante papel que o propósito desempenha na construção de uma empresa. Desde Henry Ford, grandes líderes empresariais construíram empresas em torno de visões convincentes a respeito da contribuição da empresa para todos os seus *stakeholders*, incluindo os acionistas. No entanto, nos últimos anos, à medida que aumentaram as expectativas da sociedade em relação aos negócios, a importância do propósito corporativo cresceu drasticamente.

Durante as décadas de 1980 e 1990, muitos achavam que o propósito de uma empresa era simplesmente gerar lucro, às vezes sem levar em conta o impacto nas comunidades onde ela operava ou mesmo em seus funcionários. Em anos mais recentes, porém, as grandes empresas – aquelas que agregam valor significativo durante um longo período de tempo – estão cada vez mais orientadas por algo muito mais profundo: um propósito que se estende além do lucro. O propósito cria uma visão unificadora para todas as partes interessadas de uma empresa, incluindo seus funcionários, clientes, parceiros e acionistas. Ele direciona o comportamento ético e cria uma verificação essencial das ações que vão contra os interesses dos *stakeholders*. Por fim, é um poderoso fomentador da cultura, fornecendo uma estrutura para a tomada de decisões consistentes em toda a organização, o que, em última análise, ajuda a sustentar os retornos financeiros em longo prazo para os acionistas da empresa.

Alguns acreditam que há uma tensão intrínseca entre propósito e lucro, que eles estão localizados em extremos opostos de um espectro. Contudo, como escrevi em minha carta, "o propósito não é unicamente a busca por lucros, mas a força motriz para alcançá-los". Vejo isso nitidamente quando se trata de atrair e reter os melhores talentos e construir relacionamentos com parceiros e clientes. Cada vez mais, funcionários e clientes exigem uma expressão clara do propósito, e eles querem vê-lo alinhado aos seus valores. Isso é mais visível entre os mais jovens. Em nossa própria empresa, vemos que os jovens cientistas de dados e engenheiros de *software* mais talentosos querem trabalhar em uma empresa cujo propósito os motiva e inspira. Neste livro, Ranjay desafia a noção de que o propósito existe em oposição ao lucro ou que implica a construção de valor em longo prazo à custa de resultados de curto prazo.

Tudo o que fazemos – seja projetando um novo produto, seja fazendo uma aquisição – auxilia em nosso propósito de ajudar mais e mais pessoas a alcançarem o bem-estar financeiro. Nosso trabalho ao longo de muitos anos, com aposentadoria e em tornar o investimento mais fácil e acessível e, mais recentemente, promover o investimento sustentável, cumpre nosso propósito.

As pessoas merecem segurança financeira ao longo de suas vidas. Atuamos como fiduciários, investindo em nome de médicos, enfermeiros e bombeiros para que eles possam ter bem-estar financeiro na aposentadoria. Ter uma aposentadoria segura não é uma conclusão inevitável, especialmente aqui nos EUA. Para economizar adequadamente para a aposentadoria, indivíduos e fiduciários como a BlackRock, que gerenciam seus ativos, precisam pensar em um horizonte de tempo de 30 ou 40 anos. Em suma, a preparação para a aposentadoria requer planejamento de longo prazo, o que é fundamental para o nosso propósito. Da mesma forma, passamos anos trabalhando para tornar o investimento mais fácil e acessível, oferecendo maneiras de investir de baixo custo, porque acreditamos que isso é fundamental para ajudar mais pessoas a alcançarem o bem-estar financeiro.

Por fim, nosso foco no avanço do investimento sustentável está profundamente enraizado em nossa convicção de que ele oferece melhores resultados para os investidores. A crise climática está tendo efeitos bastante reais no planeta, gerando eventos climáticos cada vez mais graves, inundações e incêndios florestais; ao longo do tempo, isso impulsionará mudanças nas avaliações dos ativos. Ela também está criando oportunidades, à medida que governos, investidores e consumidores procuram novas tecnologias que alimentem fontes de energia renováveis e acessíveis. Se não levarmos em conta essa realidade, decepcionaremos nossos investidores, nossos clientes e nossas comunidades.

Expressar um propósito claro é a parte fácil; *como* expressá-lo sempre é o elemento mais desafiador para os CEOs e outros líderes corporativos. Criar valor duradouro para vários *stakeholders* e, ao mesmo tempo, entregá-lo para acionistas e clientes é muitas vezes uma tarefa hercúlea. Você precisa de uma estrutura para fazer escolhas difíceis e ter a capacidade de mobilizar pessoas dentro e fora de sua empresa. Quase sempre, líderes bem-intencionados fazem escolhas de curto prazo à custa da incorporação profunda do propósito na organização.

Quando articulei com meus colegas a conexão entre sustentabilidade e nosso propósito, uma equipe com pessoas de toda a empresa se reuniu e disse: "queremos fazer isso e precisamos nos mover ainda mais rápido". Foi um dos momentos de maior orgulho da minha carreira. Meus colegas mobilizaram nosso talento de um jeito que foi muito além das minhas expectativas. Eles criaram uma estratégia clara de como agregar valor para todos os nossos *stakeholders*, incluindo nossos acionistas, nossos clientes, nossos funcionários, nossas comunidades e o planeta. "Risco climático é risco de investimento" tornou-se uma espécie de mantra na BlackRock e, como resultado, nossos líderes estão agregando mais valor – e reduzindo o risco – para nossos clientes. Eles estão criando novos modelos para ajudar nossos clientes e investidores a quantificarem as mudanças que estão acontecendo nas avaliações de ativos, estão trabalhando com os conselhos das empresas em sua estratégia de longo prazo para a transição para uma economia de baixa emissão de carbono e estão criando novos fundos para trazer capital privado para os mercados emergentes, a fim de financiar infraestrutura sustentável. Eles estão vivendo o nosso propósito.

Meu apreço por aqueles que se dedicam a um propósito e têm uma visão de longo prazo que só aumentou com o tempo. Expressar claramente o nosso propósito fez com que a BlackRock aparecesse para o mundo e ajudou a impulsionar o nosso sucesso ao longo das décadas. É por isso que acredito que este livro é tão interessante. Ele comunica, de forma tangível, o que sempre foi um princípio orientador de como os grandes líderes administram os negócios.

Como escrevi em minha carta anual mais recente: "quanto mais a empresa puder mostrar seu propósito em entregar valor a clientes, funcionários e comunidades, mais capaz você será de competir e entregar lucros duradouros e de longo prazo para os acionistas". Como as evidências mostram cada vez mais, um propósito que abrange vários *stakeholders* produz um desempenho financeiro mais forte. Ranjay argumenta que os líderes podem e devem se orientar para a entrega de valor no longo prazo. O propósito é o melhor paradigma disponível para fazer isso.

No entanto, cumprir o propósito de vários *stakeholders* significa remodelar as principais operações de uma empresa. Conforme argumenta Ranjay, para realizar a promessa do propósito e criar valor no longo prazo, as empresas devem ir mais fundo do que o propósito conveniente. Não basta só expressar um propósito, é preciso também fazer o duro trabalho de cumpri-lo, o que é, naturalmente, o maior desafio para todo líder. Como Ranjay observa, o problema não é que as intenções dos líderes empresariais sejam erradas; a questão é que eles acham que essa é uma tarefa muito árdua porque não entendem o que é uma busca mais profunda por propósito e como executá-lo.

Se esse é um desafio que você está enfrentando, verá que este livro é extremamente valioso. O propósito profundo é ao mesmo tempo inspirador e pragmático. Abrindo caminho pelo miasma de escritos sobre propósito, Ranjay apresenta uma nova e poderosa forma de pensar, que começa com uma compreensão mais profunda do que é propósito e das compensações de trazê-lo à vida. Analisando empresas em muitos setores e muitos locais distintos em busca de melhores práticas, Ranjay chegou a uma série de ideias profundas sobre como descobrir seu propósito, incorporá-lo em sua organização e sustentá-lo ao longo do tempo.

Por fim, Ranjay argumenta que os líderes devem dar um grande salto se quiserem passar de falar sobre propósito para realmente absorvê-lo e colocá-lo em prática. O propósito profundo é um *processo* contínuo com o qual os líderes devem se comprometer com todo o coração e alma. Ele deve servir como um sistema operacional para toda a organização e como uma bússola estratégica para a tomada de decisões. Com certeza, essa é uma tarefa difícil, mas os benefícios para os *stakeholders*, para os próprios líderes e para a sociedade são enormes.

SUMÁRIO

Prefácio de Larry Fink xvii

Introdução xxv

Capítulo 1   O que *realmente* é propósito? 1

Capítulo 2   Caminhando no fio da navalha 23

Capítulo 3   Quatro propulsores para um
desempenho superior 49

Capítulo 4   De onde *realmente* vem o propósito 73

Capítulo 5   Você é poeta ou encanador? 95

Capítulo 6   O "eu" no propósito. 119

Capítulo 7   Fuga da gaiola de ferro 143

Capítulo 8   De ideias a ideais 169

Epílogo   Introdução ao propósito profundo 195

Apêndice 207

Notas. 211

Índice. 263

INTRODUÇÃO

Eu já fui cético sobre propósito, descartando-o como um daqueles tópicos inspiradores, mas triviais, que os líderes levantam em discursos da empresa ou em relatórios anuais. Sobre a questão das empresas que geram benefícios sociais, comprei o clássico argumento liberal de que as empresas que operam em mercados livres serviriam naturalmente ao interesse público. É claro que a mão invisível do mercado tornaria todos melhores. Se eu simplesmente me concentrasse em ajudar as empresas a ter sucesso financeiro, pensei, colocaria-as em posição de fazer o bem para a sociedade.

Essas atitudes ficaram sob pressão em 2013, quando extremistas bombardearam a Maratona de Boston, matando três e ferindo centenas. Meus alunos em Harvard, executivos seniores de alto potencial vindos de vários países do mundo, ficaram devastados e organizaram uma campanha de arrecadação de fundos para os sobreviventes. Isso foi bom, mas os alunos não ficaram satisfeitos. Eles se perguntavam por que as empresas e os líderes só se comportavam com benevolência em tempos de crise. Por que os líderes não podiam retribuir como parte de seu trabalho diário? E o que meus colegas e eu poderíamos ensiná-los sobre como fazer negócios de forma diferente – como construir empresas prósperas e orientadas a propósito, que atendessem ao mesmo tempo aos acionistas e à sociedade? Por que, afinal, suas empresas existiam? Certamente não era apenas para encher o bolso dos investidores.

As perguntas de meus alunos me levaram a refletir e reexaminar algumas das minhas primeiras experiências de negócios. Em 1972, minha mãe perdeu o emprego de professora na Escola Americana em Nova Déli, e meus pais se divorciaram. Sem saber como se sustentar, ela fez algo arriscado. Em vez de procurar imediatamente um novo emprego, ela gastou todas as economias em um voo para Paris. Lá, ela apareceu sem aviso prévio nos escritórios das principais marcas de moda francesas com uma mala cheia de amostras e tentou despertar o interesse delas em suas roupas artesanais indianas.

Minha mãe há muito admirava a moda indiana, usando trajes tradicionais junto com estilos ocidentais para demonstrar orgulho por sua herança. Enquanto cursava um mestrado em antropologia, ela fez viagens de verão para a Grécia, onde outros estudantes perguntaram sobre suas roupas indianas e expressaram interesse em comprá-las. A lei indiana a proibia de levar mais do que o equivalente a US$ 50 para fora do país, então, para ajudar a se sustentar nessas viagens, ela levava roupas artesanais com desenhos de aldeias e as vendia. Mas uma coisa era impressionar alguns colegas de classe. Será que os criadores de tendências na capital global da moda comprariam as roupas da minha mãe? Eles compraram, e assim nasceu um negócio próspero. Em poucos anos, a empresa da minha mãe empregava, direta ou indiretamente, mais de mil pessoas.

Embora minha mãe não tenha articulado isso nesses termos, ela fez sua empresa crescer não apenas para ganhar dinheiro, mas para realizar um propósito social. O pessoal de fora tendia a menosprezar as pessoas rurais considerando-as primitivas, mas ela sabia que tinham uma cultura forte e vibrante, um senso estético aguçado e sofisticado e uma proximidade invejável com a natureza. O propósito implícito de sua empresa era conectar os consumidores ocidentais com o artesanato rural das aldeias indianas de uma maneira que enriquecesse ambas as comunidades.

Os consumidores ocidentais se beneficiaram por ganhar uma consciência mais profunda da humanidade e de sua diversidade. Os aldeões indianos se beneficiaram porque minha mãe obtinha seus produtos localmente, emprestando dinheiro a aldeões pobres para estabelecer instalações de fabricação, que, por sua vez, geravam empregos e riqueza. Se você perguntasse à minha mãe se estava administrando um negócio, ela responderia que, é claro, estava, mas ela também sempre faria alusão ao seu propósito mais amplo. Entendi que essa era sua motivação mais profunda; era o princípio operacional oculto que justificava seus negócios e impulsionava seu sucesso.

Lembrando-me de minha mãe e de seus negócios logo após o atentado à Maratona de Boston, comecei a me perguntar se o conceito de propósito – definido como uma missão ou razão de ser que potencialmente tem algum tipo de dimensão social – poderia servir aos líderes como uma abordagem geral para operar um negócio que fosse ao mesmo tempo lucrativo, de alto desempenho e impactante. Na época, eu estava colaborando em um livro sobre como as empresas implementam programas de sustentabilidade e fiquei surpreso ao saber que as iniciativas corporativas naquela área muitas vezes geravam lucros consideráveis. Observando que certas empresas orientadas a propósito haviam buscado tais iniciativas, mesmo em situações em que a economia não parecia muito atraente no início, comecei a me perguntar se as empresas em geral poderiam buscar com sucesso tanto objetivos comerciais quanto sociais. Na verdade, talvez um foco mais ambicioso até melhorasse o desempenho financeiro.

Investigando essa hipótese, descobri que os estudiosos vinham se debruçando em cima desse assunto há anos, tentando entender como o propósito afetava o desempenho. Embora eles não soubessem exatamente como medir o propósito ou como distinguir seu impacto dos de outros fatores, os resultados das pesquisas foram sugestivos. Já no início dos anos 2000, uma análise de 95 estudos revelou que a maioria "aponta para uma relação positiva entre o desempenho social corporativo [que alguns podem considerar um substituto para o propósito] e o desempenho financeiro".[1] Desde então, um fluxo constante de acadêmicos e consultores tem estudado o impacto do propósito por meio de pesquisas e revisões de caso. Um estudo com 50 empresas em três setores descobriu que aquelas que pontuam alto em uma medida de propósito costumam ter uma classificação mais alta nos retornos totais aos acionistas (TSR, do inglês *total shareholder returns*).[2] Outro estudo, com quase 500 executivos, descobriu que as organizações que priorizavam o propósito eram mais propensas a ter um crescimento de receita de mais de 10% em três anos.[3]

Mais uma vez, esses estudos foram apenas sugestivos: nenhum deles mostrou *definitivamente* que o propósito impulsiona o desempenho financeiro. No entanto, minhas próprias observações diretas apontaram para essa conclusão. Olhando para empresas pequenas e de rápido crescimento, notei que, independentemente do setor, várias tinham um grande foco em propósito. O fundador incorporava o propósito, definindo-o implícita ou explicitamente. Todos entendiam isso, e funcionários e clientes eram atraídos e se animavam com ele. Por outro lado, ao observar grandes empresas bem-sucedidas entrando em declínio, notei que sua morte parecia ocorrer porque elas perdiam o senso de propósito, a ponto de o trabalho se tornar uma rotina e os funcionários verem seus empregos de forma desapaixonada e transacional.

Ansioso para desempacotar as conexões intrigantes entre propósito e desempenho, realizei um estudo meticuloso de empresas de todos os setores e geografias que foram extraordinariamente profundas no propósito (para mais detalhes, veja o Apêndice). Conforme descobri, essas empresas tratavam o propósito como uma intenção existencial, que alimentava cada decisão, prática e processo. Elas adotavam o propósito como seu sistema operacional, percebendo-o como uma força motivadora vital, com poder quase espiritual. Como resultado, elas navegavam no terreno tumultuado do capitalismo com foco em todos os *stakeholders* muito mais habilmente do que a maioria, agregando valor em longo prazo a todos os *stakeholders*, incluindo investidores. A adoção apaixonada do propósito desencadeou uma série de benefícios, incluindo uma melhor elaboração de estratégias, uma força de trabalho altamente engajada e apaixonada e uma tremenda lealdade de clientes, fornecedores e outros parceiros externos.

Minhas entrevistas com mais de 200 executivos de 18 empresas revelaram o segredo dessas empresas: não são as estruturas superficiais de sempre, mas novas maneiras de pensar sobre os negócios, permitindo que líderes e empresas operem com mais paixão, urgência e clareza. Ao aprender a praticar o que chamo de "propósito profundo" (*deep purpose*), você pode capacitar sua empresa a prosperar financeira e organizacionalmente, liberando todo o potencial dela como uma força para o bem. Sua empresa pode vir a representar a esperança da humanidade, deixando um legado duradouro para as gerações futuras. Você pode criar um negócio que tenha não apenas ativos físicos ou pessoas, mas também o elemento que falta por trás do desempenho excepcional *e* do impacto social: uma alma perceptível e energizante.

Escrevi este livro porque acredito que o propósito traz novas respostas para empresas e líderes que lutam para alcançar um desempenho superior em meio a crises e disrupções imprevistas. Em um momento em que muitos dos maiores investidores do mundo (fundos de pensão, seguradoras, fundos de investimento e assim por diante) procuram cada vez mais um desempenho que abranja décadas, e não trimestres, quero lhe mostrar como resistir ao canto da sereia de uma mentalidade de curto prazo e desempenho a todo custo, criando uma espiral ascendente de desempenho *inspirado por* propósito. Como observou o CEO da BlackRock, Larry Fink: "quanto mais sua empresa puder mostrar o propósito de entregar valor a seus clientes, seus funcionários e suas comunidades, mais você será capaz de competir e entregar lucros duradouros e de longo prazo aos acionistas".[4]

Este livro mostra como entregar esses lucros duradouros adotando verdadeiramente um propósito profundo. Ele demonstra, inclusive, que o valor em longo prazo e o desempenho de curto prazo não precisam ser tão opostos quanto os líderes muitas vezes imaginam. O desempenho de curto prazo obviamente importa, mas não deve excluir os interesses de longo prazo de uma empresa. Contemplar o valor em longo prazo amplia sua perspectiva, levando-o naturalmente a considerar os interesses de vários *stakeholders*. O propósito, que, como veremos, está enraizado em uma visão multissetorial dos negócios, pode servir como base para o pensamento estratégico de longo prazo. Como me disse Carmine Di Sibio, presidente global e CEO da organização global de serviços profissionais EY (anteriormente Ernst & Young): "para realmente ter uma estratégia de longo prazo, você precisa ter um propósito. Tudo está interligado, e você não pode ter um sem o outro. A estratégia é baseada nos clientes, nas pessoas, na sociedade. Um propósito incorpora esses *stakeholders*".[5]

Ao facilitar um foco de longo prazo, o propósito tem implicações mais amplas para o futuro do capitalismo. Nas últimas décadas, o centro moral tradicional do nosso sistema foi esvaziado. Influenciados por pensadores como Milton Friedman, os líderes transformaram as empresas em lugares áridos e insensíveis, alimentados pela busca acirrada pelo lucro. Externamente, o imperativo do lucro cobrou um pesado preço do planeta e das pessoas. Contudo, os tempos estão mudando. Seguindo o exemplo de pioneiros do propósito, como Paul Polman, da Unilever, e Yvon Chouinard, da Patagônia, vozes esclarecidas adotaram o conceito de capitalismo de *stakeholders* e procuraram desenvolver métricas comuns para torná-lo realidade (considere, por exemplo, os esforços do Conselho Internacional de Negócios no Fórum Econômico Mundial, presidido pelo CEO do Bank of America, Brian Moynihan). Estamos em um "momento de redefinição", ao que parece, quando novas oportunidades se abrem para refazer as normas operacionais do capitalismo em âmbito global. Também estamos em um momento preocupante, do tipo "fazer ou morrer": se não fizermos mudanças profundas agora, a humanidade corre o risco de sofrer com revoltas violentas e até mesmo a extinção por causa de crises econômicas, ambientais e políticas de sua própria autoria.

Embora o propósito receba atenção em conversas sobre a reinterpretação do capitalismo, ainda não tivemos tempo suficiente para entender as implicações reais de uma busca séria por propósito e como ela pode melhorar os negócios comercial e socialmente. Não quero minimizar o papel crucial do governo na reforma do capitalismo como regulador dos mercados, mas espero que este livro inspire as empresas a assumirem mais responsabilidade pelo nosso bem-estar coletivo, adotando um propósito nobre como princípio organizador. As empresas com um propósito profundo foram pioneiras em reinjetar paixão, significado, identidade e um senso permanente de comunidade na empresa. Elas se avivaram ao "remoralizar" suas operações, imbuindo-se de um renovado senso de responsabilidade social que, por sua vez, amplia o valor social *e* financeiro que elas criam.

Este livro é um guia para todos os líderes que se perguntam como tornar sua empresa mais orientada a propósito. Com base na minha pesquisa de campo, cada capítulo descreve várias descobertas conceituais que fiz sobre propósito, oferecendo lições de líderes com um propósito profundo que você pode usar para melhor orientar seus negócios em torno de uma razão de ser. Os três primeiros capítulos examinam maneiras poderosas pelas quais os líderes com um propósito profundo pensam sobre o propósito. Já os Capítulos de 4 a 7 exploram as principais ações que os líderes tomam para definir e incorporar uma razão de ser de modo que ela realmente impulsione o desempenho. Essas ações incluem vincular o propósito à história da empresa, comunicar o propósito de forma mais eficaz, conectar o propósito pessoal e organizacional e apoiar o propósito, injetando mais autonomia e colaboração na organização. O Capítulo 8 descreve diversas armadilhas que desgastam o propósito ao longo do tempo, apresentando as técnicas que os líderes com um propósito profundo implantam para manter suas empresas no caminho certo.

Deixe que esses líderes inspirem você, assim como eles já me inspiraram. Aprenda com eles como se organizar com mais urgência e significado. Sua empresa pode repensar o propósito, desenvolvendo-o como uma nova base para estimular as pessoas em torno de um conjunto de metas. Sua empresa pode cultivar uma consciência existencial que unifica e orienta a empresa, energizando os *stakeholders* e avivando todas as áreas do negócio, incluindo cultura, estratégia, marca e operações. Sobretudo, sua empresa pode se dedicar a questionar e responder perpetuamente à pergunta de Thoreau: "você se ocupa com o quê?".

CAPÍTULO 1

O QUE *REALMENTE* É PROPÓSITO?

> A maioria dos líderes pensa no propósito a partir de uma perspectiva funcional ou instrumental, considerando-o uma ferramenta que podem utilizar. Líderes com um propósito profundo pensam no propósito como algo mais fundamental: uma declaração existencial que expressa a própria razão de ser da empresa. Em vez de simplesmente perseguir um propósito, esses líderes o projetam fielmente para o mundo. Em suas mãos, o propósito serve como um princípio organizador, que molda a tomada de decisões e vincula as partes interessadas umas às outras.

Se você gosta de doce, talvez seja fã do lendário empresário Forrest Mars Sr., criador de produtos como a barra de chocolate recheada Mars, os confeitos de chocolate M&M's e as barras de chocolate recheadas Twix. A empresa que o pai de Mars fundou e que seus descendentes agora possuem, a Mars, Inc., é uma das maiores empresas privadas dos Estados Unidos, com receitas de US$ 37 bilhões em 2019 e marcas reconhecidas em várias categorias, incluindo goma de mascar (Wrigley), sorvete (sorveterias Dove), ração para animais de estimação (Whiskas) e hospitais para animais de estimação (Banfield).

Mars aparentemente era um homem de negócios obstinado, que procurava espremer a última gota de lucro em seus negócios. "Ele era famoso por seu temperamento extremo e comportamento fanático", comentou um jornalista.[1] Em algum momento, e por razões que permanecem obscuras, a perspectiva de Mars parece ter mudado, e ele se tornou, ouso dizer, um homem de propósito.

2 Propósito profundo

Em 1947, Mars escreveu um comunicado interno afirmando que a empresa existia "para promover uma reciprocidade de serviços e benefícios" entre diversos *stakeholders*, de consumidores a funcionários, fornecedores e acionistas.[2] Mars explicou que "isso expressa o propósito para o qual a empresa existe em sua totalidade – nada menos" e reforçou sua expectativa de que os gerentes, o conselho e os funcionários "sejam motivados por esse objetivo básico e o mantenham constantemente em mente como o princípio orientador em todo o seu trabalho para a empresa". Embora a declaração de Mars não faça referência às comunidades ou ao planeta como *stakeholders*, ela continua sendo uma expressão precoce e poderosa de negócios orientados a múltiplos *stakeholders*.

Ao refletir sobre o comunicado de Mars, você pode se perguntar o que é exatamente um propósito organizacional. As declarações de propósito mais convincentes entre as centenas que analisei têm dois recursos básicos e inter-relacionados. Primeiro, elas *delineiam uma meta ambiciosa e de longo prazo para a empresa*. Segundo, elas *dão a esse objetivo um aspecto idealista*, comprometendo a empresa ao cumprimento de deveres sociais mais amplos.[3] Transcendendo a busca egoísta por lucro ou vantagem comercial, as melhores declarações de propósito convocam as organizações a prestarem um serviço, de alguma forma, à sociedade ou à humanidade. Ao longo deste livro, vou me referir ao propósito no sentido mais profundo, incorporando essas duas dimensões: um objetivo que não apenas motiva, mas que engrandece, a partir do chamado a um dever mais nobre e socialmente orientado.[4] Podemos interpretar a declaração de reciprocidade de Mars como tal propósito, pois ela convoca a empresa a oferecer benefícios para vários participantes em seu ecossistema, não apenas para os acionistas.

Não está claro até que ponto esse comunicado galvanizou os funcionários e líderes de Mars a estender uma "reciprocidade de serviços e benefícios" aos *stakeholders*. Sabemos que, em 1983, os filhos de Forrest Mars publicaram cinco princípios que, como diz o *site* atual da Mars, "formam a base de como fazemos negócios hoje e todos os dias".[5] A versão mais recente desse documento, que um observador chamou de "bíblia da retidão corporativa",[6] inclui um princípio que parece fazer referência ao comunicado original de Mars, que diz: "Baseamos nossas decisões na reciprocidade do benefício para nossos *stakeholders*".[7] Outros princípios evocam a intenção da empresa de se comportar de forma responsável, entregar alta qualidade, operar de forma eficiente e manter a independência financeira, tudo com o objetivo de ajudar a "construir um mundo melhor para as próximas gerações".

Nos últimos anos, a Mars tornou-se cada vez mais transparente e comunicativa sobre seu propósito. Durante as décadas de 2000 e 2010, supostamente sob a influência de membros da família Mars e do presidente da empresa, Stephen Badger, a Mars procurou dar uma nova vida ao conceito de reciprocidade, desenvolvendo-o em uma filosofia de negócios que empresas em qualquer lugar poderiam adotar.[8] A empresa tomou medidas para que os cinco princípios fizessem parte da cultura da empresa, colocando-os nas paredes de suas instalações e divulgando a todos os funcionários um livreto sobre os princípios.[9]

A Mars também adotou uma declaração formal de propósito, que enfatiza o bem social como parte central de fazer negócios: "O mundo que queremos amanhã começa com o negócio que construímos hoje".[10] A empresa reconfigurou sua marca em torno de seu propósito, criando o novo cargo de diretor global de marca corporativa e propósito. Contudo, será que a Mars realmente cumpre seu propósito de criar um "mundo melhor"?

A resposta é "sim, mas...". Ao longo da última década, a Mars tomou muitas medidas para agregar valor a diversos *stakeholders*, em muitos casos aparecendo como líder no setor. O programa de rotulagem "What's Inside" (O que há dentro) da empresa divulgou voluntariamente informações sobre as características nutricionais de seus produtos, incluindo gordura, açúcar e calorias. A Mars tornou-se líder em sustentabilidade, adotando em 2008 o plano "Sustentável em uma geração". Em 2014, a empresa anunciou planos para construir um parque eólico que forneceria energia suficiente para conduzir todas as operações da Mars nos EUA.[11] Em 2017, ela dedicou US$ 1 bilhão às suas iniciativas de sustentabilidade.[12] A empresa também iniciou um plano para reduzir, até 2050, dois terços de suas emissões de carbono em toda a sua cadeia de valor.[13] Outras iniciativas incluíram o programa de pesquisa "Economia da reciprocidade", financiado pelo *think tank* da empresa, e uma aceleradora para ajudar a cultivar novas empresas de alimentos com mentalidade social.[14]

A Mars não apenas perseguiu seu propósito perifericamente; ela o incorporou em sua organização e reformulou suas principais operações para ajudar a criar "o mundo que queremos amanhã". Ainda assim, a transformação da empresa em um negócio orientado a propósito está longe de estar completa por uma simples razão: a empresa ainda obtém uma grande receita com a venda de alimentos não saudáveis.

Os defensores da Mars podem argumentar que as barras de chocolate têm valor social, porque satisfazem a necessidade de diversão e prazer das pessoas. Seja como for, muitas pessoas teriam dificuldade de fazer uma relação entre a provisão de guloseimas e o objetivo da Mars de tornar o mundo um lugar melhor. Se a Mars estivesse realmente considerando "todas as decisões de negócios pela óptica de ajudar a estabelecer o amanhã que queremos criar", tomaria uma decisão acima de todas as outras, desvencilhando-se de sua dependência da venda de confeitos e substituindo esses negócios por outros mais saudáveis.

É difícil para uma empresa abandonar produtos de sucesso? Com certeza, mas até que a Mars difunda seu propósito mais profundamente em sua estratégia e mude seu portfólio de produtos de acordo, seu compromisso com uma causa maior parecerá menos autêntico e significativo do que poderia ser.

Propósito conveniente

Na verdade, várias empresas adotam declarações de propósito idealistas, tomam uma série de ações para servir a sociedade e, no entanto, continuam a vender produtos e serviços que causam sérios danos aos *stakeholders*. Dependendo da sua perspectiva moral, as empresas que vendem combustíveis fósseis, tabaco, álcool, alimentos prejudiciais à saúde, armas e alguns serviços de mídia social se enquadram nessa categoria. Essas empresas praticam o que chamo de propósito conveniente. Elas articulam uma razão central de ser (geralmente enquadrada como um propósito ou uma declaração de missão) que se estende além da busca de lucros. Assim como a Mars, as melhores empresas deste grupo tomam medidas fortes para melhorar as comunidades, melhorar a vida de clientes e funcionários ou beneficiar o planeta. Contudo, seu compromisso não é suficientemente forte ou amplamente concebido para distingui-las de empresas *cash cow* (empresas consolidadas e que geram muito retorno financeiro), socialmente questionáveis.

Podemos elencar outras variedades de empresas com propósito conveniente. Ao contrário da Mars, algumas empresas exploram uma razão de ser mais nobre (bem como declarações de missão, visão e valores igualmente nobres) para ocultar objetivos egoístas ou até atividades criminosas. Podemos pensar nisso como um *propósito como disfarce*. Elizabeth Holmes, a desacreditada fundadora da empresa de diagnósticos Theranos, declarava com orgulho sua crença de que "é possível construir um negócio que se saia bem fazendo o bem",[15] enquanto a própria Theranos articulava uma nobre missão: "facilitar a detecção precoce e a prevenção de doenças e empoderar as pessoas em todo o mundo a viver o melhor de suas vidas".[16] Isso não impediu Holmes de cometer uma fraude multibilionária, que a levou a responder processo criminal a partir de 2021. Outras empresas atormentadas por escândalos, como Purdue Pharma, Turing Pharmaceuticals e Enron, também foram encontradas no manual do propósito como disfarce, usando uma linguagem nobre para mascarar condutas questionáveis ou mesmo nefastas.

A grande maioria das empresas que *não* vendem produtos indiscutivelmente prejudiciais ou que *não são* empresas criminosas também praticam um propósito conveniente. Algumas praticam o que chamo de "propósito periférico": elas adotam uma declaração de propósito e tomam medidas para cumpri-lo, mas tratam esses esforços como secundários ao seu *core business*.[17] Elas dividem seus esforços em "fazer o bem" por meio da responsabilidade social corporativa (RSC) orientada a propósito e "fazer bem" por meio de seu *core business*, percebendo-os como separados. Elas dão um passo em direção a reformular seus negócios para servir a um propósito maior e pensam que é suficiente devolver algum valor social na forma de caridade. Elas não conseguem transformar suas operações para que se tornem mais orientadas a propósito (mais sustentáveis, mais benéficas para as comunidades locais, mais valiosas para os funcionários e assim por diante). Muitas empresas de propósito conveniente que praticam o propósito periférico também não conseguem projetar novos produtos ou serviços criativos que sirvam a um propósito maior e, ao mesmo tempo, gerem lucro. Essas empresas usam a maximização do valor para o acionista como sua principal medida de sucesso, devolvendo apenas o suficiente para manter um verniz de respeitabilidade.[18]

Além das empresas que praticam o propósito conveniente ao tratar sua razão de ser como periférica, outras outras o fazem de uma maneira menos óbvia. Algumas empresas de ponta reformulam seu *core business* para agregar valor aos acionistas e à sociedade, o que descrevem como soluções ganha-ganha. Em um artigo seminal de 2011, Michael E. Porter e o coautor Mark R. Kramer introduziram o conceito de valor compartilhado, que começa reconhecendo que "as necessidades sociais, não apenas as necessidades econômicas convencionais, definem os mercados, e os danos sociais podem criar custos internos para as empresas".[19] Em vez de descartar os danos sociais como externalidades para o governo lidar e considerar os imperativos sociais como restrições ou impostos sobre o negócio, a noção de valor compartilhado sustenta que as políticas e práticas das empresas devem contribuir para os objetivos sociais e econômicos ao mesmo tempo.

As empresas, em muitos casos, interpretaram mal essas ideias poderosas, visando *apenas* ao ponto ideal onde o valor social e o econômico se cruzam. Em uma prática que chamo de propósito como ganha-ganha apenas, elas se concentram exclusivamente na busca de soluções criativas que superem dilemas aparentes – soluções desejáveis e ganha-ganha, que maximizam o lucro e o bem social. Essa aplicação do valor compartilhado tem um apelo inerente: você não precisa fazer concessões difíceis quando opera em um mundo onde pode descobrir simultaneamente o valor social e o econômico. Essa visão extrema de ganha-ganha considera a empresa como um lugar mágico onde você sempre pode ser a sua melhor versão *e* satisfazer os acionistas. John Mackey e Raj Sisodia articulam tal posição com sua noção de capitalismo consciente. Considerando que os diversos *stakeholders* compõem um sistema único e mais amplo, eles sugerem que as empresas devem fundir "fazer o bem" com "fazer bem", chegando a soluções integrativas que expandam o bolo geral e beneficiem a todos os *stakeholders* simultaneamente.[20]

Líderes de empresas que buscam o propósito como ganha-ganha apenas estão muito à frente de seus pares, colocando o propósito no centro do que suas empresas fazem. No entanto, como veremos no próximo capítulo, eles ainda não fazem isso de forma tão completa quanto poderiam. As empresas que buscam exclusivamente soluções ganha-ganha tendem a cumprir seus propósitos apenas na medida em que é possível perceber um ganha-ganha – o que muitas vezes não acontece. Forçados a escolher entre o desempenho financeiro e o bem social, os líderes dessas empresas geralmente acabam operando a empresa principalmente para o benefício dos acionistas. Embora esses líderes se esforcem para atender à sociedade, eles costumam perceber o valor para o acionista como um padrão de desempenho, algo inegociável, e o valor social e o propósito são vistos como, às vezes, negociáveis. Esses líderes limitam sua busca por projetos de valor social àqueles cujos retornos econômicos também são evidentes. Nesse ponto, podemos descrever o compromisso dessas empresas com o propósito como "conveniente".

Como minha análise sugere, os praticantes do propósito conveniente não são moralmente equivalentes. Devemos classificar essas empresas umas em relação às outras. No nível inferior, podemos colocar as Theranoses desse mundo: empresas que exploram o propósito social para fins claramente nefastos. Em seguida, podemos colocar as empresas que relegam o propósito à periferia de suas operações, seja porque vendem produtos inerentemente prejudiciais (dependendo do seu ponto de vista moral), seja porque seguem uma abordagem convencional que separa a RSC de suas operações principais.

No mais alto nível de propósito conveniente, encontramos empresas que praticam o propósito como ganha-ganha apenas. Comprometidas com a transformação do capitalismo, essas empresas adotam uma abordagem multissetorial, buscando conscientemente ir além da RSC. Elas buscam vigorosamente oportunidades de negócios que agreguem valor para a sociedade *e* para os acionistas. Contudo, apesar de seu ardoroso compromisso, muitas vezes elas não conseguem inovar com soluções ganha-ganha perfeitas. Nesses casos, o desempenho financeiro da empresa ou sua capacidade de entrega para os clientes supera o foco em outros *stakeholders*. Em vez de priorizar o valor social, essas empresas se voltam aos negócios comuns, argumentando que, como empresas, devem operar para o benefício principal dos acionistas. Elas geralmente adotam uma mentalidade de portfólio, alinhando apenas uma pequena parte de seus negócios ao seu propósito – as partes que se prestam a oportunidades ganha-ganha. Elas se esforçam para aumentar essa porção, mas somente quando as oportunidades de fazê-lo se tornam óbvias. Dessa forma, elas buscam um propósito conveniente, apesar de suas melhores intenções e de sua mentalidade iluminada.

TRÊS NÍVEIS DE PROPÓSITO CONVENIENTE

Propósito como ganha-ganha apenas

Propósito periférico

Propósito como disfarce

FIGURA 1 Três níveis de propósito conveniente.

A prevalência do propósito conveniente em todas as suas formas gerou cinismo não apenas sobre o propósito, mas também sobre a capacidade mais ampla do capitalismo de se reformar e enfrentar problemas existenciais como a mudança climática, a desigualdade e a justiça racial.[21] Vou poupá-los das estatísticas habituais sobre o declínio da confiança do público nos negócios, particularmente entre os jovens. Todos sabemos que o capitalismo e as empresas têm um problema de imagem, e as afirmações públicas sobre propósito muitas vezes aparecem como pouco mais do que exercícios de relações públicas. Um observador espirituoso comparou a conversa sobre propósito a um "mantra de ioga" bem intencionado – "como se meu instrutor de ioga iniciasse relações com investidores".[22] O que não reconhecemos de forma suficientemente aberta é que empresas e líderes são responsáveis por esse cinismo, tratando seu compromisso com o propósito – e, por implicação, o valor social – como uma questão de conveniência.

Em agosto de 2019, a Business Roundtable, um grupo altamente influente de CEOs das maiores e mais poderosas empresas dos Estados Unidos, emitiu uma declaração sobre o propósito de uma corporação, que comprometeu os signatários a atender não apenas os acionistas, mas também a uma série de *stakeholders*, incluindo clientes, funcionários, fornecedores e comunidades. "Todos os nossos *stakeholders* são essenciais", afirmou o comunicado. "Comprometemo-nos a entregar valor a todos eles, para o sucesso futuro de nossas empresas, de nossas comunidades e do nosso país".[23]

Você pode imaginar que os líderes corporativos, atentos à importância do propósito e determinados a cumpri-lo, correram para revolucionar as operações de suas empresas. Não exatamente. Como um jornalista observou amargamente no primeiro aniversário da Business Roundtable, "houve poucos sinais de que as grandes corporações tomaram medidas reais para atender aos não acionistas, medidas que elas não teriam tomado sem pressão externa, seja da opinião pública ou da regulamentação governamental".[24] Algumas empresas aumentaram os salários mínimos de seus funcionários, mas somente para atender aos requisitos atuais do governo ou como uma tentativa de evitar processos no futuro. Apesar da declaração da Roundtable, algumas empresas continuaram a se mobilizar contra as regulamentações ambientais, como sempre fizeram. Para alguns observadores, a declaração da Roundtable foi, em última análise, mais um movimento publicitário do que "o prenúncio de uma grande mudança".[25]

Um paradigma alternativo de propósito

Para os críticos do capitalismo, a prevalência do propósito conveniente não é surpreendente. Na opinião deles, executivos, acionistas e outros *insiders* podem defender a reforma do capitalismo, mas permanecem vinculados a um sistema inerentemente explorador, no qual mantêm posições privilegiadas. Esses *insiders* reformarão o capitalismo superficialmente; eles sempre se recusarão a fazer mudanças que diminuam suas próprias fortunas financeiras e alterem o equilíbrio de poder da sociedade. Para que haja mudança, o governo precisa regular as empresas, exercendo um controle sobre os excessos do capitalismo e garantindo que elas realmente sirvam ao bem público.[26]

Sou fortemente a favor da regulamentação do governo para conter os excessos do capitalismo. Não acredito que devamos conduzir uma reforma ampla e abrangente de todo o sistema, como alguns têm sugerido.[27] No entanto, acho que devemos assumir o propósito como parte de uma agenda mais ampla, que inclua alguma reforma institucional dos mercados de capitais e dos marcos legais corporativos. Os CEOs não operam no vácuo, e muitos simplesmente não tomarão ações socialmente benéficas por conta própria. Eles precisam de incentivos e restrições externas para mantê-los nesse caminho em número suficiente para beneficiar todos os *stakeholders* em longo prazo. Ao mesmo tempo, a reforma regulatória não resolverá todos os problemas. Para obter o máximo de mudança, também devemos apelar às empresas para que se reformem e dar-lhes poderosas ferramentas conceituais para operar em benefício de toda uma gama de *stakeholders*. Além disso, temos de exercer a regulamentação como uma opção se as empresas não tomarem medidas por conta própria. Em última análise, podemos obter os melhores resultados para a sociedade se juntarmos o "poder rígido" da regulamentação com o "poder suave" da mudança interna e orientada a propósito.

As empresas podem oferecer um valor excepcional aos *stakeholders* e elevar-se além de uma lógica meramente comercial, buscando uma razão de ser de modo vigoroso e *inconveniente*. É essencial buscar valor compartilhado, mas as empresas podem entregá-lo de forma mais completa indo mais longe e começando com o propósito como alicerce. Em vez de descartar a capacidade do capitalismo de se reformar, parece-me que o caminho mais responsável e produtivo é converter a massa de empresas parcialmente engajadas, ajudando-as a se transformar em verdadeiras devotas do propósito.

Quando converso com líderes, percebo que a maioria *quer* se converter. Eles gostam de como se sentem em momentos de crise, quando eles ou suas empresas se prontificam a ajudar as pessoas. Por que, eles perguntam, não podemos fazer isso o tempo *todo*? Mas eles não entendem como acertar o propósito: como cumpri-lo para que seja mais do que algumas palavras que soam bem em uma página *web*. Não é surpresa que um estudo de 2019 da McKinsey com funcionários tenha descoberto que 82% concordaram que o propósito da empresa era importante, mas apenas 42% sentiram que "as declarações de propósito de suas organizações geram impacto".[28]

Meu estudo de empresas com propósito profundo (*deep purpose*), realizado principalmente entre 2019 e 2021, revelou que essas empresas adotaram o propósito mais plenamente do que seus pares porque entenderam melhor como incorporá-lo e ativá-lo. O que distinguiu essas empresas não foi apenas táticas de execução ou estratégias ainda mais amplas. Essas empresas tinham uma *maneira qualitativamente diferente de entender e abordar o propósito*. De forma consciente ou não, os líderes de empresas com um propósito profundo consideravam o propósito de forma mais ampla e, francamente, mais elevada do que outros executivos.

A maioria dos líderes pensa no propósito basicamente como uma ferramenta que eles podem usar. Alguns se concentram no mundo fora da empresa, pensando no propósito como um meio de construir marcas e melhorar a reputação. Outros são mais focados internamente, considerando o propósito como um meio de moldar a cultura e envolver os funcionários. Essa noção instrumental de propósito está tão enraizada que líderes, empresas e consultores muitas vezes a incorporam em suas próprias definições de propósito. Eles ainda mantêm uma mentalidade instrumental ao considerar como incorporar o propósito em uma organização, inventando mais um conjunto de ferramentas, estruturas ou fórmulas que os líderes podem usar. A lógica é a seguinte: "Quer construir uma organização amada e de alto desempenho? Adote o propósito. Quer adotar um propósito? Faça A, B, C e D".

Não é errado tratar o propósito como uma ferramenta. Como veremos no Capítulo 3, o propósito é imensamente útil como instrumento para agregar valor. Os líderes com um propósito profundo entendem o valor instrumental do propósito mais plenamente do que a maioria dos líderes, colhendo ganhos de desempenho a partir do propósito de forma mais plena. No entanto, os líderes com um propósito profundo, em última análise, não concebem o propósito como uma mera ferramenta. Para eles, trata-se de algo mais fundamental: uma declaração existencial que define a própria razão de ser da empresa.

Começando com a mais simples das perguntas – para que serve uma empresa?[29] –, líderes com um propósito profundo enquadram essa declaração como a base final para entender a empresa, sua identidade e suas atividades. Conforme o psicólogo William Damon escreve: "o propósito é uma *intenção estável e generalizada de realizar algo que é significativo para o eu e, consequentemente, para o mundo além do eu*".[30] Da mesma forma, os líderes com um propósito profundo orientam a existência de suas organizações em torno da "estrela-guia" do propósito, articulando uma *intenção consciente* de conduzir seus negócios de maneira mais elevada. Na mente deles, o propósito é uma *declaração unificadora dos problemas comerciais e sociais que uma empresa pretende resolver, de forma lucrativa, para seus* stakeholders.

> **UMA MANEIRA MAIS PROFUNDA DE PENSAR SOBRE O PROPÓSITO**
>
> O propósito é uma declaração unificadora dos problemas comerciais e sociais que uma empresa pretende resolver, de forma lucrativa, para seus *stakeholders*. Essa declaração engloba objetivos e deveres e comunica de forma sucinta o que é uma empresa e quem ela pretende beneficiar.

O conceito de intenção parece bastante simples. Quando agimos com intenção, não nos comportamos de modo aleatório, mas de modo deliberado, consciente. No entanto, olhe um pouco mais a fundo e você perceberá que a intenção é, na verdade, um conceito bastante profundo, relacionado ao autoconhecimento e à maior consciência. Quando agimos com intenção, nos comportamos com urgência, comprometimento, energia e foco, baseando nosso comportamento em um senso aguçado, e muitas vezes duramente conquistado, de quem e de o que somos.

A maioria das grandes religiões pensa em intenção dessa maneira. No judaísmo rabínico, a palavra *kavvanah* se traduz mais ou menos como "intenção direcionada", o que uma autoridade descreveu como "um estado de concentração mental e devoção".[31] Nas filosofias orientais, a palavra sânscrita *dharma* se traduz como "pilar", mas também significa propósito. Sobre isso, um observador a conecta com intenção: "Seguir o nosso *dharma* no sentido mais profundo significa que todos os nossos pensamentos, intenções, palavras e ações apoiam o nosso propósito mais nobre. Não agimos simplesmente por senso de dever ou obedecendo as leis estabelecidas pela sociedade; comportamo-nos em integridade com nosso propósito espiritual".[32]

Para os líderes com propósito profundo que estudei, o propósito era uma intenção profundamente sentida, que definia como eles conduziam os negócios. Esses líderes tinham a sensação, às vezes articulada e às vezes não, de que seu propósito se originava dentro deles. Eles sabiam ou tinham uma visão do que queriam realizar e abordavam os negócios como o veículo para conseguir isso. Eles não buscavam simplesmente o propósito, mas sentiam, entendiam e se comprometiam com seu propósito e, em seguida, *o projetavam* fielmente no mundo. Eles irradiavam seu propósito de modo muito parecido com profetas ou gênios artísticos irradiando a revelação divina.

Em muitas empresas mais jovens e de rápido crescimento, a intenção dos negócios é tão arraigada e fielmente irradiada que os líderes não precisam articulá-la formalmente. Todos entendem o propósito, tomam-no como garantido e agem de acordo com ele. Esse foi o caso de uma empresa que estudei, a Gotham Greens. Quem faz ou já fez compras no Whole Foods Market, provavelmente conhece os produtos da empresa: produtos frescos, de alta qualidade e sem pesticidas, cultivados em estufas urbanas usando técnicas avançadas de agricultura hidropônica.

Em 2020, pouco mais de uma década após sua fundação, a Gotham Greens administrava 46 mil metros quadrados de estufas, com instalações em Nova York, Chicago, Denver, Baltimore e Providence, distribuindo alfaces frescas, ervas e alimentos de valor agregado, como molhos e temperos, para mais de 40 estados dos EUA.[33] Uma das instalações da empresa em Chicago ocupava uma antiga siderúrgica; em Providence, a Gotham Greens reformou uma área comercial para construir sua estufa em um local que já havia sido uma fábrica de componentes de lâmpadas da General Electric; e sua instalação inicial estava localizada na cobertura de um prédio do Brooklyn que anteriormente abrigava um salão de boliche.[34] As instalações da empresa recirculam a água, usando 95% menos do que as fazendas convencionais, ao mesmo tempo em que usam 97% menos terra. O que impressiona é que a empresa oferece esse valor social enquanto tem sucesso comercial. Ela obteve lucro durante seu primeiro ano e, desde então, cresceu rapidamente, com planos de expansão nacional. A partir de 2020, a Gotham Greens atraiu US$ 130 milhões em investimentos e ganhou vários prêmios, incluindo uma menção na lista 50 Coolest New Businesses in America do Business Insider.[35]

Em seu *site*, a Gotham Greens descreve sua área de foco como a criação de "novas maneiras de cultivar, produzir alimentos locais, revitalizar comunidades e inovar para um futuro sustentável".[36] O *site* não identifica essas palavras como um propósito, mas elas estão em conformidade com a razão de ser da empresa, como Viraj Puri, cofundador e CEO da Gotham Greens, descreveu para mim. No entanto, a empresa não promove esse propósito metodicamente por toda a empresa. A adesão a um propósito ou missão surge naturalmente, à medida que líderes e equipes operam o negócio. Na comunicação da empresa, Puri diz: "Falamos de alguns dos impactos positivos que causamos como se fosse algo comum. Então, quando falamos sobre a quantidade de produtos que cultivamos e vendemos, normalmente também falamos sobre quanta terra e água economizamos usando nossos métodos de produção". O propósito é universalmente compreendido dentro da empresa, permeando de forma natural todo o DNA da organização; não é "algo que temos que escrever em todas as paredas e lembrar a equipe a todo instante".[37]

A Gotham Greens pode irradiar sua intenção de servir a sociedade *e* funcionar de forma lucrativa em parte porque sua equipe fundadora formulou essa intenção no início. Como Puri me disse, ele e seus dois sócios, o cofundador e CFO Eric Haley e a diretora de estufas Jenn Frymark, estão firmemente alinhados em torno da ideia de construir um negócio viável, dedicado à sustentabilidade e à agricultura urbana. Essa intenção era especialmente importante para Puri, sobrepondo-se ao seu propósito de vida pessoal. Descrevendo sua conexão com o negócio, ele revelou que, desde muito jovem, "sempre foi atraído pela sustentabilidade e mantinha um profundo apreço pelos recursos naturais e pelo que a terra oferece". Esse imperativo moral para proteger o planeta se solidificou durante um ano que ele passou como voluntário em uma ONG na Índia, perto da fronteira com o Tibete.

Hoje, essa consciência existencial irradia para fora da empresa e de suas operações. "Digo isso sem arrogância, mas, em nossa essência, a Gotham Greens é uma empresa visionária", disse Puri. "Então, parte do nosso DNA é pensar no que é possível e ver se podemos fazê-lo", levando em conta, é claro, a necessidade de gerar lucro para os investidores (um fator que será abordado no próximo capítulo). Embora Puri reconhecesse a dificuldade de medi-lo objetivamente, ele descreveu o propósito da empresa como "um senso e um espírito que permeiam a organização".

Como sugere o exemplo da Gotham Greens, tratar o propósito como uma intenção interna projetada fielmente no mundo tem implicações para as ambições específicas que as empresas adotam como sua razão de ser. É difícil sentir intenção ou compromisso ardorosos se o seu objetivo é apenas marginalmente ambicioso ou benéfico para os outros. Como descobri, o compromisso que as empresas com um propósito profundo tinham em relação ao seu propósito geralmente estava ligado a uma razão de ser que era claramente nobre, elevada e de longo alcance. Enquanto as empresas que buscavam propósito de modo conveniente muitas vezes adotavam metas comerciais (por mais ambiciosas que fossem) como sua razão de ser, as empresas com um propósito profundo dedicavam a sua existência a metas que claramente adotavam, mas também transcendiam, uma lógica comercial e dialogavam com valores morais profundamente arraigados.

Conexão com a alma de uma empresa

A busca intencional de uma ambição maior teve profundas implicações para a organização de empresas com um propósito profundo. Em vez de sobrepor o propósito de modo superficial na organização, inclusive em partes do negócio incompatíveis com o propósito, líderes e empresas o infundiram naturalmente em todas as facetas da empresa, incluindo estratégias, principais produtos e processos, e relacionamentos com *stakeholders*. O propósito serviu como uma nascente para o significado, a base para o que o teórico organizacional Karl Weick descreveu como "criação de sentido". Foi o prisma através do qual elas entenderam seu lugar no mundo, moldando suas ações e prioridades. O propósito também deu origem a um campo de significado dentro da empresa, influenciando o modo como as pessoas viam e falavam sobre decisões, produtos, processos, iniciativas, estruturas – enfim, tudo. Esse campo de significado serviu como um contexto para a ação, incluindo, como foi feito, um conjunto compartilhado de regras, condições, suposições e emoções. Em última análise, a presença de um propósito fez com que um panorama incolor da atividade comercial explodisse em tons brilhantes, repentinamente familiares, compreensíveis e, de fato, convidativos para quem contempla.

Poderíamos dizer que esse propósito serviu como um "princípio organizador" para o negócio. Os líderes muitas vezes percebem a estratégia como a origem de toda a ação, incluindo a criação de estruturas e processos, mas como o propósito influencia a criação de significados em uma organização, precede até mesmo a estratégia.[38] Nesse sentido, os líderes com um propósito profundo percebem o propósito como talvez o elemento mais duradouro dentro de suas organizações. Satya Nadella, CEO da Microsoft, disse-me uma vez que ele pensava no propósito como uma âncora que sustenta as organizações. "Em nosso contexto, as tecnologias vão e vêm. As estratégias vão e vêm. Mas um senso de propósito é a forma como você inventa e se ancora – você precisa dessa corda [prendendo você no lugar]."[39]

Um princípio organizador é a lógica pela qual o trabalho é coordenado e a informação é coletada, disseminada e processada dentro e entre as organizações. A noção de propósito intencional como princípio organizador de empresas e indivíduos não é novidade. Desde a primeira metade do século XX, a disciplina de comportamento organizacional tem explorado como as empresas podem ajudar as pessoas a trabalhar harmoniosamente em direção a objetivos comuns. Economistas como Ronald Coase concebiam a empresa como uma coisa seca e racional, um "nexo de contratos" entre indivíduos, não um campo de significado derivado de uma única intenção em comum. De acordo com essa visão, os incentivos financeiros motivavam as pessoas a tomar uma ação concentrada, mas não mais do que isso. As organizações se moviam de acordo com mecanismos rígidos de mercado à medida que os indivíduos perseguiam seus próprios interesses econômicos, com os líderes manipulando incentivos para o proveito da organização.[40]

Ao lado das noções de empresas como organizações puramente econômicas, tomava forma uma imagem alternativa da empresa: a de um lugar mais humano, que ressoa com valores morais, energia espiritual, calor e sentimento de companheirismo. Após a decisão da Suprema Corte no caso Santa Clara County *versus* Southern Pacific Railroad, uma decisão de 1886 que conceituava as empresas como "pessoas" individuais, surgiu o debate sobre se as empresas tinham alma, um atributo central dos seres humanos.[41] Os críticos disseram que não, mas as empresas afirmaram que sim. Para evocar um senso de alma, empresas como a Colorado Fuel and Iron Company e a National Cash Register Company instituíram o capitalismo do bem-estar, construindo jardins de infância e oferecendo atividades culturais e assistência médica. Elas também procuraram imbuir suas organizações com "personalidades" palpáveis, associando publicamente a empresa ao seu fundador ou a imagens distintas de suas instalações fabris, por exemplo. Essas empresas se humanizaram ainda mais aos olhos do público com propaganda que retratava funcionários como heróis prestando serviço. Conforme um executivo da AT&T observou em 1937, a empresa já tivera uma imagem de "sem alma", mas agora mostrava sua alma ao adotar "a vestimenta radiante de uma... ideologia de serviço".[42]

Diversos pensadores também discordaram dos modelos econômicos de organização, argumentando que as relações econômicas por si só não eram suficientes para que as pessoas se unissem em torno de uma causa comum. Escrevendo durante o final da década de 1950, o sociólogo Philip Selznick argumentou que as organizações poderiam servir como portadoras de significado, emoção e valores morais em vez de operar como entidades estritamente econômicas. Em vez de meras organizações, as empresas poderiam se tornar verdadeiras instituições "infundidas com valor à medida que passam a simbolizar as aspirações da comunidade, seu senso de identidade".[43] Outros pensadores, observando que os incentivos econômicos por si só não motivariam os funcionários a tomarem medidas para se adaptarem a condições externas ameaçadoras, argumentaram que os funcionários tinham de "internalizar um propósito comum e perceber a conexão entre suas ações e a capacidade da organização de cumprir esse propósito comum".[44]

Com o passar dos anos, a noção de que a busca pelo interesse econômico próprio por si só não suficiente para motivar as pessoas a agirem coletivamente ganhou adeptos. Estudiosos em vários campos reconheceram que os seres humanos necessitam de significado, comunidade e propósito. Essas motivações intrínsecas, e não apenas os incentivos extrínsecos, forçam-nos a agir. Baseando-se nos escritos do sobrevivente do holocausto Viktor Frankl sobre a importância do significado, o estudioso da administração Colin Mayer argumenta que o significado, o propósito e a conduta moral são exatamente o que leva as pessoas a se entregarem aos objetivos organizacionais. "Obtemos o bem-estar de um senso de propósito, realização e contribuição, não apenas de lucro, renda e consumo. Buscamos cumprir objetivos maiores, e a importância da corporação está em sua capacidade de nos ajudar nisso. Antigamente construíamos templos, pirâmides e santuários para satisfazer os deuses, mas agora fazemos máquinas de lavar, telefones celulares e filmes".[45] Outros pensadores previram uma "economia de propósito superior" e a transformação da empresa de um nexo de contratos para um nexo de pactos.[46]

As empresas com um propósito profundo que estudei assumiram sua função como portadoras de significado e virtude, e fizeram isso apesar das pressões institucionais para entregar resultados no curto prazo. Essas empresas não estavam simplesmente buscando "vencer" em termos convencionais – estavam em uma missão sagrada e tinham uma energia esfuziante sobre elas, que transcendia a descrição mundana e estava fundamentada tanto em um senso de interconexão com o mundo mais amplo quanto em uma visão de um futuro melhor que elas procuravam concretizar. Líderes com um propósito profundo buscavam uma linguagem religiosa ou espiritual para descrever essa energia, associando o propósito a palavras como "alma", "emoção" e "espírito".

Em seu livro *Hit Refresh*, o CEO da Microsoft, Satya Nadella, descreveu a reorientação da empresa em torno de um novo propósito ("Capacitar todas as pessoas e todas as organizações do planeta para alcançar mais") não apenas como uma renovação da empresa, mas como uma redescoberta da alma da empresa. Ele contou que igualou o propósito com a alma da empresa em um comunicado aos funcionários: "Devemos redescobrir nossa alma, nossa essência exclusiva", disse ele em um *e-mail* para toda a empresa. "Todos nós devemos entender e adotar o que só a Microsoft pode contribuir para o mundo e como podemos mudar o mundo novamente."[47]

A noção de que uma empresa pode ter uma alma não é tão exótica quanto parece. Em meu trabalho de campo anterior, com *startups* de rápido crescimento, descobri que os fundadores e os primeiros funcionários muitas vezes detectam a presença de algo *intangível* que eles concebem como a alma. Eles percebem essa energia como a própria essência da empresa, seu coração pulsante e o segredo por trás de seu sucesso inicial. Essa alma funciona como um propósito, dando sentido ao trabalho da empresa. Muitas vezes, os fundadores falam da alma e do propósito ao mesmo tempo. Contudo, como também descobri, essa alma era frágil e parecia enfraquecer ou desaparecer completamente à medida que a empresa crescia e uma burocracia sufocante se instalava. Os líderes precisavam se concentrar em sustentar a alma ou o espírito inicial de sua empresa, mesmo enquanto trabalhavam para estabelecer os sistemas e processos essenciais para operar em escala.[48]

As empresas com um propósito profundo resolvem esse dilema desenvolvendo a razão de ser como um princípio operacional. Nessas empresas, o propósito infunde sistemas e processos com significado e valor moral. Em vez de se sentir impessoal e alienante, as entranhas operacionais da empresa apoiam o envolvimento emocional e um senso de comunidade. Não é segredo que líderes corporativos tão diversos quanto Howard Schultz, da Starbucks, e Nadella, da Microsoft, estabeleceram um compromisso renovado com o propósito como um meio de se reconectar com a alma anteriormente negligenciada de suas empresas.

	Empresas com propósito profundo	Empresas com propósito conveniente
Concepção de propósito	Existencial	Funcional
Escopo/orientação	Comercial e social	Comercial
Intensidade	Princípio organizador	Aplicada taticamente

FIGURA 2 Comparação entre empresas com propósito profundo e com propósito conveniente.

Lições para líderes

Os livros de negócios costumam falar de uma "lacuna entre saber e fazer" para explicar as falhas de desempenho: os líderes entendem quais estratégias implementar, mas não conseguem executá-las bem. Quando o foco é propósito, a maioria dos líderes sequer entende completamente o que significa perseguir um propósito, muito menos como perseguir. Influenciados por especialistas que exaltam os benefícios do propósito para a empresa, eles ficam presos em uma visão instrumental do propósito, como um meio para atingir um fim. Eles têm mais dificuldade em entendê-lo como uma intenção existencial que as empresas projetam de dentro para fora. O primeiro passo para um envolvimento mais profundo com o propósito é fazer uma pausa e refletir mais seriamente sobre ele, concebendo-o não apenas como mais uma ferramenta de gestão, mas como um princípio fundamental para a organização, que reflete o próprio senso de identidade da empresa.

Repensar a natureza do propósito deve levá-lo a repensar seu papel como líder. Sim, você é encarregado de criar valor econômico, mas seu trabalho principal é definir uma razão de ser e, logo, infundir a empresa com significado. De que forma você está realmente sintonizado com o propósito? Suas comunicações internas e externas orientam a empresa em torno do desejo de fazer o bem para vários *stakeholders* por meio do *core business*, além de criar valor para os acionistas? Você está injetando propósito metodicamente na estratégia, na supervisão das condições de trabalho e nas relações da sua empresa com os *stakeholders*?

De uma forma mais ampla, você pode iniciar o movimento da sua empresa em direção a um envolvimento mais profundo com o propósito avaliando seu estado atual de comprometimento. Se a sua empresa atualmente busca uma razão de ser, seu compromisso pode ser limitado ou conveniente. Considere a pirâmide apresentada anteriormente e onde sua empresa pode estar situada. Suas principais ofertas são prejudiciais por natureza? O propósito é um projeto pessoal, relegado a iniciativas de RSC? Se você está buscando ativamente soluções ganha-ganha, você se encontra relutante em tomar decisões proporcionais ao seu propósito, que prejudicam os acionistas, mas criam valor para outros *stakeholders*? Nesse caso, você pode estar praticando um propósito conveniente. Há mais oportunidades do que você pensa para ir mais fundo na projeção do propósito da sua empresa.

Pense na sua declaração de propósito em si. Ela evoca ambições mais elevadas, que transcendem as preocupações puramente comerciais? Você está lá para servir exatamente a quem? Que tipo de posição moral você está tomando? Uma declaração de propósito forte por si só não tornará uma empresa em uma organização orientada ao propósito profundo, mas ela importa. Se a sua declaração de propósito não deixa clara uma intenção de fazer o bem para uma série de *stakeholders*, ela provavelmente não está funcionando como uma intenção convincente e emocionalmente significativa.

Ao estabelecer um terreno moral, sua declaração de propósito deve expressar uma crítica implícita ou explícita do mundo, mesmo correndo o risco de polarizar o público. Os líderes às vezes ficam desconfortáveis com a menção da virtude, mas devemos nos lembrar que conduta moral e mercados nunca foram tão diametralmente opostos quanto parecem. Antes de Adam Smith escrever *A riqueza das nações*, ele escreveu *A teoria dos sentimentos morais*, argumentando que os seres humanos não são apenas egoístas, mas também solidários por natureza e dispostos a ajudar sem esperar por benefício pessoal em troca. Ao planejar para ignorar a virtude e evitar tomar posições de princípios no curso dos negócios, corremos o risco de conduzir o comércio de maneiras que violam nossa própria humanidade.

Além disso, as expectativas sociais mudaram e, nessa época polarizada, a neutralidade moral não é mais uma opção. Empresas e líderes devem assumir posições, entrando em debates políticos, quer gostem, quer não. Líderes de empresas como CVS, Dick's Sporting Goods, Delta Air Lines, Salesforce, Patagonia e muitas outras fazem exatamente isso, assumindo cada vez mais papéis como "ativistas CEO".[49] Eles contribuem para uma remoralização de nossa sociedade, reforçando noções de valores compartilhados que podem ajudar a estabilizar e sustentar nossa democracia.

Empresas como a Gotham Greens compreendem essa realidade e se apoiam em suas sensibilidades morais. A maioria delas não está na mídia em todas as oportunidades brandindo suas ferramentas. Sua abordagem é mais direcionada, estratégica e estreitamente alinhada com seu propósito corporativo. Ao pressionar para realizar uma intenção existencial, como uma população mais saudável, uma sociedade mais igualitária ou um ambiente mais limpo, elas implicitamente evocam uma imagem da boa sociedade e criticam o estado atual da sociedade em sua área de interesse. Elas indicam sua disposição de se tornarem ativistas dedicadas a uma causa – não necessariamente a todas as causas, mas certamente a uma específica.

Essa observação me leva a um último ponto: pense mais profundamente sobre o seu próprio propósito pessoal e seu alinhamento com a razão de ser da empresa. Como os exemplos neste capítulo sugerem, os líderes, em última análise, são a fonte de intenção dentro de empresas com um propósito profundo. Se você não consegue canalizar a intenção corporativa com todas as fibras do seu ser, assumindo o papel de um ativista pessoalmente,[50] você não levará sua empresa a um propósito profundo.

Credita-se a John Maynard Keynes a afirmação de que, "o capitalismo é a crença surpreendente de que o mais perverso dos homens fará a mais perversa das coisas para o bem maior de todos".[51] Hoje, a crença na perversidade dos praticantes e das práticas do capitalismo persiste, ao lado do ceticismo de que nosso sistema econômico pode produzir o bem maior. Ainda assim, algumas empresas realmente levam o propósito mais a fundo do que o restante, obtendo lucros enquanto resolvem alguns dos maiores problemas que afligem a humanidade. Ao mudar sua abordagem para o propósito, as empresas de propósito conveniente podem se juntar a elas, abrindo caminho para uma reforma mais generalizada do capitalismo.

Empresas e líderes devem entender o propósito em um sentido existencial em vez de instrumental, assumindo seu papel de guias morais e criadores de propósito. No entanto, também devem se comprometer com o trabalho árduo de imbuir os negócios com significado e senso moral. Como veremos no próximo capítulo, eles devem abordar a busca por propósito como um processo contínuo e muitas vezes frustrante: o de alcançar o ideal em um mundo imperfeito.

CAPÍTULO 2

CAMINHANDO NO FIO DA NAVALHA

É difícil caminhar sobre o afiado fio de uma navalha; do mesmo modo, diz o sábio, é difícil o caminho da salvação.

– Katha Upanishad, parafraseado por W. Somerset Maugham em *O fio da navalha*

Reconhecendo os desafios característicos da busca por um propósito, os líderes com um propósito profundo dedicam-se a encontrar um caminho em meio a escolhas entre *stakeholders* e as lógicas comercial e social. Inspirados e empoderados pelo propósito, eles negociam os interesses dos *stakeholders* para chegar a decisões às vezes dolorosas, que estes podem ou não achar boas o suficiente no curto prazo, mas que, por fim, valerão a pena para todos. Esses líderes estão dispostos a ficar em um espaço de desconforto, ambiguidade e contradição, mantendo-se o mais fiéis possível à sua intenção motivadora.

Em junho de 2017, Josh Silverman, então novo CEO do *marketplace* de comércio eletrônico Etsy, teve uma das conversas mais delicadas de sua carreira. Não foi com a diretoria. Não foi com um investidor furioso. Não foi com funcionários. Foi com sua filha de 13 anos. Convidando-a para fazer uma caminhada, ele disse que ela precisava se preparar para alguns encontros desagradáveis que poderia ter na escola. "Estamos tomando decisões difíceis na empresa", disse ele. "Muitas pessoas não vão gostar delas, e alguns vão dizer coisas maldosas a meu respeito na mídia. Se as crianças na escola disserem alguma coisa a você sobre isso, quero que você saiba que, por mais difíceis e desagradáveis que sejam essas decisões, o que estamos fazendo é o correto e, em última análise, vai ajudar as pessoas. Às vezes, fazer a coisa certa pode causar estresse para as pessoas, e elas nos atacam".[1]

No dia seguinte, a Etsy anunciou planos para demitir 160 funcionários, além de 80 que haviam sido dispensados imediatamente antes da chegada de Silverman – ao todo, cerca de um quarto da força de trabalho da empresa. Durante as semanas que se seguiram, a empresa fez outras jogadas para se reestruturar, encerrando projetos populares entre os funcionários, dissolvendo o grupo de sustentabilidade da empresa, anunciando que a Etsy não renovaria sua certificação B Corp (Empresa B) e modificando a declaração de missão da empresa.[2] A repercussão foi pesada. Dezenas de funcionários assinaram uma petição protestando contra as demissões e contra a decisão de Silverman de encerrar uma série de projetos "alinhados a valores".[3] No Glassdoor, as classificações da Etsy despencaram, com muitas análises criticando a empresa e sua nova direção. Vendedores e ex-funcionários acusaram publicamente Silverman de destruir a empresa e tudo o que a tornava especial. "A Etsy tinha o potencial de ser uma das maiores", disse um deles ao *New York Times*, "mas parece que está cortando qualquer coisa que não seja essencial para o negócio. Esse é um conto moral do capitalismo".[4]

Desde a sua fundação em 2005 pelo artesão Rob Kalin e três outros, a Etsy se via como uma empresa definida por seu propósito social e por sua mentalidade humanitária. Ela dedicava-se a atender pequenos artesãos, fornecendo-lhes um local e ferramentas para comercializar seus produtos e estabelecer pequenas empresas prósperas. De acordo com uma postagem inicial no *blog*, a principal missão da empresa era "ajudar artistas e artesãos a ganhar a vida com o que fazem".[5] No entanto, Kalin, que atuou como CEO no início da empresa, enquadrou o propósito da empresa de forma mais ampla do que isso. A empresa, sugeriu ele, procurava ajudar legiões de pequenas empresas – uma comunidade de fabricantes – a competir em uma economia destrutiva, que favorece as grandes corporações. "Acreditamos que o mundo não pode mais continuar consumindo do jeito que faz atualmente, e que comprar artesanalmente faz parte da solução", disse ele em 2008.[6] A Etsy foi um projeto radical, construído em torno do empoderamento do "pequeno", para trazer de volta uma forma de comércio mais antiga, baseada na comunidade e no relacionamento. "É isso que a Etsy representa: o pequeno sendo capaz de organizar um mercado melhor".[7]

A Etsy floresceu sob a liderança de Kalin, posicionando-se como mais humana e com mais propósito do que gigantes como Amazon e Walmart. Em 2011, quando Kalin renunciou ao cargo de CEO (ele havia saído em 2008 e retornado no ano seguinte), cerca de 400 mil artesãos da Etsy vendiam mais de US$ 500 milhões em abotoaduras, facas, suéteres e inúmeros outros itens feitos à mão.[8] O substituto de Kalin, o ex-CTO Chad Dickerson, procurou fazer a empresa crescer, mantendo-se profundamente comprometido com seu propósito inicial. Ele anunciou que administraria a Etsy para atender a todos os *stakeholders*, não apenas aos investidores: "Vou priorizar as necessidades da comunidade Etsy no sentido mais amplo: os vendedores da Etsy, o modo como trabalhamos uns com os outros dentro da empresa, as nossas comunidades locais e todos cujas vidas impactamos".[9] Embora a Etsy tenha irritado alguns vendedores ao permitir a venda de bens produzidos em fábrica, ela adotou uma missão nova e mais ambiciosa: "Remodelar o comércio para construir um mundo mais gratificante e duradouro"[10]. Em 2012, a empresa obteve a certificação de Empresa B, um passo que reflete sua convicção de que "a empresa tem um propósito social para além do lucro puro e simples".[11]

Manter-se fiel ao propósito provou ser uma receita poderosa para o crescimento. Em 2015, quando Dickerson abriu o capital da Etsy, cerca de 1,4 milhão de fabricantes estavam vendendo US$ 2 bilhões em mercadorias por ano. A empresa atraía os melhores talentos, incluindo muitos funcionários seduzidos pelo propósito da Etsy e pelas políticas de trabalho generosas.[12] O que a Etsy não havia gerado ainda era lucro: ela vinha perdendo dinheiro desde 2012. Nenhuma Empresa B de mesmo porte havia aberto seu capital,[13] e no período que antecedeu o seu IPO não estava claro se uma empresa formalmente comprometida em atender vários *stakeholders* poderia ter um desempenho bom o suficiente para satisfazer os investidores. Em uma postagem no *blog* celebrando o IPO, Dickerson afirmou a intenção da empresa de prosperar financeiramente como uma empresa de capital aberto, cumprindo seu propósito: "A força da Etsy como empresa e comunidade vem de sua singularidade no mundo, e nossa intenção é preservá-la. Não acreditamos que as pessoas e o lucro sejam mutuamente exclusivos. Acreditamos que a Etsy pode ser um modelo para outras empresas de capital aberto, operando um negócio orientado a valores e centrado no ser humano, beneficiando as pessoas".[14]

Será que a Etsy realmente conseguiria criar uma situação vantajosa para todos, que beneficiasse tanto a sociedade quanto os investidores? Em seus primeiros registros na SEC (Comissão de Valores Mobiliários dos EUA), a empresa estabeleceu um padrão baixo para o desempenho financeiro, informando aos potenciais investidores que "temos um histórico de perdas operacionais e podemos não alcançar ou manter a lucratividade no futuro".[15] Isso foi bom o suficiente no início, permitindo que a Etsy levantasse quase US$ 300 milhões com uma estimativa de valor de mais de US$ 3,5 bilhões.[16] No entanto, WallStreet rapidamente perdeu a paciência. O crescimento desacelerou após o IPO, mas os custos cresceram. Parecia que os funcionários e a sociedade estavam ganhando enquanto os investidores estavam perdendo. Nove meses após o IPO, com os lucros ainda indefinidos, o preço das ações da Etsy havia despencado 75%. As empresas de capital privado entraram em cena, assumindo participações na empresa e argumentando que ela deveria fechar o capital para que seu novo proprietário pudesse fazer as reformas necessárias. Em maio de 2017, Dickerson foi demitido, sendo substituído por Silverman, que enfrentou a questão do que fazer para controlar os custos e, mais importante, fazer a empresa crescer novamente.

A saída de Dickerson e a chegada de Silverman desencadearam uma onda de tristeza e raiva. Em uma reunião de emergência, os funcionários choraram quando Dickerson anunciou, em lágrimas, que havia sido demitido e que 80 funcionários perderiam seus empregos. Em reunião no dia seguinte com Silverman e um investidor importante, os funcionários questionaram as decisões, que, nas palavras de um deles, eram "impessoais, sem empatia e decididamente anti-Etsy".[17] O próprio Silverman sentiu-se mal em relação às reduções da força de trabalho. Ele nunca se vira como um líder que fazia demissões, e as evitou em suas funções anteriores como CEO da Skype, presidente de produtos e serviços de consumo da American Express e CEO da shopping.com. Contudo, Silverman acreditava que as medidas de reestruturação, incluindo demissões, eram essenciais para a viabilidade da Etsy no longo prazo. Elas não só ajudariam a empresa a ter sucesso financeiro como também, apesar das aparências, permitiriam que a empresa colocasse seus ideais em prática de forma mais plena do que no passado.

Como Silverman me relatou, ele é favorável à ideia básica de valor compartilhado ou capitalismo *multistakeholder*, a noção de que "você pode ser um grande cidadão corporativo e um grande negócio".[18] O problema, ele sugeriu, era que a Etsy que ele herdou, embora forte em muitos aspectos, não estava focada o suficiente em todos os *stakeholders*, incluindo não apenas os investidores e os usuários finais, mas também os vendedores e a comunidade em geral. A falta de eficiência e agilidade decorrente do inchaço organizacional também estava prejudicando a própria empresa. Para remediar esses problemas, Silverman não se contentou com apenas colocar os acionistas em primeiro lugar por meio de demissões e, em seguida, atender às necessidades de outros *stakeholders*; ele procurou olhar de forma abrangente para a empresa e repensar como ela poderia operar melhor para o benefício de todos, gerando equilíbrio entre os *stakeholders* e injetando mais responsabilidade nas dimensões comercial e social.

Em particular, a tomada de decisões na Etsy há muito beneficiava os funcionários, mas agora a empresa precisava prestar mais atenção em atender os vendedores, que eram os clientes diretos da Etsy. Quando acusado de falta de empatia pelos funcionários, Silverman rebateu que a empresa tinha de mostrar empatia por todos os *stakeholders*, inclusive os fabricantes, que se beneficiariam com seus planos de reestruturação. Conforme ele observou: "Há 2 milhões de pessoas, muitas delas trabalhando em lugares distantes e com poucas oportunidades, que contam conosco. Quem está tendo empatia por elas?".

Silverman argumenta que os vendedores vinham perdendo, pois a empresa não havia feito o suficiente para atrair compradores para o *site* e aumentar significativamente o volume bruto de mercadorias (GMV, *gross merchandise volume*), que é o valor total de mercadorias vendidas no *site*. A busca no *site* da Etsy representava um problema grande: algumas pessoas diziam que era mais fácil pesquisar no Google por produtos da Etsy do que usar a função de busca da Etsy.

Apesar de toda a conversa sobre propósito, o impacto social da empresa também estava abaixo da média. "Foi muito difícil para mim encontrar um ponto em que o impacto social da Etsy fosse positivo de verdade", disse Silverman. "Bem, exceto um. Acho que os funcionários eram tratados extraordinariamente bem. Se você tivesse a sorte de ser uma das mil pessoas na folha de pagamento da Etsy, estaria em uma condição excepcionalmente boa". Silverman procurou corrigir o modelo econômico e operacional da Etsy para que a empresa não apenas permanecesse lucrativa, mas também impulsionasse o crescimento, atraindo mais compradores para o *site*. Isso, por sua vez, permitiria que seus vendedores aumentassem suas receitas, fazendo com que a Etsy se tornasse mais lucrativa.

A implementação de reformas foi estressante durante os primeiros meses do mandato de Silverman, com a demissão em massa de funcionários. Ele aguentou esse período e passou a se concentrar nos gastos em algumas áreas-chave, que teriam maior impacto. Dedicado ao propósito social da Etsy, ele também passou a reorientar os esforços de impacto social da empresa em três áreas essenciais (empoderamento das pessoas, responsabilidade ambiental e diversidade), comprometendo publicamente a empresa a metas quantitativas nessas áreas, com a publicação de um relatório de impacto em 2019 e um relatório integrado (sobre desempenho social e financeiro) em 2020. No momento em que escrevo, a determinação de Silverman parece ter valido a pena. O preço das ações da Etsy aumentou 15 vezes, o seu GMV aumentou por um fator de cinco durante sua liderança, e a empresa fez progressos quantificáveis em suas prioridades sociais (descritas a seguir).

Empresas e líderes adotaram a noção de que as empresas orientadas a propósito podem resolver problemas sociais e ambientais e, ao mesmo tempo, gerar riqueza. De acordo com esse pensamento, as empresas podem transcender as abordagens tradicionais de RSC e incutir propósito em suas operações principais, gerando poderosas decisões ganha-ganha que beneficiam a todos, com pouco compromisso de qualquer lado. Uma empresa de manufatura pode alterar processos com desperdício, por exemplo, usando menos energia e, ao mesmo tempo, reduzindo custos. Um banco pode contratar uma força de trabalho mais diversificada, beneficiando a comunidade e, ao mesmo tempo, aproximando-se de sua base de clientes e estimulando a inovação. Contudo, soluções ganha-ganha idealizadas como essas são difíceis e relativamente incomuns. Muitas empresas orientadas a propósito buscam um ideal de negócios responsáveis sem compensações, mas voltam a uma busca por lucros quando as soluções ganha-ganha se mostram mais difíceis do que imaginavam.[19]

Líderes com um propósito profundo, como Silverman, adotam uma abordagem mais pragmática. Reconhecendo os desafios característicos da busca por um propósito, eles se dedicam conscientemente a encontrar um caminho contínuo e imperfeito em meio às escolhas entre os *stakeholders*. Eles reconhecem que as soluções ganha-ganha quase sempre envolvem escolhas inteligentes, bem como a divisão imperfeita dos benefícios mútuos. Inspirados e empoderados pelo propósito, eles negociam os interesses dos *stakeholders* para chegar a decisões às vezes dolorosas, que estes podem ou não achar boas o suficiente no curto prazo, mas que, por fim, valerão a pena para todos. A tomada de decisões em empresas com propósito profundo torna-se um exercício de idealismo prático, uma disciplina de resolução de problemas honesta e, muitas vezes, confusa. Em vez de tentar ser empresas sobre-humanas, que magicamente acertam a tomada de decisões para todos, todas as vezes, as empresas com um propósito profundo se mostram excepcionalmente dispostas a permanecer em um espaço de desconforto, ambiguidade e contradição, mantendo-se o mais fiéis possível à sua intenção motivadora.

A atração da solução simultânea

A noção de que as empresas devem alinhar o lucro ao propósito social é importante, sustentando as esperanças de que possamos reinventar o capitalismo para enfrentar os problemas globais.[20] Esse pensamento ganha-ganha exige uma série de disfarces. Assim como Forrest Mars no capítulo anterior, alguns se referem a isso como alcançar uma reciprocidade de benefícios entre os *stakeholders*.[21] Outros seguem Michael E. Porter e Mark R. Kramer ao falar do valor compartilhado,[22] ou argumentam que os líderes devem "aumentar o bolo" de valor para todos os *stakeholders*, incluindo os investidores.[23] Outros ainda defendem soluções simultâneas que proporcionem lucros e benefícios sociais,[24] ou vislumbram um capitalismo consciente que ofereça "desempenho financeiro excepcional a longo prazo", ao mesmo tempo em que cria "valor social, cultural, intelectual, físico, ecológico, emocional e espiritual para todos os *stakeholders*".[25]

Tais ideias representam o estado da arte do pensamento de gestão, um grande passo a frente, sobre as doutrinas de maximização de valor para os acionistas. Ainda assim, nem todos os observadores estão convencidos. Anand Giridharadas critica o pensamento idealizado de ganha-ganha por sua promessa de indolência, a ideia de que "o que é bom para mim será bom para você" e de que os investidores e outras elites empresariais não precisam se sacrificar pelo bem público. Como ele observa, "sempre haverá situações em que as preferências e necessidades das pessoas não se sobrepõem e, na verdade, entram em conflito. E o que acontece com os perdedores, então? Quem deve proteger os seus interesses? E se a elite simplesmente precisar gastar mais do seu dinheiro para que todos os americanos tenham, digamos, uma escola pública semidecente?"[26].

Outros críticos argumentam que fazer com que as empresas busquem mais do que lucros vai *prejudicar* os *stakeholders*, impedindo o movimento eficiente de capital. Determinadas a salvar empregos de funcionários, por exemplo, as empresas podem hesitar em encerrar modelos de negócios obsoletos, sobrecarregando os clientes com produtos abaixo da média e inibindo o crescimento. A doutrina do ganha-ganha – ou do capitalismo coletivo, como a *Economist* a chamou – também vacila, argumentam esses críticos, porque transforma executivos de negócios em árbitros morais, fazendo com que devam sintonizar com as necessidades da sociedade e legislar compensações entre os *stakeholders*. Reconhecendo as dificuldades que surgem ao tentar equilibrar interesses concorrentes, esses críticos concluem que é mais eficiente e mais justo permitir que os executivos se atenham a obter lucros, confiando nos acionistas para exercer liderança moral.[27]

Caminhando no fio da navalha

Pesquisas sugerem que as soluções idealizadas de ganha-ganha muitas vezes se mostram enganosas. Rosabeth Moss Kanter observa que o pensamento empresarial orientado em torno da entrega de benefícios sociais – o que ela descreve como lógica social – difere da lógica comercial ou financeira que as empresas seguem para maximizar o valor para os acionistas. "Grandes empresas", diz ela, "combinam lógica financeira e social para construir um sucesso duradouro".[28] No entanto, poucas empresas conseguem alcançar o sucesso por essa definição. Como Julie Battilana e seus coautores apontaram, as empresas são "rápidas em abandonar os objetivos sociais na busca pela lucratividade".[29] Para lidar com os desafios de fundir o social e o econômico, ela argumenta, as empresas devem transformar elementos centrais de seus modelos de negócios, incluindo medição, estrutura, contratação e liderança, adotando uma abordagem que ela chama de organização híbrida. Eles devem mudar seu DNA, que é configurado para a maximização do lucro, o que se apresenta como uma tarefa terrivelmente desafiadora. Mesmo as empresas de sucesso podem esperar enfrentar sérias tensões e compensações em uma base contínua.

A tarefa de conciliar as necessidades concorrentes de cada parte interessada é difícil. Podemos pensar em líderes e empresas "negociando" com os *stakeholders* sobre quanto valor compartilhar com cada um deles. Às vezes, essa negociação ocorre por meio de conversas reais e presenciais entre líderes e representantes de grupos de *stakeholders*. Mais frequentemente, isso acontece de modo figurado na mente dos líderes. De qualquer forma, é uma luta. Ao propormos soluções mutuamente benéficas como um todo, normalmente precisamos viver com arranjos localizados que envolvem escolhas. Cada parte precisará fazer pequenos sacrifícios para obter os benefícios desejados, muitas vezes trocando algo com o qual se importam menos e com o qual a outra parte se preocupa mais. O desafio nesses casos não é conceber soluções que beneficiem todas as partes por igual. Em vez disso, é chegar a acordos que proporcionem *os maiores benefícios possíveis* a todas as partes sem que nenhuma delas perca, equilibrando os benefícios de forma aceitável. Essa é uma tarefa emocionalmente exigente, que se torna ainda mais complexa quando mais de duas partes se sentam à mesa.[30]

Tudo isso não quer dizer que soluções ganha-ganha idealizadas, que beneficiem a todos os *stakeholders* igualmente – ou, dito de outra forma, que mesclem perfeitamente lógicas sociais e comerciais –, sejam impossíveis. Às vezes, os líderes chegam a arranjos criativos que oferecem valor significativo para todos ao mesmo tempo, dividindo esse valor de maneiras que todos concordam. Na maioria das vezes, porém, as empresas que navegam por escolhas devem se satisfazer com decisões *imperfeitas* que exigem que algumas partes façam sacrifícios parciais ou de curto prazo, mas que proporcionam ganhos para todos os *stakeholders* a longo prazo.[31]

Apesar de todas os seus defeitos, essas vitórias de longo prazo ainda podem ser bastante extraordinárias. Como Josh Silverman me disse, a reestruturação da empresa permitiu que ela se tornasse cinco vezes mais produtiva, a julgar pelo número de lançamentos semanais de *software* que seus engenheiros produziam (a principal métrica de produtividade da empresa). Ao melhorar o suporte aos seus vendedores (e, por sua vez, melhorar a experiência dos compradores no *site*), a empresa se posicionou para registrar ganhos nas vendas e receitas brutas de mercadorias em 2018 e 2019 e deu um grande salto em 2020.[32] A partir de 2019, cerca de 2,5 milhões de vendedores comercializavam seus produtos no mercado da Etsy, gerando quase US$ 5 bilhões em vendas brutas de mercadorias e mais de US$ 800 milhões em taxas e outras receitas para a Etsy.[33] Embora a pandemia da covid-19 tenha atingido fortemente muitas empresas no ano seguinte, o capital da Etsy cresceu. A empresa vendeu cerca de US$ 850 milhões em máscaras em 2020, e as outras vendas da empresa praticamente dobraram também. Em agosto de 2020, a base de vendedores ativos do *site* subiu para 3,1 milhões, com crescimento de vendas de 136% no segundo trimestre. O preço das ações da Etsy subiu 200% desde o início do ano.[34]

Os funcionários acabariam se beneficiando com tal desempenho financeiro, porque uma Etsy mais forte e financeiramente bem-sucedida seria capaz de salvaguardar empregos e outros benefícios para os funcionários nos anos seguintes (de fato, em 2021, a empresa tinha cerca de 1.400 funcionários, cerca de 200 a mais do que em seu pico antes das demissões). A Etsy também agregou mais valor para as comunidades e o meio ambiente, graças ao seu foco e à sua responsabilidade em torno de suas atividades de impacto social (uma melhoria que também beneficiou os funcionários, que se preocupavam em trabalhar para uma empresa orientada a propósito). Em 2019, a empresa contribuiu com mais de US$ 6 bilhões para a economia, um aumento de quase 15% em relação a 2018. Além disso, ultrapassou o objetivo de duplicar o número de minorias sub-representadas que contratava e alcançou o *status* de carbono neutro ao se tornar "o primeiro grande destino de compras *on-line* a compensar 100% das emissões relativas às entregas".[35] Embora a maioria das empresas de capital aberto enchesse suas salas executivas e de reuniões com homens, a Etsy ostentava paridade de gênero, bem como uma força de trabalho majoritariamente feminina.[36] A empresa também se comprometeu publicamente com as metas em torno de suas três áreas de foco de impacto social e começou a relatar voluntariamente seu desempenho. Como Silverman ponderou, a Etsy já havia tentado seriamente ter impacto social, mas o mundo exterior não havia considerado isso. Graças à reestruturação, a empresa obteve ganhos mensuráveis, mesmo quando melhorou seu desempenho comercial.

Vale a pena lutar por soluções idealizadas ganha-ganha (novamente, aquelas que não envolvem compensações significativas), mas não devemos fazer isso de forma rígida ou dogmática, assumindo que *apenas* decisões que se casam perfeitamente com imperativos comerciais e sociais ou que beneficiam todos os *stakeholders* de uma só vez são válidas. Se fizermos isso, nos frustraremos e voltaremos à maximização do valor para o acionista, dando mais razão àqueles que afirmam que não podemos confiar nas empresas para se comportarem moralmente e àqueles que argumentam que as empresas não devem ousar tentar. Vamos nos eximir de fazer o trabalho duro de tentar reconciliar os interesses dos *stakeholders* a curto e longo prazos, sacrificando o progresso real, embora incompleto, em nome da perfeição. Pesquisas mostram que é possível servir a dois senhores ao mesmo tempo: lucro e propósito social. As empresas que buscam objetivos sociais tendem a melhorar seu desempenho financeiro (exploraremos o motivo no Capítulo 3, pelo menos no que diz respeito às empresas orientadas a propósito).[37] No entanto, para alcançar os melhores resultados a longo prazo para todos os *stakeholders*, devemos simplesmente aceitar a imperfeição. Devemos arregaçar as mangas e abrir caminhos por escolhas incômodas da melhor maneira possível, mesmo que o ganha-ganha não seja completo.

A mentalidade do idealismo prático

Líderes com um propósito profundo, como Silverman, não aceitam simplesmente as escolhas; eles *mergulham* nelas, adotando uma mentalidade que poderíamos chamar de idealismo prático.[38] Como grupo, esses líderes são ousadamente idealistas, movidos por uma consciência existencial sobre as razões de ser de suas empresas e determinados a dar vida ao propósito por meio de cada ação ou decisão tomada. Ao mesmo tempo, eles entendem que as empresas só podem fazer o bem se forem saudáveis, e isso significa jogar e vencer dentro das restrições do sistema comercial. Em vez de lamentar a necessidade de obter lucro ou considerá-la um mal necessário, eles enaltecem a lógica comercial como uma restrição valiosa, que força as empresas a operarem em um nível mais alto. Impulsionada pelo propósito, a atividade comercial torna-se um caminho valioso para a realização do bem social.

Para entender melhor o que é idealismo prático e suas implicações, considere o seguinte gráfico, que representa decisões de negócios individuais:

TIPOLOGIA DA TOMADA DE DECISÕES DE NEGÓCIOS

	LÓGICA SOCIAL BAIXA	LÓGICA SOCIAL ALTA
LÓGICA COMERCIAL ALTA	**QUADRANTE 3** — Lucro em primeiro lugar: A empresa tem lucro, mas em geral deixa de fazer o bem	**QUADRANTE 2** — Propósito com lucro: Soluções ganha-ganha fazem o bem e se saem bem
LÓGICA COMERCIAL BAIXA	**QUADRANTE 1** — Desempenho insatisfatório: A empresa não faz o bem e não se sai bem	**QUADRANTE 4** — Bom samaritano: A empresa faz o bem, mas geralmente não se sai bem

FIGURA 1 Uma tipologia da tomada de decisões de negócios.

O eixo x reflete a intensidade com que as considerações sociais motivam a tomada de decisão dos líderes. O eixo y reflete a intensidade com que os líderes decidem com base em questões comerciais. Observe que, embora a lógica comercial geralmente se traduza em uma preocupação direta com os interesses de acionistas e clientes (e uma preocupação indireta com funcionários ou fornecedores), os líderes que seguem uma lógica social podem mostrar preocupação com as comunidades locais, o meio ambiente, os funcionários ou os clientes, dependendo do negócio.[39]

Vamos passar pelos quadrantes do gráfico. O Quadrante 2, que chamo de propósito com lucro, representa decisões ganha-ganha que satisfazem as lógicas comerciais e sociais. Essas são ações que fazemos na esperança de entregar resultados financeiros *e* benefícios para outros *stakeholders*. Elas incluem soluções ganha-ganha idealizadas e aquelas que, em geral, transmitem benefícios financeiros e sociais, mesmo que algumas compensações entrem em cena. No outro extremo do espectro (Quadrante 1), encontramos decisões pobres e de desempenho insatisfatório, que quase não fazem bem algum. Os acionistas perdem, assim como a sociedade.

Os Quadrantes 3 e 4, lucro em primeiro lugar e bom samaritano, respectivamente, representam situações em que as empresas escolhem com o objetivo de beneficiar os acionistas ou a sociedade, mas não ambos. As empresas podem atuar na lógica desses quadrantes por vários motivos. Algumas empresas de propósito conveniente podem aspirar ao propósito com lucro, mas quando você avalia como elas alocam recursos, descobre que elas passam a maior parte do tempo no terreno do lucro em primeiro lugar, visando principalmente aos lucros. Essas empresas podem adotar uma abordagem de portfólio, tomando algumas decisões ou administrando alguns de seus negócios de acordo com uma lógica social e outras de acordo com uma lógica comercial. As empresas dedicadas a uma abordagem de múltiplos *stakeholders* podem tornar mais frequente o propósito com lucro, mas o lucro em primeiro lugar permanece para elas tanto como uma posição de linha de base quanto como uma posição de reserva, caso não possam projetar uma fusão perfeita de lógicas sociais e comerciais. Essas empresas bem-intencionadas e de valor compartilhado começam no lucro em primeiro lugar e se esforçam para atingir a velocidade de escape, mas a gravidade as puxa de volta à Terra diversas vezes. Elas querem fazer o bem, mas descobrem que simplesmente não conseguem fazer isso sem um impacto na lucratividade, então se contentam em ganhar dinheiro.

O que define o idealismo prático não é a capacidade do líder com um propósito profundo de estabelecer residência perpétua no quadrante do propósito com lucro (embora minha pesquisa sugira que eles chegam a esse quadrante com muito mais frequência do que outras empresas). É sua intenção existencial fazer o possível para alcançar o propósito com lucro a partir do lucro em primeiro lugar ou do bom samaritano, e especialmente do bom samaritano.

Líderes com um propósito profundo seguem três princípios de idealismo prático. Primeiro, eles visam em todos os momentos ao propósito com lucro. Comprometidos com o propósito como intenção existencial, eles mergulham em difíceis escolhas necessárias para agregar valor a todos. Em vez de simplesmente procurar fazer o bem, eles se desafiam a fazer o trabalho mais difícil de fazer o bem *e* se sair bem. Eles sustentam a tensão que surge entre as lógicas comerciais e sociais e entre os *stakeholders* específicos que incorporam essas lógicas.

Segundo, os líderes com um propósito profundo evitam decisões de lucro em primeiro lugar, que só produzem ganho comercial, sem perspectivas de benefício social. Contudo, se existe uma decisão ou solução que é lucrativa e que pode um dia fazer o bem social, eles podem assumi-la e, em seguida, ir o mais longe possível para adaptar essa decisão ou solução para beneficiar um grupo mais amplo de *stakeholders,* não simplesmente investidores.

Terceiro, os líderes com um propósito profundo são ousados. Se eles têm uma ideia de negócio do tipo bom samaritano que eles acham que pode se tornar lucrativa ao longo do tempo, eles vão correr o risco de assumi-la. Eles farão o possível para garantir que a ideia possa funcionar financeiramente, entendendo que falhar nisso pode ameaçar o futuro da empresa.

TRÊS PRINCÍPIOS FUNDAMENTAIS DO IDEALISMO PRÁTICO

Princípio # 1: Vá além do bom samaritano e dedique-se obsessivamente ao propósito com lucro.

Princípio # 2: Evite soluções de lucro em primeiro lugar que não ofereçam valor social.

Princípio # 3: Se você acha que pode transformar uma solução de bom samaritano em propósito com lucro, seja ousado e assuma-a. Caso contrário, descarte-a.

A busca corajosa pelo idealismo prático

Vamos nos concentrar no Princípio #3. A expressão culminante do idealismo prático é a disposição dos líderes com um propósito profundo de começar com um projeto idealista e baseado em propósito e fazer o que for preciso para que ele funcione. Em um mundo onde a maioria dos líderes e empresas prioriza os investidores, é preciso haver muita coragem por parte dos líderes para começar no quadrante do bom samaritano, pois eles devem acalmar os investidores e convencê-los a esperar por eventuais retornos financeiros. Pense no salto de fé que você daria ao tomar um projeto, produto ou decisão que beneficiaria a sociedade e levá-lo adiante, acreditando (mas não se sentindo confiante) que você acabaria obtendo eventualmente um resultado econômico favorável. Além de confiar em finanças rigorosas para tomar uma decisão de investimento, como a maioria dos líderes faz,[40] você também tem um senso permanente de propósito e um desejo de ter impacto social *e* permanecer lucrativo. Líderes com um propósito profundo consistentemente se colocam nessa posição, inspirados pela consciência existencial de seu propósito. Eles se sentem surpreendentemente confiantes de que, com uma chance e algum tempo, encontrarão uma maneira de transformar o bom samaritano em propósito com lucro.

A Recruit Holdings Co., um conglomerado japonês multibilionário com participações em mídia, pessoal, suporte a negócios e publicidade, obteve sucesso inicial após sua fundação em 1960 publicando a revista *Invitation to Companies* (Convite às empresas), que disseminava informações de recrutamento. Com isso, ela criou um mercado de emprego para recém-formados (anteriormente, apenas grandes empresas poderiam recrutar com facilidade os melhores talentos nas universidades japonesas). A empresa cresceu de forma constante, criando revistas específicas do setor para uma variedade de indústrias e funções de trabalho e entrando em novos mercados com o objetivo de enfrentar importantes desafios sociais. Em 1988, um novo e menos agradável capítulo da história da Recruit se abriu quando a empresa se envolveu em um enorme escândalo que abalou a elite política e empresarial do Japão. O fundador da Recruit, Hiromasa Ezoe, ofereceu ações a membros proeminentes da elite da Recruit antes que a empresa abrisse seu capital.

O escândalo chocou o Japão e recebeu uma cobertura maciça de primeira página nos principais jornais do país. Todo o gabinete japonês foi forçado a renunciar, assim como dezenas de outros indivíduos, e alguns enfrentaram processos criminais.[41] Para piorar a situação, uma crise econômica atingiu severamente a empresa, levando a um declínio de 20% nas receitas. No entanto, a empresa conseguiu sobreviver, ficando perto da falência durante meados da década de 1990 (graças a maus investimentos e pressões competitivas relacionadas à ascensão da internet), antes de retornar a um crescimento sólido.

O escândalo deixou uma impressão indelével no pessoal que o experimentou. "Eu pensei que a empresa tinha acabado, e cada um de nós se sentia dessa forma", lembra o ex-diretor executivo corporativo sênior da CHRO e diretor do conselho, Shogo Ikeuchi.[42] Com o futuro da empresa em jogo, os líderes se esforçaram para recuperar a confiança dos consumidores, das empresas que anunciavam em suas revistas e do público japonês. Em vez de ditar uma solução, eles pediram que os funcionários fizessem sugestões. Depois de muita discussão, incluindo uma série de sessões dramáticas tarde da noite, os líderes decidiram que deveriam primeiro trabalhar na restauração da credibilidade perdida da empresa, criando uma nova Recruit, mais profundamente alinhada aos seus papéis e responsabilidades sociais, bem como aos seus deveres para com os acionistas. A empresa adotou uma filosofia corporativa que afirmava sua intenção de "ajudar a estabelecer uma comunidade humana livre e dinâmica, criando novo valor por meio da informação e trabalhando continuamente em direção à harmonia com a sociedade".[43]

Ao manter essa filosofia, a empresa adotou um novo conjunto de três princípios de gestão: criar novo valor, respeitar cada indivíduo e contribuir com a sociedade. Isso se aproximava dos princípios que a empresa havia seguido anteriormente, mas com uma grande exceção: criar novo valor substituiu o princípio buscar a racionalidade comercial, que fazia referência explícita a uma lógica comercial. Como a empresa observou, ela entendeu que "a busca pela racionalidade comercial é vital para a existência de uma empresa", mas mudou o princípio "depois de examinar por que somos necessários na sociedade e como podemos contribuir para a sociedade". A Recruit procurou enfatizar seu desejo de ser uma "empresa consciente e sincera, que é adotada pela sociedade e anda de mãos dadas com ela".[44] Ao longo das décadas seguintes, a empresa atualizou essa filosofia básica de gestão. A atualização mais recente aconteceu em 2019, quando os três princípios se tornaram, respectivamente, impressionar o mundo, apostar na paixão e priorizar o valor social.[45]

O que significa priorizar o valor social? A empresa busca valor social sem se preocupar com o desempenho financeiro ou vice-versa (colocando-se nos quadrantes bom samaritano e lucro em primeiro lugar, respectivamente)? Como Ikeuchi me garantiu, a Recruit nunca financiaria um projeto que entregasse apenas valor comercial, já que isso violaria seu propósito. Contudo, também não financiaria projetos que servem à sociedade, mas que não têm potencial comercial. "Na minha experiência trabalhando na Recruit por mais de 30 anos", diz Ikeuchi, "acho que nunca tomamos uma decisão com apenas um propósito social em mente. Sempre tivemos em mente o equilíbrio entre valor social e economia". O que a Recruit *faria* seria financiar um projeto com claro valor social, mas perspectivas comerciais incertas, na esperança de que a empresa pudesse tornar o projeto comercialmente viável. A Recruit corajosamente começaria no quadrante do bom samaritano, acreditando que, com pensamento inteligente e trabalho duro, poderia chegar ao propósito com lucro. Esse tipo de tomada de risco pró-social é o que a Recruit quer dizer com priorizar o valor social.

A partir de 2020, a Recruit patrocinou um de seus empreendimentos, o ensino *on-line* Study Sapuri, por oito anos, na esperança de torná-lo lucrativo. Lançado em 2012, o Study Sapuri permitiu que estudantes de baixa renda e rurais tivessem a chance de se destacar nos exames padronizados que garantiam a admissão dos alunos nas melhores universidades. Como esses exames incluíam tópicos que as escolas japonesas não ensinavam, os alunos tinham de participar de aulas de preparação para o teste, a fim de se destacar. Se sua família não pudesse pagar por essas aulas ou se você morasse longe dos centros urbanos onde as aulas de preparação eram ministradas, você estaria sem alternativa. O Study Sapuri permitia inicialmente que os alunos tivessem aulas *on-line* por cerca de US$ 60 cada, cerca de um quarto do custo de uma aula presencial comparável. Em 2013, a Study Sapuri mudou sua oferta, cobrando apenas cerca de US$ 10 por uma assinatura que permitia acesso ilimitado às suas aulas *on-line*. O *site* também permitia que os alunos acessassem materiais de estudo adicionais gratuitamente, como testes anteriores.

Em 2018, quase meio milhão de membros pagaram pelos serviços do Study Sapuri, que cresceram para incluir um serviço de treinamento e ofertas para estudantes mais novos. Embora o negócio de preparação para o teste do ensino médio tenha se tornado lucrativo, o negócio em geral continuava perdendo dinheiro.[46] Aparentemente, isso continuou nos dois anos subsequentes, período em que a empresa passou a dobrar suas taxas mensais para novos assinantes.[47] "Foi preciso muita paciência", observa Ikeuchi. "Foi preciso mais investimento e financiamento do que esperávamos [para tirar o negócio do papel e escalar]". Mostrando paciência, os líderes não se sentaram de forma passiva e esperaram que as receitas aumentassem. "Nós nos perguntamos: 'como podemos gerar mais receita?' Tivemos um debate acalorado, discutindo como seria possível fazer nosso negócio crescer".

Apesar de insistir fortemente na lógica comercial, a Recruit mostrou um cuidado extraordinário com o impacto social do Study Sapuri e uma capacidade incomum de esperar que a lógica econômica se materializasse. Foi importante, como admite Ikeuchi, que o executivo da Recruit e fundador da Study Sapuri, Fumihiro Yamaguchi, se sentisse tão apaixonado pelo negócio e por suas perspectivas e que a Recruit tivesse uma cultura orientada a nutrir e aproveitar a paixão e o zelo empreendedor de seus funcionários. Contudo, em última análise, a Recruit apostou em um negócio que era menos lucrativo no curto prazo, mas potencialmente viável a longo prazo, e que entregaria um claro valor social devido ao seu compromisso excepcionalmente forte com seu propósito. Como observa Ikeuchi, "colocamos a mais alta prioridade no valor social. Depois de aprender algumas lições com o escândalo de 1988, continuamos a atualizar nosso valor central e garantir que nossos negócios o incorporem".

A arte da escolha

Se você comprar os produtos frescos da Gotham Greens, notará que eles vêm embalados em embalagens plásticas de uso único, o que é terrível para o meio ambiente. Por que uma empresa tão dedicada a reinventar a agricultura para ser mais sustentável e menos poluente não usa embalagens que não agridem o planeta? Isso não foi um descuido. Como lembra o fundador Viraj Puri, quando a empresa estava começando, sua equipe pesquisou opções alternativas, chegando a embalagens altamente atraentes, feitas de fibra compostável. "Ficamos impressionados com nós mesmos e nos demos um tapinha nas costas por fazer um trabalho tão incrível e pelo impacto que iríamos causar".

À medida que os trabalhadores começaram a colher alface e colocá-la nas embalagens ecológicas, eles realizaram testes para determinar a vida útil do produto, para que pudessem imprimir as datas de validade nas embalagens. Assim descobriram que as verduras duravam apenas alguns dias em embalagens à base de fibra, mas duas semanas ou mais no plástico. A fibra agia como um dessecante, secando as verduras, deixando-as murchas e secas. Isso colocou Puri e sua equipe em um impasse: eles teriam de comprometer seu propósito social e usar plástico? Ou eles poderiam chegar a uma solução diferente?

Os membros da equipe tiveram uma ideia: e se eles vendessem seus produtos não embalados para supermercados e os supermercados os vendessem aos consumidores em gavetas abertas? A equipe foi ao supermercado e propôs essa solução. Os compradores concordaram, mas indicaram que só gostariam de comprar uma pequena fração do pedido que haviam feito originalmente com a Gotham Greens, já que não havia demanda. Como os compradores dos mercados explicaram, os consumidores estavam preferindo as verduras embaladas, cultivadas localmente, do que as não embaladas, pois são mais limpas, mantêm sua qualidade e podem ser consumidas com mais segurança.

Após uma extensa pesquisa, a equipe percebeu a tensão inerente entre embalagens ecologicamente corretas e desperdício de alimentos. De acordo com Puri, "ao fazermos uma análise completa do ciclo de vida, percebemos que o desperdício de alimentos é um fator importante",[48] tendo grandes impactos ambientais prejudiciais, devido ao gasto desnecessário de recursos naturais para cultivar produtos que os consumidores realmente não usam, além das emissões adicionais relacionadas ao descarte de um produto que anteriormente era comestível. A equipe concluiu que as soluções alternativas de embalagem não eram tão verdes quanto pretendiam ser se não tivessem um bom desempenho em sua função principal: armazenar e preservar os alimentos que continham. Reconhecendo que precisariam usar embalagens plásticas se quisessem vender um produto comercialmente viável, Puri e sua equipe pesquisaram os tipos de plástico disponíveis, buscando opções que causassem o menor dano ao meio ambiente. O plástico reciclável e reciclado os intrigou como uma solução relativamente sustentável, mas a equipe temia que fosse mais caro do que o plástico convencional. Em certo momento, o plástico compostável parecia uma dádiva: talvez a Gotham Greens pudesse criar embalagens a partir de um plástico que se degradasse naturalmente e nutrisse o solo.

No entanto, à medida que os membros da equipe aprenderam mais sobre essa opção, eles concluíram que o plástico compostável não era tão sustentável quanto parecia. Os fornecedores usavam milho subsidiado e geneticamente modificado para fabricá-lo, e apenas os consumidores em locais com instalações municipais de compostagem poderiam compostar essa embalagem. A maior parte do plástico compostável da empresa acabaria em aterros sanitários, ou pior ainda, os consumidores o colocariam em suas lixeiras e criariam ineficiências operacionais nas instalações de reciclagem, que não podem reciclar plástico compostável.

Após meses de pesquisa e análise, Puri e sua equipe resolveram embalar seus produtos em plástico PET 1, o tipo mais universalmente aceito em instalações de reciclagem. "Como uma empresa ESG (*environmental, social, governance*) enraizada na conservação de recursos naturais como parte de nosso DNA, essa foi uma decisão realmente difícil e emotiva para nós", diz Puri, "mas ainda estamos usando caixas plásticas 10 anos depois, porque não há uma alternativa disponível comercialmente no mercado hoje" que ofereça uma vida útil mais longa e dê aos consumidores a qualidade do produto que eles esperam.

Observando essa decisão à distância e fora de contexto, um cético poderia questionar o comprometimento da Gotham Greens com seu propósito, concluindo que ela escolheu uma lógica comercial em vez de social. Com mais informações, surge um quadro diferente. A Gotham Greens tem uma equipe de embalagens sustentáveis contínua, que se mantém informada sobre as novas tecnologias à medida que elas surgem, buscando continuamente opções mais sustentáveis. Puri acredita que a falta de alternativas adequadas de embalagens ecológicas que funcionem bem e que tenham preços acessíveis (para que os consumidores ainda possam comprar mantimentos) é a razão pela qual vemos tanto plástico nos corredores dos supermercados hoje. "Apesar de nossos melhores esforços, a Gotham Greens é uma empresa pequena, com influência limitada no setor de embalagens. Mudar o cenário requer a ação coletiva de consumidores exigindo que grandes empresas assumam compromissos que influenciem a cadeia de suprimentos e governos criando incentivos adequados e dinâmicas de mercado para impulsionar a inovação e proporcionar melhorias".

Puri e sua equipe de fato tomaram a decisão de usar plástico, apesar de seus impactos ambientais negativos, a fim de criar um negócio viável com demanda suficiente do consumidor e interesse dos investidores. No entanto, eles fizeram isso sabendo que, se a empresa pudesse acertar seu produto, aumentar suas vendas e sua presença geográfica e ter sucesso em sua visão mais ampla de reinventar a agricultura, os benefícios sociais e ambientais superariam em muito os danos causados pelas embalagens plásticas. Eles esperam um dia poder mudar para uma alternativa verdadeiramente verde, à medida que a tecnologia de embalagem avança.

O mundo é um lugar confuso. A luta da Gotham Greens com a embalagem ilustra o quanto as empresas e os líderes que adotam o idealismo prático devem trabalhar para chegar a soluções significativas de propósito com lucro, além de destacar a natureza imperfeita de muitos desses arranjos. Mesmo quando uma oferta de produto ou uma estratégia representa uma solução clara de propósito com lucro, decisões de execução específicas podem residir no lucro em primeiro lugar ou no bom samaritano. No caso da Gotham Greens, os líderes não conseguiram chegar a uma solução perfeita, dadas as necessidades de seus *stakeholders*, pois tal solução não existia. No entanto, eles fizeram o máximo para encontrar uma solução que não fosse tão ruim quanto outras opções, ainda permitindo que, em geral, a empresa permanecesse no propósito com lucro. Ao decidir ficar com o plástico reciclável, devido à falta de alternativas viáveis, a empresa fez o possível para negociar os interesses de investidores, consumidores finais, supermercados e o meio ambiente. A julgar pelo impacto social e comercial geral da empresa até o momento, esses esforços valeram a pena.

Esse exemplo nos leva a um tema importante: o papel do propósito em ajudar os líderes a se movimentar pelas compensações. Durante o processo de meses de seleção de embalagens, Puri e sua equipe buscaram orientação no propósito da empresa a cada tentativa. A clareza sobre a razão de ser, por sua vez, levou à clareza sobre as prioridades. Como um negócio, a empresa tinha de cuidar de uma lógica comercial que agradasse aos clientes de forma econômica. No entanto, como um negócio com um propósito, sua intenção era clara: garantir que até mesmo decisões altamente táticas como essa apoiassem as ambições e a visão moral da empresa. O compromisso existencial profundamente sentido, consagrado no propósito, serviu como um conjunto de grades de proteção para a atividade comercial, indicando opções que simplesmente não funcionariam ou que a empresa evitaria, se possível. Em minha pesquisa, muitos líderes com um propósito profundo descreveram o propósito como uma "Estrela do Norte" que ajudou a orientá-los pela complexidade de negociar escolhas.

O propósito também desempenha um papel *motivacional*, inspirando os líderes a superarem escolhas difíceis que, de outra forma, poderiam evitar ou deixar de realizar. Como observa um estudioso, os líderes muitas vezes se tornam fatalistas ao confrontar as escolhas, "declarando os problemas como insolúveis e como o custo de fazer negócios". As empresas que conseguem aprender a "perseverar até conciliar essas tensões"[49] têm vantagem sobre as outras. Visto que as empresas com um propósito profundo, como a Gotham Greens, abordam o propósito como intenção existencial, elas consideram cada decisão operacional, por menor que seja, uma oportunidade de perceber a razão de ser da empresa e alcançar o propósito com lucro. Outra empresa poderia ter usado a mesma embalagem plástica que todas as outras estavam usando, mas a Gotham Greens tomou uma decisão deliberada, preparada para negociar intensamente para obter o resultado melhor e com mais propósito.

Uma empresa de propósito conveniente pode ter tentado, a princípio, usar embalagens alternativas, revertendo rapidamente para a solução de plástico visando ao lucro em primeiro lugar ao descobrir que a alternativa não funcionou tão bem. Não foi isso que a Gotham Greens fez. Inspirados pela razão de ser da empresa, Puri e sua equipe trabalharam por meses nesse detalhe operacional, realizando uma análise abrangente do ciclo de vida ambiental, antes de finalmente reverter para o plástico. Até hoje, ele e sua equipe ainda estão procurando por embalagens mais ecológicas, e ele está comprometido em fazer a transição assim que a tecnologia puder acompanhar. O tempo todo, relata Puri, a equipe ouviu as vozes dos *stakeholders*. Descrevendo seu processo geral de tomada de decisão, ele diz: "Olhamos para os consumidores. Estamos entregando um produto que eles acham útil? Estamos entregando um produto que as cadeias de varejo e os operadores de serviços de alimentação consideram útil? E temos de pensar nos nossos investidores" – tudo isso além do impacto ambiental.

Você pode questionar se Puri e sua equipe perderam tempo procurando embalagens se, por fim, acabaram usando plástico. Vale a pena se esforçar tão intensamente para o propósito com lucro a cada decisão final? A motivação para abrir caminhos pelas escolhas em busca de soluções ganha-ganha pode levar a oportunidades imprevistas para entregar soluções idealizadas de propósito com lucro.

Josh Silverman, da Etsy, me disse que, quando se tornou CEO, a empresa já procurava tornar seus escritórios neutros em carbono. Determinados a buscar a sustentabilidade o mais intensamente possível a serviço do propósito da empresa, os líderes perceberam que precisavam considerar a pegada de carbono associada ao envio dos produtos vendidos aos consumidores por meio do *site*. Uma análise descobriu que, na realidade, essa era a maior fonte de emissões de carbono da empresa. Silverman queria saber se a empresa poderia pagar para compensá-la. Uma ideia era repassar o custo para os clientes. Isso significava uma escolha: menos valor para os clientes, mais valor para o meio ambiente (em geral, uma solução de propósito com lucro). A empresa decidiu executar um experimento, perguntando aos consumidores quanto a mais eles estariam dispostos a pagar para ajudar a empresa a compensar o dióxido de carbono emitido durante o transporte.

Antes que pudessem executar o teste, eles contrataram consultores para descobrir quanto a compensação custaria por pedido. A resposta foi um espanto para Silverman e sua equipe: apenas um centavo por pacote. Como a compensação do carbono era muito barata, a Etsy optou por pagar o custo em vez de repassá-lo aos consumidores. O que a princípio parecia ser uma escolha entre os clientes e o planeta acabou sendo uma solução idealizada de propósito com lucro. O aumento do custo para os investidores foi mínimo, e a compensação do dióxido de carbono os beneficiaria, aumentando a reputação da Etsy com clientes e funcionários. Foi assim que a empresa se tornou "o primeiro grande destino de compras *on-line* a compensar 100% das emissões de carbono no transporte".[50] Entre fevereiro de 2019 e março de 2020, a empresa compensou mais de 170 mil toneladas de dióxido de carbono investindo em projetos ambientais e tornou-se uma defensora franca da descarbonização da logística e de outras atividades comerciais.[51]

A decisão revelou-se inteligente em termos comerciais. Testes conduzidos pela empresa mostraram que os consumidores compraram mais quando a empresa os informou, no momento de pagar, que estava compensando o dióxido de carbono do transporte.[52] Os líderes às vezes podem identificar verdadeiras oportunidades de ganha-ganha, mas somente se olharem com bastante atenção e permanecerem dispostos a fazer escolhas difíceis, se for preciso.

Uma última maneira de o propósito ajudar os líderes a se movimentar por escolhas difíceis tem a ver com seus consideráveis benefícios organizacionais. Como vimos, os *stakeholders* individuais às vezes perdem a curto prazo para que todos possam se beneficiar a longo prazo. Ao negociar soluções imperfeitas que, em última análise, ofereçam o maior valor compartilhado possível, os líderes devem convencer os *stakeholders* que enfrentam perdas no curto prazo a permanecer com a empresa de qualquer maneira. O campo compartilhado de significado fornecido pelo propósito forma uma base para a confiança, a compreensão e a determinação coletiva se enraizarem (um fenômeno que exploraremos no próximo capítulo). O propósito serve como o que os sociólogos chamam de objetivo superordenado, que une as pessoas e cria uma identidade de grupo.

O respeito pelo propósito da Etsy levou os investidores a permanecerem com a empresa pelo primeiro ano após a abertura do capital, mesmo que sua impaciência logo crescesse. Depois que Silverman assumiu a empresa, sua decisão de demitir funcionários e outros movimentos associados à reestruturação desencadearam críticas dentro e fora da empresa. No entanto, por fim, não houve êxodo em massa de funcionários ou compradores. Muito pelo contrário: em uma pesquisa de engajamento de 2019, 92% dos funcionários classificaram a empresa como um "ótimo lugar para trabalhar", em comparação com uma média nacional de 59%, e 96% concordaram com a afirmação "Tenho orgulho de dizer aos outros que trabalho aqui".[53] Os funcionários entenderam e respeitaram o propósito da Etsy e passaram a respeitar e entender a necessidade de sacrifício para alcançá-lo.

Lições para os líderes

Você pode levar o propósito mais a fundo em sua empresa deixando de lado a noção de que as soluções ganha-ganha idealizadas são as únicas que contam e reorientando-se para negociar pacientemente as compensações para chegar às melhores soluções possíveis. Torne o propósito significativo abordando cada decisão com a intenção de beneficiar todos os *stakeholders*. Pesquise, analise e teste cuidadosamente suas opções, pensando criativamente em como você pode agir de maneiras que ofereçam o máximo de benefícios possível a todos os *stakeholders* em diferentes horizontes de tempo. Para aguçar sua mente, consulte os *stakeholders* para saber o que cada um deles precisa e quais decisões suas podem ser um fator determinante para eles. Os estudiosos estabeleceram estruturas potenciais para uso na realização de escolhas.[54] Seja qual for a sua tomada de decisão, dê vida ao seu propósito usando-o como ponto de partida para suas deliberações, seja formulando uma estratégia de longo prazo para a sua organização, seja abordando uma questão tática em pequena escala.

Ao estabelecer as escolhas, comunique-as e explique como elas se conectam e apoiam o propósito. Ser explícito gera coesão, dando significado aos sacrifícios que os *stakeholders* estão fazendo e reforçando ainda mais o campo de significado que emana do propósito. Para conquistar os funcionários e criar confiança, Josh Silverman teve de explicar por que suas impopulares medidas de reestruturação foram necessárias para salvar a Etsy e sua capacidade de funcionar como uma empresa com um propósito profundo. "Estávamos lutando por nossa vida", ele lembra, "e eu creio que a equipe realmente não entendeu isso completamente". Ele e outros líderes explicaram que, se a empresa não pudesse melhorar seu desempenho comercial, os investidores poderiam comprar a empresa por centavos para cada dólar. Nesse caso, o mundo perceberia a Etsy como tendo falhado, e teria tirado desse fracasso a lição de que uma empresa não pode fazer o bem e permanecer comercialmente viável. "O que estava em jogo era mais do que apenas o destino da Etsy, que eu acho que é importante para 2 milhões [de vendedores na plataforma]. Mais do que isso, é o conceito de que você pode ser um grande cidadão e uma grande empresa e, de fato, que ser um grande cidadão *faz* de você uma empresa melhor". Quando os funcionários entenderam o que estava em jogo e como as demissões e outras medidas ajudariam a empresa a se tornar mais saudável, eles se uniram em torno das mudanças.

Ao formar suas estratégias, avalie onde os negócios existentes ou potenciais se enquadram da tipologia de tomada de decisão de negócios apresentada anteriormente. Se um negócio seu reside no quadrante do bom samaritano e você acha que pode torná-lo lucrativo, permita-se um horizonte de tempo claro para fazer a transição. As empresas variam em quanto tempo podem dar aos gerentes, e nem todas se sentirão confortáveis em esperar oito ou mais anos para que haja lucros, como fez a Recruit. Empresas de capital fechado ou com outros negócios altamente lucrativos podem dar aos gerentes mais tempo para transformar uma empresa do tipo bom samaritano em uma de propósito com lucro. As empresas também podem conceder mais tempo se sentirem que a oportunidade comercial é muito grande.

Se você tem um negócio do tipo lucro em primeiro lugar e deseja levá-lo para a categoria de propósito com lucro, existem duas opções básicas. Primeiro, você pode tentar injetar o propósito no produto que já tem (p. ex., tornando suas operações mais sustentáveis e socialmente responsáveis ou tornando seu produto mais seguro ou saudável). Segundo, você pode adotar uma abordagem de portfólio, mantendo o produto já tem, mas complementando-o com outros que operam claramente como negócios de propósito com lucro. As empresas com negócios do tipo lucro em primeiro lugar de enorme sucesso podem querer adotar essa segunda abordagem como uma estratégia de transição, reduzindo gradualmente sua dependência do lucro em primeiro lugar e investindo mais pesadamente nos segmentos de propósito com lucro de seus portfólios. Dessa forma, as empresas com um propósito conveniente podem fazer a transição ao longo do tempo para se tornarem empresas mais reconhecidamente de **propósito profundo**. Empresas como Mars e Pepsi estão seguindo essas estratégias e fazendo progressos importantes. Aqui, novamente, seu horizonte de tempo não pode ficar aberto. Defina metas claras para avançar em direção ao propósito com lucro e estabeleça métricas quantitativas para acompanhar seu progresso.

Os líderes também podem levar o propósito mais a fundo, adotando o pensamento "sim e". Em seu livro *Winning Now, Winning Later* (Ganhando agora, ganhando depois), o ex-CEO da Honeywell, David M. Cote, descreve a importância de "realizar duas coisas aparentemente conflitantes ao mesmo tempo". Como ele observa, "Qualquer tolo poderia melhorar uma determinada métrica – isso não exige muita reflexão ou criatividade. Os melhores líderes reconhecem as tensões que surgem o tempo todo nas organizações e obtêm melhores resultados investigando mais profundamente como resolvê-las".[55] Cote continua explicando como o cultivo de uma disciplina de atingir vários objetivos conflitantes de uma só vez permitiu que os líderes da Honeywell aumentassem o desempenho e transformassem a empresa. Da mesma forma, os líderes com um propósito profundo não se satisfazem apenas em fazer o bem, dando desculpas para o fraco desempenho financeiro de sua empresa, retratando-o como simplesmente um custo da entrega de benefício social. Os líderes com um propósito profundo também não encolhem os ombros e assumem uma postura "realista", dizendo: "Eu gostaria que pudéssemos salvar o mundo, mas temos um negócio para administrar". Líderes com um propósito profundo desafiam-se a oferecer benefícios sociais *e* resultados financeiros excepcionais. Isso é extremamente difícil, muito mais do que simplesmente apontar para um desses objetivos, e você não consegue se sair perfeitamente bem para todos o tempo todo. No entanto, vai se aproximar do ideal de contribuir para a sociedade enquanto constrói um negócio próspero.

É fácil olhar para o histórico recente do capitalismo e descartar a conversa de um propósito maior como ingênua, equivocada, egoísta ou mesmo exploradora – um idealismo tolo. Charles Dickens escreveu em *A Tale of Two Cities* (Um conto de duas cidades) sobre a "gloriosa visão de fazer o bem, que é tantas vezes a miragem sangrenta de tantas mentes boas".[56] Contudo, nós, no mundo dos negócios, precisamos de mais idealismo em nosso meio, não menos. Líderes com um propósito profundo são o melhor tipo de idealistas, lutando incessantemente para combinar a busca por seus sonhos com a firmeza do realista. Essa injeção de realidade não polui o idealismo, mas permite que pessoas com ideais nobres melhorem a existência humana. Aqui está o maior paradoxo de todos: ao dobrar o arco do idealismo para acomodar a confusão e a imperfeição do comércio, os líderes com um propósito profundo acabam gerando mais valor para todos. Compreender e buscar ao máximo essa criação de valor pode capacitar mais líderes a fazer o trabalho duro e interminável de dar propósito à vida, que, em última análise, é gratificante.

CAPÍTULO 3

QUATRO PROPULSORES PARA UM DESEMPENHO SUPERIOR

> Muitos líderes buscam o propósito de forma superficial porque não entendem completamente como a devoção a um propósito melhora o desempenho dos negócios. Líderes com um propósito profundo compreendem melhor os mecanismos pelos quais o propósito estimula as organizações e gera um desempenho descomunal. Eles apontam para quatro categorias distintas de benefícios: a capacidade do propósito de ajudar a focar na elaboração de estratégias, promover relacionamentos com clientes, envolver-se com os *stakeholders* externos e inspirar os colaboradores.

Em um mundo dilacerado por tribalismo, ódio, desconfiança e desinformação, é reconfortante saber que pelo menos uma grande empresa está trabalhando para disseminar mais paz e harmonia. Em 2017, essa empresa lançou um novo propósito para si mesma, que fazia referência especificamente a uma intenção de superar as divergências entre as pessoas. A empresa existia "para dar às pessoas o poder de construir uma comunidade e aproximar o mundo".

Introduzindo esse novo propósito, o fundador e CEO da empresa argumentou que, para resolver problemas globais, os seres humanos precisavam ganhar um senso mais aguçado de sua humanidade em comum. "Temos de construir um mundo onde nos preocupamos com uma pessoa na Índia, na China, na Nigéria ou no México tanto quanto com uma pessoa aqui. É assim que alcançaremos nossas maiores oportunidades e construiremos o mundo que queremos para as próximas gerações".[1] O fundador prometeu que sua empresa cumpriria seu propósito oferecendo ferramentas que os clientes poderiam usar para construir comunidades seguras e saudáveis por conta própria. À medida que essas comunidades tomassem forma, o mundo faria progressos em problemas sistêmicos, como mudanças climáticas e pandemias.[2]

Vários anos se passaram desde o lançamento desse novo propósito. A empresa ajudou a aproximar as pessoas? Não exatamente. Embora tenha tomado algumas medidas para construir um senso de comunidade e reduzir o ódio, muitas de suas políticas e decisões serviram para *aumentar* o tribalismo, o ódio, a desconfiança e a desinformação. Para muitos observadores, a empresa parecia ter se tornado uma presença maligna no mundo, fomentando a própria desintegração social que pretendia atacar. Em uma pesquisa realizada no final de 2019, apenas 40% dos entrevistados viam a empresa como tendo um impacto positivo na sociedade, enquanto 72% sentiam que a empresa exercia uma quantidade excessiva de poder na sociedade.[3]

Essa empresa é o Facebook (atualmente Meta), um garoto-propaganda para o propósito conveniente.[4] A nova razão de ser do Facebook apareceu na esteira do alvoroço público sobre a proliferação de notícias falsas na plataforma durante a eleição de 2016 nos EUA. Se esse momento por si só alimenta a suspeita de "lavagem de propósitos", as próprias ações da empresa – ou falta de ação – não ajudam. Em 2018, rumores falsos na plataforma WhatsApp do Facebook ocasionaram linchamentos na Índia, provocando a indignação do governo.[5] Naquele mesmo ano, as Nações Unidas acusaram a empresa de contribuir para o genocídio de muçulmanos na nação de Mianmar, por não impedir que nacionalistas budistas usassem o Facebook para espalhar discursos de ódio antimuçulmanos. Após uma pesquisa independente, o Facebook reconheceu que "não estávamos fazendo o suficiente para ajudar a evitar que nossa plataforma fosse usada para fomentar a divisão e incitar a violência *off-line*".[6]

Em 2019, ativistas acusaram o Facebook de servir como um refúgio para terroristas, traficantes sexuais, traficantes de drogas e muito mais.[7] Um relatório de 2020 descobriu que o Facebook estava infestado de grupos de supremacia branca, apesar da promessa do fundador e CEO Mark Zuckerberg, em 2018, de banir esses grupos da plataforma.[8] Também em 2020, funcionários criticaram publicamente o Facebook, e empresas grandes e pequenas retiraram sua publicidade da plataforma depois que Zuckerberg se recusou a proibir postagens controversas do então presidente dos EUA, Donald Trump.[9]

Mesmo quando o Facebook se posicionou contra o ódio e a divisão, seus esforços não pareciam sinceros. Em outubro de 2020, o Facebook anunciou que proibiria, em seu *site*, materiais relacionados à negação do Holocausto. Como um ex-funcionário do Facebook observou: "O fato de Zuckerberg ter finalmente aceitado, após anos de defesa de grupos antiódio como a [Liga Antidifamação] e outros, que a negação do Holocausto é uma tática antissemita flagrante é, claro, uma coisa boa. O fato de que ele demorou tanto tempo para aceitar que essas organizações tinham mais experiência do que ele e sabiam do que estavam falando é algo perigoso".[10] No mesmo mês do anúncio, a revista *New Yorker* publicou uma longa matéria detalhando os esforços sem brilho da empresa para se livrar do ódio e questionou se o Facebook realmente desejava avançar nesse sentido.[11] Derrick Johnson, CEO da NAACP (National Association for the Advancement of Colored People), comentou: "Nunca vimos esse nível de surdez de uma entidade corporativa que servia à sociedade. Tivemos muitas conversas com o Facebook, e eles se recusaram a abordar questões básicas de manter as pessoas seguras e proteger nossa democracia".[12]

Zuckerberg e o Facebook defenderam sua recusa em tomar medidas mais drásticas contra conteúdo nocivo, alegando ser uma plataforma neutra e citando sua determinação em proteger a liberdade de expressão.[13] Em outros momentos, eles se desculparam pelo conteúdo nocivo na plataforma, prometeram melhorar, argumentaram que estavam progredindo e apontaram para os bilhões que investiram para combater o discurso de ódio e a desinformação.[14] Aqueles que simpatizam com o Facebook podem dizer que, ao tomar decisões relacionadas ao conteúdo, a empresa está sob pressões intensas e conflitantes dos *stakeholders*. Também podem afirmar que definir o que constitui exatamente discurso de ódio ou desinformação pode ser difícil, que pode ser logisticamente difícil encontrar e remover rapidamente todas as últimas postagens censuráveis, ou que precisamos deixar que empresas inovadoras como o Facebook cometam seus erros e aprendam com eles. No entanto, para muitos críticos da empresa, tais argumentos estão fora de questão. O Facebook continua a prejudicar a sociedade com seu produto principal por uma razão simples: porque se preocupa mais com os lucros do que com o propósito.

Em um editorial do *USA Today* publicado em 2017, um dos primeiros investidores do Facebook, Roger McNamee, sustentou que a tendência da plataforma de fomentar a polarização "foi o resultado de inúmeras decisões do Facebook, todas tomadas em busca de maiores lucros".[15] Posteriormente, McNamee alegou que o modelo de negócio da empresa, baseado na publicidade, era intrinsecamente falho, produzindo lucros em detrimento do bem público. A plataforma precisa manter a atenção dos usuários para atrair o dinheiro da publicidade, sua principal fonte de receita. Os algoritmos que o Facebook usa para determinar quais itens de notícias os usuários veem em seus *feeds* visam a mantê-los o mais engajados e interessados possível. "Uma das melhores maneiras de manipular a atenção é apelar para a indignação e o medo, emoções que aumentam o engajamento", disse McNamee.[16] Outro ex-líder do Facebook, encarregado de monitorar anúncios políticos, concordou com essa afirmação, observando que a empresa precisava renovar seu modelo de negócios se quisesse realmente avançar contra o discurso nocivo. O Facebook tinha o poder de mudar seus algoritmos para que aqueles que espalham desinformação e discurso de ódio desfrutassem de menos visibilidade. Contudo, isso significaria ajustar os algoritmos para que eles não otimizassem o engajamento do usuário – um movimento que a empresa não parecia inclinada a fazer.[17]

Pensando bem a respeito disso, a aparente determinação do Facebook de sacrificar o propósito no altar de seu modelo de negócios altamente lucrativo parece intrigante. Por que uma empresa interessada em entregar valor aos acionistas negligenciaria seu propósito? Como mencionado anteriormente neste livro, inúmeras pesquisas nos últimos anos sugerem que a busca por propósito pode *impulsionar* o desempenho financeiro. Um estudo feito com diversas empresas de capital aberto que adotaram uma abordagem multissetorial descobriu que, ao longo de uma década, elas tiveram um desempenho melhor do que as do S&P 500 por um fator de oito.[18] Um relatório da EY e da *Harvard Business Review* constatou que as empresas que buscaram um propósito mais de perto eram mais propensas do que outras empresas a relatar um rápido crescimento em relação aos três anos anteriores.[19] A pesquisa de George Serafeim e seus coautores descobriu que as empresas cujas posições de gerente intermediário enfatizavam o propósito "têm um desempenho contábil e no mercado de ações sistematicamente mais alto".[20]

Não é como se a compatibilidade entre propósito e lucros fosse um segredo bem guardado. Em sua carta amplamente lida de 2019 aos CEOs, o

CEO da BlackRock, Larry Fink, argumentou que "o propósito não é a busca exclusiva por lucros, mas a força motriz para alcançá-los. Os lucros não são, de forma alguma, opostos ao propósito – na verdade, lucros e propósito estão estritamente ligados".[21] Ainda, pesquisas com CEOs sugerem que esses pontos de vista dificilmente são radicais ou marginais, mas "algo próximo do senso comum", como observa Rebecca Henderson.[22]

Por que o Facebook e tantas outras empresas de propósito conveniente perseguem lucros e prestam pouca atenção ao propósito, apesar dos aparentes benefícios financeiros? É verdade que, como observa o economista Alex Edmans, embora pesquisas geralmente apontem para uma ligação propósito-desempenho, algumas evidências as desmentem. Além disso, essa ligação pode não se aplicar uniformemente a todas as empresas em todos os lugares em todos os momentos.[23] Contudo, com base em minhas conversas com dezenas de líderes, acredito que uma dinâmica mais básica está em jogo. Os líderes buscam o propósito superficialmente porque, apesar de todo o seu aparente entusiasmo, não entendem completamente *como* a dedicação a um propósito melhora o desempenho dos negócios. Como resultado, eles continuam a perceber o propósito como um ônus sobre o negócio, e não como um impulsionador do desempenho. A ética da maximização do valor para o acionista está tão firmemente enraizada que os líderes assumem que os propulsores tradicionais que renderam lucros no passado ainda são os melhores. Eles não conseguem imaginar que outro conjunto de propulsores, ligados ao propósito, possa gerar lucros não apenas fortes, mas excepcionais.

Ao estudar empresas e líderes com um propósito profundo, percebi que eles entendiam melhor os mecanismos subjacentes pelos quais o propósito estimula as organizações e gera um desempenho descomunal. Ao explicar por que sua dedicação ao propósito ocasionava bons negócios, os líderes costumavam apontar quatro categorias distintas de benefícios: direcionais, relacionais, reputacionais e motivacionais. Entender esses benefícios encorajou líderes com um propósito profundo e os ajudou a canalizar seus esforços. Ao contrário das empresas de propósito conveniente, as empresas com um propósito profundo se esforçam para obter o máximo de benefícios do propósito em cada uma dessas quatro áreas. Vamos examinar cada um desses propulsores do propósito, explorando como uma empresa com propósito profundo, a fabricante suíça de equipamentos para plantas Bühler Holding AG, as utiliza para alcançar alto desempenho e crescimento sustentados.[24]

Direcional: o propósito profundo serve como uma "estrela-guia" e ajuda a canalizar a inovação.

Relacional: o propósito profundo ajuda a manter a credibilidade e a confiança com os parceiros do ecossistema e a estabelecer relacionamentos de longo prazo.

Reputacional: o propósito profundo ajuda a desenvolver afinidade, lealdade e confiança com os clientes.

Motivacional: o propósito profundo eleva o trabalho, motivando e inspirando os colaboradores.

Uma "estrela-guia" para orientar o crescimento (Propulsor do propósito #1: direcional)

E se o Facebook *tivesse* levado seu propósito a sério? O que teria feito? Certamente, teria mudado seus algoritmos e políticas e se policiado de forma mais agressiva para minimizar o discurso de ódio e a desinformação, mesmo que isso atrapalhasse um pouco seu modelo de negócios. Contudo, um Facebook profundamente investido em seu propósito teria ido muito mais longe. Ele teria se tornado um *ativista* em favor de seu propósito, liderando a mudança que gostaria de ver no mundo. Teria adotado sua razão de ser como alicerce para a estratégia e abandonado ou alterado estratégias que desrespeitavam seu propósito.

Reconhecendo que sozinho não poderia resolver os problemas sistêmicos de discurso de ódio e desinformação *on-line*, o Facebook também tentaria desencadear um movimento social, convocando todo o seu ecossistema em torno do desafio de "dar às pessoas o poder de construir uma comunidade e aproximar o mundo". O Facebook teria estabelecido publicamente metas ousadas, até mesmo aparentemente impossíveis, para a redução do discurso de ódio e da desinformação, pedindo aos clientes e parceiros estratégicos para colaborar em soluções inovadoras. Teria financiado e celebrado inovações e feito de seus esforços para garantir comunidades *on-line* seguras e harmoniosas a base para todas as suas conversas com os *stakeholders*. Entendendo o valor de seu propósito para seus próprios negócios, a empresa teria se inclinado fortemente para ele *antes* que os críticos exigissem isso,

Capítulo 3 ▪ Quatro propulsores para um desempenho superior

confiante de que a empresa sairia na frente, apesar de qualquer compensação necessária.

Pode-se argumentar que essa dedicação extrema ao propósito é irrealista para uma grande empresa como o Facebook. Tentar liderar um movimento social é complicado, provavelmente infrutífero e, de qualquer forma, além do alcance das empresas. Ao gastar tanto esforço em nome de seu propósito, o Facebook estaria tirando o olho de seus negócios, e seu desempenho sofreria. Talvez o Facebook pudesse estar fazendo mais em nome de seu propósito, mas não *tanto assim*.

Na verdade, uma empresa orientada a propósito assumiu esse compromisso expansivo para resolver um grande e complexo problema social. Em vez de comprometer seu desempenho e crescimento, esse compromisso extremo com o propósito a *alimentou*. Essa empresa é a multinacional suíça Bühler, fabricante de equipamentos de processamento de alimentos, que nos últimos 10 anos se dedicou a reduzir a enorme pegada de carbono da indústria global de alimentos.

Se você ainda não ouviu falar da Bühler, essa empresa familiar desempenha um papel fundamental na cadeia global de fornecimento de alimentos, ajudando a alimentar cerca de 2 bilhões de pessoas todos os dias. Do chocolate Lindt às massas Barilla, as máquinas da Bühler produzem tudo nas fábricas de propriedade de algumas das maiores empresas de alimentos do mundo. Ao todo, as máquinas da Bühler processam cerca de 65% das colheitas de grãos do mundo, 40% das massas do mundo e 30% do suprimento global de cereais matinais.[25] A Bühler expandiu seu negócio de alimentos globalmente durante a década de 2010, adotando uma estratégia de venda de serviços relacionados à fabricação para os clientes, em vez de apenas máquinas. Incorporando *big data* e análises, os serviços da Bühler ajudam os clientes a otimizar as linhas de produção em suas fábricas, melhorar a segurança alimentar e desenvolver novos produtos alimentícios.

Desde a sua criação, em 1860, a Bühler operou de maneiras sofisticadas, que hoje associamos a um propósito profundo. No entanto, a celebração do 150º aniversário da empresa em 2010 foi um importante ponto de virada, provocando profunda introspecção por parte dos líderes sobre o que a empresa era e sobre como ela poderia permanecer relevante e bem-sucedida. Depois de muita deliberação, e com forte incentivo dos membros da família Bühler, os executivos adotaram "inovações para um mundo melhor" como o propósito da empresa. Por mais genérica que essa frase pudesse parecer, ela era rica em significado dentro da Bühler, capturando a determinação da organização em replanejar a produção de alimentos globalmente para resolver problemas humanitários e ambientais prementes.

Os líderes entenderam o tremendo valor social, ambiental e comercial que a reforma da cadeia global de fornecimento de alimentos poderia produzir. Conforme me disse Dipak Mane, ex-diretor de recursos humanos da Bühler, um terço da energia do mundo era gasta na produção de alimentos, um quarto das emissões globais de dióxido de carbono vinha da agricultura e um terço de todos os alimentos eram desperdiçados durante a produção e a distribuição. Se a Bühler projetasse tecnologias que reduzissem o desperdício e o uso de energia em toda a cadeia de fornecimento de alimentos, isso poderia ajudar a enfrentar as mudanças climáticas, economizar o dinheiro de seus clientes e continuar a expandir seus negócios. A Bühler teve uma oportunidade única de ajudar a transformar a produção de alimentos em grande escala devido à sua posição central na cadeia de valor da produção de alimentos.

Depois de esclarecer sua razão de ser, a Bühler se moveu corajosamente para realizá-la. Em 2011, a empresa implementou relatórios de sustentabilidade, observando que expandiria seus relatórios para cobrir não apenas suas próprias instalações, mas também aquelas que havia estabelecido em favor dos clientes.[26] Em 2012, a Bühler adotou uma meta pública de reduzir em um quarto o uso de energia nas fábricas de seus clientes em oito anos.[27] Em 2016, a empresa foi mais longe, anunciando sua intenção de reduzir o uso de energia, os resíduos e o uso de água nos processos de produção de seus clientes em 30% até 2025.[28] Em 2019, estimulada pelo relatório de 2018 do Painel Intergovernamental das Nações Unidas sobre Mudanças Climáticas (IPCC), bem como pela conscientização do forte impacto ambiental da produção de alimentos, a empresa emitiu metas ainda mais ambiciosas: uma redução de 50% nessas áreas nos processos de produção de seus clientes até 2025.[29]

Para a Bühler, assim como para muitas das empresas com um propósito profundo que pesquisei, o propósito serviu como base para o enquadramento de estratégias claras e convincentes, a fim de impulsionar o crescimento dos negócios.[30] Como um estudo sobre propósito sugeriu, o propósito torna mais evidente o processo de tomada de decisões estratégicas, servindo como uma espécie de teste decisivo: se uma determinada estratégia, um projeto ou uma iniciativa associada a uma estratégia se alinhar com o propósito, os líderes podem querer adotá-lo. Se não, então eles devem descartá-lo.[31] Como eu disse, muitos líderes com quem falei descreveram o propósito como uma "estrela-guia", que simplifica a tomada de decisões e os ajuda a levar suas empresas adiante em mercados complexos, em rápida mudança e altamente competitivos.

Outras pesquisas confirmam a capacidade do propósito de fortalecer a elaboração e a execução da estratégia em geral. Um estudo descobriu, das empresas que mais perseguiram um propósito de modo pleno, cerca de metade relatou alterar a estratégia por causa de seu propósito, com um terço apontando para ajustes em seus modelos de negócios.[32] Empresas de alto propósito relataram mais sucesso em uma série de iniciativas de crescimento, incluindo fusões, entrada em novos mercados, lançamentos de novos produtos e expansão geográfica. Temos de observar que os investidores reconhecem cada vez mais o valor do propósito para ajudar a definir um curso para o sucesso a longo prazo. Uma pesquisa com investidores descobriu que quase todos eles (93%) sentiam que as empresas precisavam de um propósito "para definir uma estratégia de negócios de longo prazo que agregue valor".[33]

O propósito não serviu à Bühler simplesmente como uma "estrela-guia"; ele aprimorou a estratégia, ajudando a empresa a direcionar a inovação de forma mais poderosa.[34] Olhando para o futuro, as empresas muitas vezes têm dificuldade no processo de escolha entre diversos modelos de negócios ou tecnologias potenciais que possam seguir. Ao estreitar o campo de visão dos líderes, o propósito facilita a alocação de orçamentos para inovação. Esse foco, por sua vez, permite que as empresas pensem de forma mais ampla e holística dentro dessa área mais estreita, adotando uma abordagem sistêmica para chegar a inovações que talvez nunca tenham pensado em buscar. Esse é um paradoxo: ao se tornar mais estreito, você vai muito mais *longe* e tem mais impacto. A respeito disso, o propósito ajuda as empresas a abordarem problemas complexos ou "perversos", que exigem soluções colaborativas.[35]

No caso da Bühler, "inovações para um mundo melhor" concentraram a empresa no desenvolvimento de soluções para tornar a produção mais eficiente em termos energéticos, tornando-a sustentável e lucrativa. Dentro desse foco, a Bühler analisou amplamente novas tecnologias e modelos de negócios por toda a cadeia de valor da produção de alimentos. Foi assim, por exemplo, que a Bühler começou a pesquisar o potencial de capturar insetos em escala para preencher as necessidades nutricionais, minimizando o uso de terra, água e outros recursos. Uma vez que os insetos se alimentam de resíduos, a sua utilização como alimento para animais pode apoiar uma economia circular e sustentável. Em 2019, a Bühler ajudou a fabricante de proteínas de insetos Protix a abrir uma fábrica em escala industrial dedicada à produção de proteínas para uso em ração animal.[36] "O fato de que agora estamos produzindo farinha de proteína, lipídeos e fertilizantes à base de insetos, tudo isso em escala industrial, é algo novo", disse o chefe de negócios de tecnologia de insetos da Bühler. "Você pode, talvez, imaginar que os primórdios dos moinhos modernos há 150 anos ocorreram de forma semelhante".[37]

Há muitos exemplos de empresas orientadas a propósito cuja busca mais focada pela inovação as levou a buscar oportunidades em espaços imprevistos. Com o objetivo de "enriquecer vidas por meio da tecnologia", a varejista Best Buy foi pioneira em modelos de negócios que usaram a tecnologia móvel para ajudar os idosos a administrar suas necessidades de saúde de casa, adquirindo em 2018 a empresa de tecnologia de saúde GreatCall.[38] Inspirada por seu propósito de "fazer o mundo da saúde avançar", a fabricante de dispositivos médicos Becton Dickinson investiu US$ 20 milhões para desenvolver o dispositivo Odon, que poderia reduzir drasticamente as mortes devido ao parto em países em desenvolvimento.[39] Como um estudo de 28 empresas de alto crescimento descobriu, o propósito ajudou as empresas a inovar e crescer "redefinindo o campo de jogo", liberando-as, dentro dos limites do propósito, para "pensar em ecossistemas inteiros, onde interesses conectados e relacionamentos entre diversos *stakeholders* criam mais oportunidades". Isso também permite que elas modifiquem suas propostas de valor de maneiras mais convincentes, focadas e significativas.[40]

Um ecossistema firmemente ligado (Propulsor do propósito #2: relacional)

Stefan Scheiber, CEO da Bühler, lembra-se de quando lhe ocorreu pela primeira vez que sua empresa deveria ter um propósito. Era 1986, ele tinha 21 anos, tinha recém-saído da faculdade e trabalhava para a Bühler em Nairóbi, Quênia. Estar na África já era, por si só, alucinante, depois da educação confortável que tivera na Suíça. Um dia, ele visitou um cliente em um canto remoto do país. Enquanto ele e seu grupo dirigiam pela savana, eles encontraram um grupo de crianças saindo do meio do mato. "Dei-lhes um pouco de comida, tudo o que me restava", disse Scheiber, "e lembro-me desse encontro nitidamente. Eu disse a mim mesmo, OK, aqui estou eu, um homem branco tentando contribuir para a vida de alguém, por mera coincidência. Então, vou fazer disso uma missão. Foi aí que tudo começou, há 33 anos".[41]

Esse momento continua a orientar o propósito pessoal de Scheiber como líder, inspirando-o a buscar o bem social em sua tomada de decisões e em seus relacionamentos com os *stakeholders*. Isso também o energizou para ajudar a enquadrar e executar um propósito organizacional para a Bühler. Em 2010, Scheiber participou do grupo de trabalho interno que elaborou a declaração formal de propósito da empresa, "inovações para um mundo melhor". Depois, sob o comando do CEO anterior, Calvin Grieder, ele ajudou a impulsionar os esforços iniciais da empresa para incorporar esse propósito e estabelecer metas públicas de sustentabilidade. Ao se tornar CEO em 2016, Scheiber aprofundou e evoluiu o compromisso da empresa com seu propósito, posicionando a Bühler como líder de um movimento social em torno da sustentabilidade. Conforme ele notou, a Bühler não conseguiu desenvolver as novas soluções pioneiras necessárias para reinventar o sistema alimentar global por si só. Toda a cadeia de valor era um desperdício e ineficiente, e não apenas uma única empresa, geografia ou setor industrial. Se a Bühler quisesse atingir suas metas mais novas e ambiciosas e realizar seu propósito, teria de colaborar com uma série de parceiros, incluindo líderes do setor, especialistas acadêmicos e *startups*, e até mesmo seus concorrentes.

Scheiber e sua equipe tiveram a ideia de desenvolver um encontro que serviria como um "Davos" para o setor. Em 2016, a empresa criou uma conferência e feira de três dias, chamada de Networking Days, que reuniu clientes, fornecedores e *startups* para discutir sobre sustentabilidade. No início, os líderes não tinham certeza de como o setor reagiria, ou se os convidados apareceriam. Eles não precisavam ter se preocupado. O Networking Days gerou uma participação impressionante: os cerca de 750 participantes vieram de empresas que processavam alimentos para cerca de metade da população mundial.[42] A Bühler revelou cerca de três dúzias de novos produtos e serviços, mas sua apresentação foi além de apenas um discurso de vendas. Em seu discurso de abertura, Scheiber descreveu os desafios monumentais que a indústria de alimentos enfrentava e fez um apelo moral aos participantes. Conforme relatou

Ian Roberts, diretor de tecnologia da Bühler, a maioria dos clientes adorou o que ouviu. Os clientes queriam alguém para assumir a liderança nessas questões, e a posição central da Bühler na cadeia de valor da produção de alimentos a tornou uma escolha lógica. "Alguns clientes nos escreveram cartas", disse Roberts, "CEOs de empresas de alimentos, dizendo 'vocês mudaram [nosso relacionamento] de transacional para transformacional'... os clientes estão aderindo fortemente".[43]

A Bühler continuou a exercer seu "poder de convocação", como Scheiber colocou, realizando eventos menores do Networking Days nos dois anos seguintes. Em 2019, ela realizou seu segundo evento Networking Days em grande escala, sob o lema "criando o amanhã juntos". Apresentando uma série de inovações por si só e por outras empresas que incorporaram inteligência artificial e tecnologias digitais, a Bühler convocou todos os seus parceiros do setor a se unirem para encontrar soluções nos níveis individual, empresarial e industrial. Mais uma vez, a resposta foi positiva. Como um executivo da empresa americana de alimentos Hershey's observou: "Há muitas indústrias representadas no evento e muitas empresas diferentes, com perspectivas diversas. É muito inspirador ouvir todas as ideias e aprender mais sobre as soluções que podemos desenvolver em conjunto".[44]

Como a experiência de Bühler sugere, o propósito confere *benefícios relacionais*, permitindo a formação de laços estreitos entre a organização e os *stakeholders* externos, incluindo clientes, fornecedores, ONGs e comunidades locais. O propósito faz isso de duas maneiras. Primeiro, ele fornece uma lógica para a construção de um ecossistema de parcerias de longo prazo com fornecedores, empreendedores e outros. O propósito estabelece as bases para essas parcerias, seja na forma de eventos formais, como o Networking Days, seja na forma de contatos mais informais entre os participantes do mercado, que passam a exercer relações comerciais formais. Ele facilita a colaboração, definindo metas "superordenadas" compartilhadas (metas maiores, que exigem colaboração para que sejam percebidas) que os parceiros podem concordar e se reunir para buscá-las. Também permite que as empresas determinem com precisão quais empresas contar como parceiras. Na ausência de propósito, pode ser difícil ajudar os parceiros em potencial a entender exatamente por que e como eles devem colaborar com você.

No entanto, o propósito faz mais do que fornecer uma lógica de base para a parceria. Ele melhora a *qualidade* dos relacionamentos, promovendo a confiança e a cortesia. Quando as empresas buscam propósitos sociais, elas transmitem sua intenção de elevar os negócios para além de uma mera lógica comercial, buscando objetivos de longo prazo. Os parceiros em potencial sentem-se confiantes de que uma empresa orientada a propósito adotará uma visão elevada da parceria em geral, tratando todos os *stakeholders* com respeito e ajudando a projetar soluções em que todos ganham. Como alguns acadêmicos observaram, as empresas que adotam o propósito social estão mais inclinadas a operar em sintonia com seus fornecedores e outros *stakeholders*, negociando e colaborando estreitamente para alcançar os melhores resultados para todos.[45] O propósito também promove a credibilidade, facilitando a contratação de pessoas que se preocupam com questões sociais e estão abertas à colaboração.[46]

A mera articulação de um propósito não é suficiente para gerar confiança. As empresas precisam tomar uma ação para viver o propósito. Para transmitir a autenticidade de seu propósito, as empresas devem sinalizá-lo por meio de ações como a adoção de relatórios integrados, o alinhamento de incentivos com o propósito ou a adoção de certificações externas (p. ex., para se tornarem Corporações B).[47] A Bühler tomou inúmeras ações que sinalizaram autenticidade, incluindo seu investimento contínuo em Innovation Days, sua adoção de metas agressivas relacionadas à sustentabilidade e sua adoção de relatórios integrados.

Uma reputação mais forte com os clientes (Propulsor do propósito #3: reputacional)

Se Mark Zuckerberg pensou que adotar superficialmente seu propósito permitiria que o Facebook marcasse pontos com seus clientes, ele estava enganado. Em 2020, uma iniciativa chamada Stop Hate for Profit, apoiada por proeminentes organizações de direitos civis, provocou as empresas a suspenderem sua publicidade no Facebook por 30 dias como um meio de forçar mudanças na plataforma. Mais de mil marcas entraram na campanha rapidamente, incluindo grandes anunciantes como Coca-Cola, Ford, Microsoft, Starbucks e Unilever.[48] Embora o impacto financeiro da campanha pareça ter sido insignificante,[49] o fracasso do Facebook nos últimos anos em cumprir o seu objetivo causou uma erosão mais ampla da reputação da sua marca entre os clientes (anunciantes) e os usuários finais da plataforma. De acordo com um placar das 100 empresas mais visíveis dos EUA, a posição do Facebook caiu do 50º lugar para o 94º lugar entre 2018 e 2019.[50]

Em nossa era de mídias sociais, uma busca superficial de propósito pode afundar a reputação da marca de uma empresa, mas o inverso também é verdadeiro: a fidelidade ao propósito pode proporcionar ganhos de reputação gigantes. Os clientes de hoje estão mais ansiosos para tomar decisões de compra com base na razão de ser de uma empresa e nos valores morais que ela incorpora do que há uma ou duas décadas. Os clientes mais jovens, em particular, sentem-se atraídos a comprar de empresas que compartilham suas crenças e que buscam fazer o bem no mundo. Os consumidores também mostram mais lealdade a empresas que servem a um propósito social. Diversas pesquisas confirmam esses pontos já bem conhecidos.[51]

Grande parte dessa pesquisa diz respeito a marcas voltadas para o consumidor, mas, como a experiência da Bühler sugere, o propósito também aumenta a reputação com os clientes para marcas de *business-to-business*. A Bühler apresenta seu propósito em seu *site*, no relatório anual e em outras formas de comunicação corporativa. Mais profundamente, a razão de ser serve de base para forjar novos relacionamentos e aprofundar os existentes com clientes que possuem intenções e valores semelhantes. O propósito da Bühler cria uma comunidade baseada em valores compartilhados, bem como uma dinâmica positiva entre a Bühler e seus clientes, na qual o idealismo de cada um inspira o outro a novos patamares, enquanto se envolvem comercialmente uns com os outros. Como Scheiber observa: "o que fazemos e o que falamos em termos da história da Bühler é um reflexo de muitas das histórias de nossos clientes, e vice-versa. O que fazemos em muitos casos é um reflexo dos valores dessas empresas, que de alguma forma se espelham no que fazemos. E de alguma forma isso é como uma roda: eles nos inspiram; nós os inspiramos".

Um exemplo é a parceria de décadas da empresa com a fabricante brasileira de alimentos M. Dias Branco, uma das maiores fabricantes de farinha do país e fabricante de biscoitos e outros alimentos de consumo. Assim como a Bühler, a M. Dias Branco busca beneficiar as comunidades locais e o meio ambiente, além de ter um bom desempenho financeiro. "Eles sempre fizeram isso devido aos seus próprios valores", observa Scheiber, e não porque a Bühler os incentivou. Por meio de aquisições estratégicas, a Bühler agora fabrica equipamentos que cobrem todo o processo de produção de biscoitos,

Capítulo 3 • Quatro propulsores para um desempenho superior

o que lhe permite gerar enormes ganhos de eficiência e sustentabilidade na M. Dias Branco. A Bühler também realiza experimentos nas fábricas da M. Dias Branco para ajudá-la a desenvolver inovações que impulsionarão uma produção mais sustentável.[52] Uma vez que a M. Dias Branco e a Bühler são empresas familiares, Scheiber observa que "Vemos nossos próprios valores no desta fantástica empresa, e eu poderia contar dezenas e dezenas de histórias semelhantes".

Como me disseram os líderes de outra cliente, a empresa norte-americana de moagem Ardent Mills, o propósito da Bühler ajudou suas duas empresas a nutrir um relacionamento de longa data, construído com base na confiança. Quando falei com Dan Dye, CEO da Ardent Mills, ele observou que sua empresa vê grande valor em trabalhar com a Bühler com base na qualidade, no serviço e na inovação que recebe, além de sua "multiculturalidade" com a Bühler. "Acho que o que surgiu... foi a liderança em torno do propósito, da sustentabilidade, de fazer a diferença no nosso planeta, de fazer o bem com os negócios, além de uma paixão pela inovação. Acho que tudo isso se junta... nos alinhamos bem".[53] Outro cliente, um fabricante de alimentos para animais de estimação, associou-se à Bühler para reduzir significativamente o consumo de energia, inovando em uma parte fundamental do processo de produção. Como um executivo dessa empresa me disse, em décadas passadas, a empresa poderia ter tentado simplesmente vender um equipamento. Mais recentemente, a preocupação da Bühler com a eficiência energética levou-a a ter uma visão mais ampla da eficiência geral da linha de produção do cliente. Impulsionada por seu propósito, a Bühler tornou-se um parceiro estratégico de fabricação para o cliente, ajudando-o a melhorar diversos aspectos da produção. O resultado não foi apenas uma capacidade de produção mais sustentável, mas também uma capacidade mais rentável.[54]

Só porque o propósito aumenta a reputação não significa que atrai *todos* os clientes. Perseguir um propósito muitas vezes tornará uma empresa menos atraente para alguns clientes, que não compartilham os valores da empresa ou que abrigam preocupações que julgam concorrentes. Alguns dos clientes da Bühler não gostaram do Networking Days, percebendo que a empresa havia se tornado excessivamente moralista e estava "ensinando-os" como administrar seus negócios. Esses clientes temiam que, ao se concentrar na sustentabilidade, a Bühler corresse o risco de se distrair da entrega de valor comercial.⁵⁵ De modo geral, os clientes em mercados emergentes tendem a focar mais em preços, o que os torna mais céticos sobre a ênfase da Bühler na sustentabilidade. Para convencê-los, a Bühler precisa oferecer resultados econômicos mais atraentes em suas ofertas de máquinas e serviços.

Na verdade, esse é o desafio da Bühler com *todos* os clientes, mesmo aqueles em mercados desenvolvidos. Como um funcionário de um de seus grandes clientes me disse: "Ninguém vai sentar lá e dizer: 'Que ótimo, essa é uma empresa perfeitamente sustentável, então vou gastar bem mais dinheiro dos meus acionistas nisso.' A sustentabilidade por si só não é suficiente".⁵⁶ Dipak Mane me disse que, para a maioria dos clientes, a decisão de investir num produto ou serviço da Bühler é, no seu âmago, uma decisão racional, baseada em cálculos rigorosos. Para se tornar um concorrente final em um processo de licitação, a Bühler precisava oferecer dimensões concretas, como qualidade, longevidade e preço. Contudo, uma vez entre os finalistas, o propósito ajudou a destacar a empresa dos concorrentes, cujas especificações de produtos ou serviços pareciam igualmente atraentes. O propósito causou um profundo impacto emocional nos clientes em potencial, ajudando-os a justificar sua escolha pela Bühler.

Os líderes da Bühler reconhecem que ainda não convenceram todos os seus clientes a adotar o seu propósito, embora tenham esperança de que avançar ao longo do tempo. Eles concordam, de modo inflexível, com a necessidade de entregar resultados econômicos sólidos, além do propósito social. "Qual é o valor?", Stefan Scheiber diz. "Se não posso responder essa pergunta, mesmo que algo seja sustentável, então não é bom. Esse não é um bom produto. Então nosso gerenciamento de produtos não teve sucesso. [...] Por isso, queremos sempre olhar para esses aspectos de sustentabilidade através de uma lente de avaliação econômica sóbria".⁵⁷ Como Michael Beer e seus colegas do Center for Higher Ambition Leadership argumentaram, o propósito não livra a empresa empresa da necessidade de se destacar em seus deveres convencionais de oferecer valor superior aos clientes. Pelo contrário, os líderes devem nutrir um "compromisso coletivo com o alto desempenho", para que suas empresas alcancem a maior ambição expressa em seu propósito.⁵⁸

Tal como acontece com os benefícios relacionais, as empresas não podem simplesmente proclamar o propósito e assumir que os clientes que compartilham valores semelhantes se alinharão para realizar negócios.

Como um cliente da Bühler me disse, a ação fala muito mais alto do que as palavras: "Quando falamos de propósito, alguém que está simplesmente fazendo grandes declarações provavelmente não terá crédito, mas alguém que se apega aos valores defendidos ao longo de um relacionamento de longa data com o cliente provavelmente terá. Muitas vezes, isso nem precisa ser explicitado, ou não com muitas palavras".[59] Do mesmo modo, quando as empresas não conseguem realizar ações que tornam explícitos os seus propósitos, ou quando suas ações parecem contradizer a sua razão de ser (como no caso do Facebook), elas podem parecer inautênticas ou, pior, como se tentassem manipular os consumidores por meio da lavagem de propósito.[60]

Atrair e inspirar colaboradores
(Propulsor do propósito #4: motivacional)

O Facebook enfrenta outro desafio por causa de sua adoção superficial ou conveniente do propósito: recrutar os melhores talentos e motivá-los a atuar. Como podemos ver pelos relatos na mídia, a empresa sofreu um impacto significativo no processo de prospecção de talentos por conta de sua recente má fama na mídia. "Surpreendentemente, muitos dos meus amigos agora dizem coisas como 'não quero trabalhar para o Facebook de jeito nenhum'", comentou um jovem estudante de ciência da computação. Outro disse: "Não consigo acreditar no produto, porque, no Facebook, o princípio de tudo o que eles fazem é o desejo de mostrar mais anúncios às pessoas".[61] As tentativas do Facebook de cumprir seu propósito também parecem estar afetando o moral e a motivação dentro da empresa.[62] Nos últimos anos, líderes e funcionários deixaram a empresa em protesto, com o cofundador do Facebook, Chris Hughes, pedindo abertamente a dissolução da empresa.[63]

Líderes e empresas tendem a entender a utilidade do propósito em atrair e motivar os funcionários, bem como os efeitos negativos que se acumulam quando as empresas não cumprem seu propósito. Ainda assim, como a maioria dos funcionários ainda relata sentir-se desconectada do propósito da empresa onde trabalha e sem enjagamento com suas tarefas (uma "crise de propósito", como alguns especialistas colocaram),[64] vale a pena rever exatamente porque o propósito importa tanto quando se trata de funcionários.

As empresas não podem motivar os trabalhadores – forjando conexões poderosas e emocionais entre funcionários, trabalho e empregadores – simplesmente estabelecendo metas estratégicas ambiciosas.[65] Elas também devem recorrer à necessidade humana de se enobrecer, contribuindo para algo maior ou transcendente. De acordo com uma teoria da psicologia denominada *meaning maintenance model* (manutenção do sentido de vida), todos nós buscamos sentido ou propósito em nossas vidas como seres humanos. Procuramos sentido para entender nosso relacionamento com os outros, produzimos sentido para nós mesmos e rapidamente buscamos novos sentidos quando nossa visão de mundo está sob ataque.[66]

Os acadêmicos também observaram que os seres humanos precisam de trabalho com propósito e da capacidade de integrar o trabalho às suas razões pessoais de ser. Ainda, os seres humanos devem estabelecer uma *coerência* entre o que pensam de si mesmos e o que fazem em sua vida, inclusive no trabalho.[67] "Antes que se possa levar todo o seu eu para o trabalho", observa um acadêmico, "é preciso estar ciente dos próprios valores, crenças e propósito na vida. O senso de si mesmo também contempla o processo de esforço constante para atingir o seu potencial e acreditar na capacidade de alcançar esse potencial, e isso inclui um alinhamento entre o propósito de vida e o propósito de trabalho".[68] Como também veremos, o propósito produz um senso compartilhado de identidade, enraizado no pertencimento a uma comunidade compartilhada. A identidade, por sua vez, pode desencadear motivação intrínseca.[69]

Inúmeros dados sugerem que os funcionários de hoje – particularmente os mais jovens – buscam mais do que um salário quando chegam ao trabalho. Eles visam a um significado mais nobre, uma chance de buscar um trabalho que se conecte com suas próprias razões pessoais para ser e com seus valores e crenças.[70] As empresas que buscam um propósito profundo promovem esse significado para os funcionários, mudando a natureza de seu relacionamento com o trabalho e com a organização. Em vez de um nexo de contratos, o trabalho torna-se sacralizado, transformado em um nexo de alianças.[71]

Os impactos comerciais dessa mudança são profundos. O propósito se torna um grande ponto de venda para as marcas empregadoras, tão importante ou mais que o salário.[72] Além disso, o propósito costuma motivar um trabalho em equipe e uma colaboração mais forte, servindo como uma "cola moral".[73]

Contudo, como acontece com a reputação do cliente, a capacidade das empresas de motivar os funcionários por meio de um propósito depende de sua capacidade de promulgar o propósito, e não apenas falar a respeito dele. Um estudo descobriu que o engajamento dos funcionários diminui quando as empresas falam sobre propósito. Quando eles tomam ações significativas, o engajamento aumenta.[74]

Líderes de organizações com um propósito profundo me afirmaram o poder que o propósito tem de inspirar não apenas para o engajamento, mas também para o desejo por parte dos funcionários de realizar seu trabalho da melhor forma. Desde a sua fundação em 2014, o provedor digital de saúde ao consumidor Livongo tem buscado o propósito de "capacitar as pessoas com condições crônicas a viver vidas melhores e mais saudáveis". Como os líderes da empresa me disseram, seu foco intensivo no propósito permitiu que eles competissem com empresas muito maiores do Vale do Silício pelos melhores talentos digitais. Assim que os funcionários embarcaram, a grande maioria ficou totalmente energizada pelo propósito, porque eles provavelmente se conectaram com o propósito em um nível pessoal (em 2019, cerca de dois terços dos funcionários tinham um membro da família com uma condição crônica, e um terço tinha uma condição assim).

A empolgação com o propósito, por sua vez, levou a níveis superiores de comprometimento no trabalho. O fundador Glen Tullman relatou que o ambiente de trabalho era intenso, com muitos funcionários sacrificando outras partes de sua vida para cumprir o propósito. "Se você está iniciando uma empresa e mudando uma indústria e o mundo, [a relação entre várias partes de sua vida] não será perfeitamente equilibrada", disse ele.[75] É claro que nem todos buscavam esse tipo de experiência de trabalho ou compraram o propósito da Livongo, mas o impacto do propósito na dedicação e na motivação dos funcionários foi inconfundível.

Raghu Krishnamoorthy, ex-vice-presidente sênior de recursos humanos globais da General Electric, comparou o propósito a "uma energia secreta que faz você querer fazer, querer entregar".[76] Vários executivos da Bühler me disseram que a ênfase da empresa no propósito havia estimulado os funcionários, inspirando-os a se esforçar ao máximo, a construir longas carreiras lá e a procurar a empresa como empregador. "As pessoas realmente adoram trabalhar nesta empresa porque percebem que nos importamos", disse Irene Mark-Eisenring, diretora de recursos humanos da Bühler. "Vamos fazer algo bom. Não é dinheiro rápido".[77] Embora os níveis salariais na empresa sejam apenas a média para o setor, a taxa de renovação de pessoal é extremamente baixa, apenas cerca de 6% ao ano – um benefício direto da ênfase no propósito, como acreditam os líderes. A empresa também subiu significativamente nos últimos anos nos *rankings* de melhores lugares para se trabalhar.

A Bühler não senta e espera que seu propósito impacte positivamente os funcionários e sua motivação. A empresa *se inclina para o propósito*, incorporando-o em suas comunicações e atividades de recursos humanos. Para envolver os funcionários mais jovens, a Bühler criou a iniciativa Geração B, que permite que os funcionários de todos os níveis tenham voz na empresa e busquem projetos que os entusiasmem e sirvam ao propósito da empresa. A empresa também deu a equipes locais e empresas de todo o mundo orientação, ferramentas e incentivo para medir suas próprias pegadas de carbono, para documentá-las e se juntar ao esforço para cumprir o propósito da Bühler. A Bühler incorporou a discussão do propósito em seus esforços de recrutamento com candidatos internos e reformulou seus extensos programas de treinamento para torná-los mais focados no propósito e nos valores da empresa.

Lições para líderes

Muitos líderes não se aprofundam no propósito porque não o veem como um caminho para gerar novo valor. Apesar de toda a conversa sobre soluções integradas e valor compartilhado, eles permanecem presos em uma mentalidade de valor para o acionista e continuam duvidando que suas empresas possam agregar valor a diversos *stakeholders e* ganhar dinheiro para os acionistas. Os líderes igualam o propósito com a responsabilidade social e consideram-no como pouco mais do que um imposto ou uma licença para operar. Contudo, como vimos neste capítulo, o propósito não é apenas uma maneira nova e socialmente mais aceitável de dividir o valor econômico criado pela empresa. Ele é *generativo*, aumentando o valor para todos, incluindo *stakeholders* externos e acionistas. Quanto mais você entender os quatro principais propulsores do propósito e quanto mais você trabalhar ativamente para acionar esses propulsores, mais eficaz e lucrativa será sua empresa.

Embora sua busca por um propósito profundo permaneça contínua, a Bühler tem visto um crescimento impressionante e ganhos de desempenho. Entre 2010 e 2019, as receitas subiram de 1,9 bilhão de francos suíços para 3,2 bilhões, enquanto o tamanho da força de trabalho cresceu de 7.800 funcionários para 12.700. O lucro líquido da Bühler subiu de 158 milhões de francos suíços para 202 milhões, enquanto seus gastos com pesquisa e desenvolvimento aumentaram de 79 milhões de francos suíços para 149 milhões.[78] A empresa ganhou uma série de prêmios nos últimos anos por excelência, incluindo o Swiss Leading Employer Award (concedido a 1% das melhores empresas da Suíça) e o Queen's Award for Enterprise. Scheiber está convencido de que a busca diligente pelo propósito impulsionou o desempenho da empresa. "Se nos comprometêssemos com certas áreas [relacionadas ao propósito], poderíamos cortar custos no curto prazo, mas a longo prazo perderíamos nossa diferenciação no mercado, e tenho certeza de que isso se traduziria em lucros mais baixos". Em sua percepção, os impressionantes resultados de curto prazo da empresa subestimam o quão bem o propósito posicionou a Bühler para seu sucesso futuro.

Para aprofundar seu envolvimento com o propósito e seu desempenho, procure propulsores subutilizados e considere como você pode acioná-los com mais força ou de forma mais eficaz. A maioria das empresas descobrirá que está se concentrando mais em alguns propulsores do que em outros, e que existe espaço para ganhos de desempenho mais relacionados a propósito. Quanto mais propulsores você acionar, melhor, pois eles trabalham em sinergia entre si. Uma empresa que desfruta de uma forte reputação com os clientes por causa de sua razão de ser descobrirá que isso produz uma força de trabalho mais motivada, e vice-versa, ou que desfruta de relacionamentos aprimorados com seus parceiros estratégicos e uma capacidade aprimorada de forjar parcerias estratégicas. De forma mais ampla, os ganhos de desempenho obtidos por meio de todos esses propulsores tornam as compensações descritas no Capítulo 2 mais fáceis de gerenciar, agregando mais valor para todos e reduzindo a probabilidade de situações ganha-perde. Isso fortalece as parcerias, melhorando ainda mais o desempenho.

Para aproveitar ao máximo os propulsores do propósito, você precisa modificar a forma como pensa a respeito da liderança, reconhecendo sua posição moral e sua interdependência com os *stakeholders*. O sociólogo Émile Durkheim pensava nas religiões como "comunidades morais" fundamentadas em "crenças e práticas" compartilhadas.[79] Da mesma forma, seu trabalho não é apenas garantir que sua empresa ofereça valor econômico para clientes e investidores. Como vimos no caso de Bühler, esse é apenas o preço de entrada. Você deve criar uma *comunidade moral* maior em torno de seu propósito, englobando a organização, seus clientes, funcionários, parceiros estratégicos e outros *stakeholders*. Com instituições sociais como as religiosas, as famílias estendidas e as organizações cívicas reduzindo seu impacto como fontes de significado e identidade na vida das pessoas, surgiu uma abertura para que os negócios preenchessem essa lacuna.

Quanto mais você puder trazer os *stakeholders* para um campo comum de significado gerado pelo propósito, mais você melhorará o desempenho, transformando os relacionamentos anteriormente transacionais em parcerias de confiança. O propósito não resolve problemas intratáveis que você possa ter com os *stakeholders*, mas estabelece as bases para conversas novas e mais produtivas e, consequentemente, a criação de valor mutuamente benéfica.

Você não pode forjar uma comunidade moral a menos que esteja disposto a estabelecer um terreno moral claro relacionado ao propósito de sua empresa e fazer escolhas difíceis, que confirmem sua posição moral. Empresas e líderes com um propósito profundo não estão dispostos a ofender alguém, percebem que não podem criar uma comunidade moral integrada e alcançar os benefícios de desempenho total do propósito se não articularem uma visão clara do mundo. Muitos clientes, funcionários e outros *stakeholders* aplaudiram a Nike quando ela apresentou Colin Kaepernick em sua propaganda, mas muitos não o fizeram. Ao tomar uma posição, a Nike deu vida ao seu propósito, reforçando o seu significado e revigorando a comunidade moral associada à marca Nike, ao mesmo tempo que provocava uma autoclassificação por parte dos clientes. Os ganhos de desempenho de longo prazo relacionados ao propósito provavelmente superaram quaisquer vendas perdidas que a empresa pudesse ter sofrido no curto prazo.

Para acionar os quatro propulsores do propósito de modo mais eficaz, os CEOs devem se sentir mais à vontade para falar como ativistas sobre as principais questões relacionadas ao propósito. Mais executivos adotaram posturas ativistas nos últimos anos, assumindo posições sobre diversos tópicos sociais e ambientais. Os líderes devem fortalecer seu ativismo, para que ele seja percebido como genuíno e significativo. Uma coisa é escrever um artigo ocasional com a sua opinião, afixar um adesivo do Black Lives Matter no *site* da sua empresa ou suspender a publicidade no Facebook por algumas semanas. Outra coisa bem diferente é falar de forma consistente, envolver-se pessoalmente em causas e colocar dinheiro por trás de iniciativas relacionadas à causa.

Alguns líderes têm hesitado em aprofundar seu ativismo, sem saber quando tomar uma posição e quais causas apoiar. Aqui, o propósito pode servir como uma valiosa grade de proteção. Assim como as empresas podem usá-la para estreitar o campo da inovação, de modo que possam ir cada vez mais longe dentro desse campo, os líderes podem usar o propósito para filtrar as poucas causas que *devem* apoiar profunda e amplamente das muitas outras causas nobres que existem por aí. Tome posições poderosas que importam, de acordo com o propósito que você e sua empresa estão buscando. Seja disciplinado sobre evitar o restante. É assim que é construída uma comunidade moral forte, que produz lucros enquanto faz o bem.

Em vez de torcer o nariz para empresas como Facebook, devemos tirar lições delas. Não é tarde demais para reinterpretar nossos papéis na sociedade. Se você e sua equipe descobriram um propósito que ressoa emocionalmente e parece nobre e inspirador, por que não viver esse propósito? Deixe de lado aqueles que afirmam cegamente que o propósito profundo é impossivelmente idealista. Pare de dar desculpas. Pare de se apegar a falsas promessas. Siga em frente. Se você não fizer isso, prestará um desserviço não apenas à sua organização e aos *stakeholders*, mas também a todo o seu setor. As lutas do Facebook com o propósito prejudicam a reputação e a fortuna de todo o setor de tecnologia, enquanto a busca de propósito da Bühler eleva toda a cadeia de valor da produção de alimentos. Que legado *você* quer deixar?

Até agora, nos concentramos em questões de definição que impedem que líderes e empresas se aprofundem no propósito. Argumentei que os líderes devem mudar a forma como pensam sobre o propósito e como abordam a tomada de decisão. No entanto, como minha pesquisa descobriu, os líderes com um propósito profundo também são muito melhores em ativar o propósito dentro da organização do que a grande maioria dos líderes. Seguindo além das técnicas padrão de gerenciamento de mudanças, com as quais os líderes normalmente contam, os líderes com um propósito profundo implantam estratégias mais sutis, que orientam processos e estruturas completamente em torno da razão de ser.

A primeira dessas estratégias diz respeito à articulação do próprio propósito. De onde vem o propósito? Como as organizações embebem o propósito com um senso de sagrado? Podemos voltar aqui em busca de inspiração para o conceito de comunidade moral. As religiões muitas vezes criam significado para os seguidores, fundamentando suas crenças e práticas em ricas tradições históricas. Líderes com um propósito profundo fazem algo bem semelhante. Se o propósito permite que uma organização olhe para a frente com confiança em direção a um futuro desejado, os líderes com um propósito profundo instilam o propósito com autenticidade, ancorando-o no passado da empresa. Eles ajudam as organizações a se reconectarem com a parte mais fundamental, motivadora e atemporal de si mesmas: sua "alma" inefável.

CAPÍTULO 4

DE ONDE *REALMENTE* VEM O PROPÓSITO

Olhe para trás enquanto olha para a frente

> Ao definir um propósito, os líderes com um propósito profundo olham para o passado, imergindo nas intenções dos fundadores e dos primeiros colaboradores, e vasculham temas que capturam a alma ou a essência da empresa. Essa atenção à história dá ao propósito um peso extra, resultando em conexões emocionais mais profundas e em maior comprometimento com a razão de ser. Paradoxalmente, isso também serve como uma ponte para o futuro, ajudando os líderes a traçar um caminho à frente que seja significativo, coerente e fundamentado.

Imagine um pássaro que voa para a frente, mas que, estranhamente, olha para trás enquanto plana pelo ar. O folclore ganês retrata essa criatura com precisão: o pássaro mitológico Sankofa. Com o corpo direcionado para a frente, mas com a cabeça olhando ao contrário, o Sankofa simboliza o modo como a sabedoria passada pode nos ajudar a enfrentar obstáculos futuros.[1]

O Sankofa captura algo importante sobre organizações com um propósito profundo e a mentalidade de seus líderes: eles também olham para trás enquanto voam para a frente. Para entender como, vamos examinar uma dessas empresas e sua busca pelo propósito.

Vamos começar com um cenário. Não muito tempo atrás, você trabalhou como professor no jardim de infância, ensinando as crianças a levantar as mãos e compartilhar brinquedos umas com as outras. Insatisfeito, você fez um Ph.D. em economia e começou a trabalhar em consultoria por alguns anos. Depois, você ingressou em uma empresa de brinquedos como diretor de estratégia. Agora, três anos depois, a família bilionária que paga seu salário tem uma grande notícia para você: você será o novo CEO e terá total autoridade para administrar a empresa como desejar. Você está no auge dos seus 35 anos.

Bem legal, não é?

Não exatamente. A empresa, que já existe há quase 100 anos e é uma das marcas mais reconhecidas do mundo, está em uma situação complicada. Lutando na última década para se adaptar à mudança de preferência das crianças por *videogames* e brinquedos eletrônicos, a empresa perdeu o foco e buscou oportunidades em muitas direções, desprezando a lucratividade. As margens despencaram, e a empresa sofreu sua primeira perda. O CEO anterior, alguém da família proprietária, permaneceu no cargo, mas trouxe um líder conhecido por transformar empresas problemáticas (Sr. Conserto, como a mídia o chamou) e o contratou como COO, autorizando-o a fazer grandes mudanças. Infelizmente, as medidas que esse novo COO tomou, como demissões, centralização do *design* do produto, simplificação da produção e desenvolvimento de vendas diretas no varejo para os clientes, não foram suficientes. No ano anterior à sua contratação como CEO, as vendas caíram 26%, e a empresa perdeu mais de US$ 300 milhões.

Ao substituir o Sr. Conserto por você, a família proprietária fez uma mudança radical, apostando sua fortuna em alguém com mais experiência em limpar o nariz de crianças do que em liderar grandes organizações. Observadores externos não podiam acreditar. Os donos ficaram loucos? Talvez, mas o que foi feito está feito, e agora o destino de uma empresa venerável e de milhares de funcionários repousa em *suas* mãos. Se você não puder reverter a fortuna da empresa, a família talvez tenha de vendê-la para um de seus concorrentes globais, e você voltará à consultoria ou até mesmo a ensinar crianças do jardim de infância. O que você faz?

Jørgen Vig Knudstorp enfrentou esse dilema ao se tornar CEO da empresa dinamarquesa LEGO em outubro de 2004.[2] Inicialmente contratado como diretor de desenvolvimento estratégico, ele havia passado os anos anteriores prestando consultoria em projetos específicos da empresa e, mais recentemente, preenchendo um papel informal como diretor de operações. Ao tentar entender a extensão dos desafios da empresa, Knudstorp descobriu que eles eram assustadores. Entre 1993 e 2002, a LEGO teve lucros no papel, mas "perdeu cerca de US$ 1,6 bilhão de valor econômico" (se você comparar o retorno real sobre o patrimônio líquido com títulos públicos de baixo risco).[3] Quando Knudstorp relatou isso ao conselho, oferecendo previsões terríveis para o futuro, ele pensou que seria demitido, mas os membros do conselho e os proprietários tinham pouca escolha a não ser enfrentar a realidade. "As coisas estavam tão ruins que é difícil descrever", disse um funcionário. "A sensação era de que a LEGO não duraria mais um ano".[4] Em vez de demiti-lo ou de vender o negócio, como Knudstorp recomendou, os proprietários o nomearam CEO e pediram que ele ajudasse a elaborar um plano derradeiro para resgatar a empresa.

Knudstorp primeiro se moveu para estabilizar a empresa, percebendo que ela teria de lutar pela sobrevivência antes que pudesse crescer.[5] Ele lembra que "80 a 90% dos problemas [da LEGO] foram o resultado de fatores internos", e não externos. Complexidade excessiva do produto, baixas contábeis e estoques gigantes, custos descontrolados, ineficiências e falta de responsabilidade – tudo isso apresentava problemas.[6] Knudstorp decidiu simplificar radicalmente o portfólio de produtos e otimizar a organização. Ele tirou a empresa de empreendimentos não essenciais, terceirizou os processos de fabricação (o que causou a demissão de milhares de trabalhadores) e participou de reuniões com varejistas. O objetivo era estancar a sangria da empresa, e ele conseguiu. No final de 2005, a LEGO tornou-se lucrativa novamente, graças não apenas à economia de custos, mas também à melhoria das vendas dos produtos simplificados da empresa. Os lucros triplicaram ano após ano a partir de 2006, e o crescimento nas vendas também continuou.[7]

Com a parte financeira do negócio sob controle, Knudstorp começou a fazer mudanças internas destinadas a posicionar a empresa para um crescimento sustentável. Em 2006, ele lançou uma revisão estratégica e organizacional para melhorar as conexões com os consumidores, aumentar a inovação, revisar a capacidade de fabricação e incorporar ainda mais a simplicidade nos produtos da empresa. Knudstorp também olhou mais fundo, buscando reconectar a empresa com seu propósito permanente ou, como ele o chamou, seu "espírito", "essência" ou "identidade". "Se você quer transformar – e não apenas mudar – uma empresa", observou Knudstorp, "é preciso encontrar a essência da marca, sua identidade única. [...] Descobrir essa identidade é como descobrir seu propósito na vida: não cabe a você nem à gerência decidir isso. Essa não é uma escolha racional. Você não decide qual é o seu chamado. Você o *detecta*".[8]

Knudstorp e sua equipe embarcaram em uma jornada de descoberta intelectual para detectar o espírito motivador da empresa. "Isso não foi algo que preparei com uma agência de publicidade, porque ela faria uma grande campanha publicitária", disse Knudstorp. "Foi uma jornada de dois anos fazendo perguntas, e desde então tem sido uma jornada constante e interminável de continuar a perguntar: 'Isso é verdade? Nós realmente acreditamos nisso?'" [9] Como Knudstorp me disse, ele conversou durante esse processo não apenas com um grande número de funcionários, mas também com centenas de fãs adultos de produtos LEGO, ouvindo "o que eles sentiam que era essencial sobre a marca e o produto".[10] Ele também consultou especialistas externos, como Mitch Resnick, professor do MIT Media Lab, que Knudstorp considera "um tipo de oráculo da teoria da aprendizagem por meio do brincar".[11]

Junto com essas investigações, Knudstorp avançou em uma direção que muitos líderes inovadores e voltados para o futuro podem achar surpreendente: ele mergulhou na história da LEGO. Seu desejo era ajudar a LEGO a voar para a frente olhando para trás, de forma semelhante a um pássaro Sankofa. Como os pesquisadores das organizações Majken Schultz e Tor Hernes documentaram, a LEGO já havia olhado para o seu passado antes. Em 2000, a empresa produziu o panfleto "Remembering Why We Are Here" (relembrando por que estamos aqui), que levou os leitores a se lembrarem do foco principal da empresa na criatividade e na aprendizagem das crianças.[12] Desta vez, porém, os líderes investigaram mais a história da LEGO para entender o que era a empresa. Knudstorp lembra que consultou as fontes primárias e, além disso, "passei muito tempo com o proprietário da terceira geração, que, em certo sentido, é o fundador, porque ele tinha 11 anos quando as peças de LEGO foram inventadas [em 1958]. Passei muito tempo tentando entender a jornada dele". Ele também se reuniu com "pessoas que, estão no *design* de produtos há mais de 30 anos" para entender o pensamento que se encontra na raiz dos principais produtos da LEGO.[13]

Knudstorp percebeu que a razão de ser da empresa abrangia muito mais do que um brinquedo em particular, como as peças de LEGO. Tinha a ver com a ideia fundamental de fornecer uma "boa brincadeira", um conceito que foi elaborado na fundação da LEGO e que evoluiu para a noção de um "sistema de brincar" durante a década de 1950. Quando Ole Kirk Kristiansen criou a LEGO, em 1932, vendendo brinquedos de madeira que havia feito à mão em sua oficina, ele procurou proporcionar às crianças oportunidades de brincadeiras que permitissem criatividade e crescimento (o próprio nome "LEGO" fundiu duas palavras dinamarquesas que significam "brincar bem").[14] Conforme Knudstorp percebeu, o propósito duradouro da LEGO era servir à humanidade, oferecendo oportunidades saudáveis para as crianças aprenderem, crescerem e se envolverem de forma criativa e lógica.[15] Esse era um propósito com o qual se identificava pessoalmente. Ele tinha crescido perto da sede da LEGO, brincando com os brinquedos da LEGO, e a família de seus pais reunia lógica e criatividade graças ao seu pai engenheiro (que enfatizou uma abordagem metódica e racional da vida) e à sua mãe professora (que introduziu uma criatividade livre).

As incursões de Knudstorp no passado lançaram mais luz a respeito dos valores e da missão dos fundadores da empresa. Ele ficou intrigado ao descobrir que o filho de Kristiansen esculpiu à mão um mantra em um bloco de madeira destinado a guiar a empresa e seu trabalho: "Apenas o melhor é bom o suficiente".[16] Para Knudstorp, essa frase representava o espírito ou a mentalidade com que a empresa perseguia sua missão, confirmada no que os antigos da empresa se lembravam sobre a força motivadora inicial.[17] A frase havia caído em desuso, interpretada como um perfeccionismo inútil e um excesso da engenharia de produtos. Knudstorp a interpretou de forma diferente. "Decidi que, para mim, [essa frase] significava um esforço constante, ou melhoria contínua, ou que deveríamos estar sempre [fornecendo] o melhor material de brincar para as crianças. Devemos ser sempre o melhor fornecedor para os varejistas que atendemos. Devemos ser sempre o melhor lugar para trabalhar. Então, para mim, era uma obsessão ser uma ótima empresa em vez de uma boa empresa".[18] Knudstorp também interpretou "apenas o melhor é bom o suficiente" de forma mais ampla, comprometendo a empresa a ser "boa o suficiente não apenas para as crianças, mas para todos os nossos *stakeholders*".[19]

O lema era mais do que apenas uma habilidosa frase de efeito. Intimamente ligado ao propósito, era tanto o núcleo ideológico da empresa quanto a base para sua prosperidade futura. Em suma, foi a chave para desenvolver a maneira única da LEGO de voar como o Sankofa. Convencido de que a empresa havia perdido de vista sua missão mais profunda, Knudstorp fez de "apenas o melhor é bom o suficiente" um princípio central em sua liderança e passou a institucionalizá-lo, certificando-se de que todos entendessem seu significado. Constantemente, ele fazia referência a "apenas o melhor é bom o suficiente" em seus discursos, *e-mails* e outras comunicações. Ele também exibiu o lema em seu escritório e até comprou a casa do fundador, transformando-a em um museu da história da empresa. "Entrei de verdade em uma jornada de dizer às pessoas: 'Não vamos esquecer esse espírito que veio diretamente de 1932 e da fundação da empresa. Vamos dar a ele uma interpretação moderna'".[20]

Paradoxalmente, essa consciência do passado da LEGO serviu para propulsionar a empresa de forma mais decisiva em direção ao futuro. Parece que redescobrir o propósito histórico da empresa estimulou os colaboradores e outros *stakeholders*, alterando suas impressões sobre a empresa e intensificando seu compromisso com as estratégias dela. Entendendo-se como uma empresa que entregava um sistema de brincar único e premiado, a LEGO continuou nos anos seguintes a perseguir uma estratégia de crescimento abrangente. Ela desenvolveu laços mais estreitos com clientes e varejistas, aprimorou sua inovação em torno de seu principal produto, retornou à fabricação interna (antes, a empresa terceirizava a produção) e administrou melhor a complexidade, trabalhando com paixão e determinação recém-descobertas. Os resultados foram surpreendentes. Durante um período de quatro anos a partir de 2007 (e abrangendo a recessão de 2008), a LEGO aumentou os lucros (antes de deduzir os impostos) em 400%, superando rivais como Hasbro e Mattel.

Assim como Knudstorp, os líderes com um propósito profundo que estudei transformaram suas empresas em empresas semelhantes ao Sankofa, que voaram para frente olhando para trás. Esses líderes descobriram ou "detectaram" declarações de propósito para suas organizações em vez de sonhar com elas e impô-las arbitrariamente.[21] Eles olharam para o passado ao definir a intenção existencial da empresa. Em vez de apenas executar entrevistas, grupos focais ou reuniões com entes públicos, os líderes com um propósito profundo mergulharam nas intenções dos fundadores e dos primeiros colaboradores, vasculhando temas que capturavam a alma ou a essência da empresa. Essa atenção à história deu ao propósito um peso extra, até mesmo sagrado. A organização forjou uma conexão emocional mais profunda entre os *stakeholders* e a empresa, unindo todos em uma comunidade moral definida, coesa e inspirada.²² Dessa forma, ela desenvolveu a capacidade de mover-se cada vez mais vigorosamente em direção a um futuro desejável.

A empresa como comunidade moral

Não ouvimos muito o termo "comunidade moral" no mundo dos negócios, por isso vale a pena nos determos sobre ele por um momento. O sociólogo Émile Durkheim usou o termo para descrever comunidades pequenas, pré-modernas e não urbanas cujos habitantes se conheciam pessoalmente e compartilhavam uma sensibilidade moral comum.²³ Nos tempos modernos, podemos identificar nossas próprias comunidades morais se soubermos procurá-las. São pequenas comunidades de fé cujos membros se unem, apoiam uns aos outros e compartilham fervorosamente as mesmas crenças básicas. Por exemplo, essas comunidades são grupos de ativistas políticos locais que compartilham valores comuns, reúnem-se com frequência e trabalham juntos para espalhar seus pontos de vista entre outros incrédulos. Também são grupos de profissionais da saúde que "estão ligados uns aos outros por meio de compromissos éticos comuns" e que lidam uns com os outros em situações difíceis.²⁴

As pessoas nas comunidades morais experimentam um senso de camaradagem e pertencimento graças à sua perspectiva moral partilhada sobre o mundo; elas têm um "sistema unificado de crenças e práticas relativas às coisas sagradas".²⁵ Elas também "demonstram relações de apoio na busca de um objetivo moral comum",²⁶ e passam a ter um senso compartilhado de *compromisso* não apenas com o grupo e sua causa maior, mas também com seus esforços para enfrentar possíveis desafios externos específicos.²⁷ Para os participantes de uma comunidade moral, as lutas contínuas do grupo assumem um sentimento pessoal, em vez de serem algo abstrato ou distante. Para eles, o sucesso ou o fracasso do grupo também é deles.

A natureza pessoal desses apegos não significa que as comunidades morais sejam sempre pequenas ou íntimas. Podemos observar algo semelhante a comunidades morais em ambientes maiores e mais anônimos, inclusive entre grupos étnicos pré-modernos. Os antigos hebreus acreditavam que Deus os escolheu entre as outras nações, libertou-os da escravidão no Egito e os estabeleceu na terra prometida de Canaã.²⁸ "Ser escolhido é ser colocado sob obrigações morais", escreveu o falecido Anthony D. Smith, um dos principais estudiosos do nacionalismo. "A pessoa é escolhida com a condição de que observe certos códigos morais, rituais e legais, e somente enquanto continuar a fazê-lo. O privilégio da eleição só é concedido àqueles que são santificados, cujo estilo de vida é uma expressão de valores sagrados".[29]

As nações modernas também criam identidades e comunidades morais por meio da criação de mitos, definindo propósitos sagrados ou missões relacionadas às suas próprias identidades. "O nacionalismo é o equivalente secular e moderno do mito sagrado e pré-moderno da eleição étnica", escreveu Smith. "O nacionalismo, como um movimento ideológico que busca autonomia, unidade e identidade para uma população considerada uma nação, extrai muito de sua paixão, convicção e intensidade da crença em uma missão e destino nacionais; e essa crença, por sua vez, deve muito a um poderoso mito religioso de eleição étnica".[30] Tradições inventadas, como festivais, cerimônias, passatempos, canções folclóricas, hinos, entre outras, enraízam as comunidades nacionais no passado, dando carne e sangue à identidade do grupo.[31]

A maioria das empresas e líderes empresariais ignora o passado, preferindo se concentrar no futuro. Alguns temem que o passado lance uma sombra sobre a organização, impedindo-a de assumir a mudança e ir corajosamente em direção ao futuro. Uma coisa é uma nação ou grupo étnico construir solidariedade a partir de uma história compartilhada; outra bem diferente é uma organização que luta para sobreviver em um cenário dinâmico e competitivo. No entanto, alguns líderes, identificando benefícios ocultos na história da organização, recorrem à criação de mitos e tradições imaginadas, assim como as nações fazem para estabelecer identidades e comunidades morais correspondentes.[32] Considere a cervejaria do Grupo Carlsberg.[33] Procurando prosperar em um mercado competitivo inundado de cervejas artesanais, a Carlsberg, durante o final da década de 1990, redescobriu uma frase latina adotada por um dos primeiros patriarcas da empresa: *semper ardens* (sempre ardendo). O patriarca havia esculpido essa frase em pedra para uso como um lema corporativo, e naquele momento uma equipe dentro da empresa adotou a frase como o nome de uma nova linha de cervejas artesanais fabricadas em quantidades limitadas.

Mergulhando nos arquivos históricos da empresa, os funcionários aprenderam mais sobre o fundador da empresa, suas receitas de cerveja e até mesmo a arte criada sobre ele por contemporâneos. Eles usaram esse material para criar e comercializar os novos produtos, produzindo garrafas, rótulos e receitas especiais. Para os membros da equipe, ressuscitar o lema *"semper ardens"* em forma de produto significava reconectar a empresa a uma história fundadora e a valores transcendentes. Como um deles explicou: "Paixão, orgulho e compromisso, essas coisas são o que *'semper ardens'* me dizia. E também a herança, pois é isso que o velho cervejeiro pretendia fazer com esta empresa. Então, para mim, também havia a obrigação de estar alinhado com o que ele queria fazer com essa empresa, [que] também está no lema *"semper ardens"*.[34]

Cerca de uma década depois, a empresa incorporou o *"semper ardens"* em um documento que explicitava sua identidade corporativa como uma empresa unida por um espírito de determinação e ousadia: "Baseados no lema *'semper ardens'*, nunca nos acomodamos e sempre buscamos o melhor. Somos mais fortes juntos porque compartilhamos as melhores práticas, ideias e sucessos. Fabricamos como muitos, mas nos posicionamos como um só. Com a coragem de ousar, de tentar, de correr riscos, constantemente elevamos a meta. Não nos contentamos em apenas preparar uma ótima cerveja. Preparamos um futuro melhor para nossos consumidores e clientes, nossas comunidades e nosso pessoal".[35] Embora essa afirmação não defina um propósito claro em si, a última frase se aproxima disso, articulando uma intenção, além de uma lógica social. Fica implícito que a lógica social é um valor moral – um senso do que é um "futuro melhor" –, assim como um compromisso a ser realizado. Alguns funcionários de fato perceberam o *"semper ardens"* como um propósito. Como alguém observou: "você precisa ter um propósito, um propósito maior. Acho que essa [declaração de identidade] é a finalidade maior que foi formulada e agora começa a ser usada".[36]

As comunidades morais normalmente compartilham um senso de identidade coletiva que se forma em torno não apenas de valores, mas também de um propósito comum.[37] Em contextos empresariais, podemos pensar na identidade como aqueles elementos de uma organização que parecem persistir ao longo do tempo, tornando-a distinta.[38] Com essa definição em mente, é difícil pensar em propósito e identidade isoladamente um do outro. A identidade responde à pergunta existencial *"quem somos nós como organização?"*, enquanto o propósito responde à pergunta *"por que nossa organização está aqui?"* Quando sua empresa pondera quem ela é, a conversa naturalmente se aproxima do futuro e de uma missão ou intenção que une a todos, carregada de valores. Da mesma forma, os membros de uma organização que ponderam profundamente seu propósito, colocando e respondendo à pergunta "por que estamos aqui?", muitas vezes sentirão uma sensação de exclusividade e se perceberão como parte de algo maior, duradouro e distinto.

Pode parecer um exagero descrever uma empresa de cerveja orientada por propósito como uma comunidade moral semelhante a uma igreja, um templo ou uma sinagoga, mas, em um sentido sociológico amplo, ela pode ser, ou pelo menos chegar perto. Ao mergulhar em seu passado, o Grupo Carlsberg descobriu um conjunto de valores morais e um propósito que haviam se perdido no tempo e que poderiam ser vistos como sagrados ou nobres por funcionários e outros *stakeholders*. Esse propósito e esses valores formaram a base para uma identidade na qual os funcionários e outros *stakeholders* poderiam se inscrever, podendo inspirar ações em nome da comunidade. A Carlsberg certamente não era uma igreja que dava clareza existencial, significado, foco e propósito a cada último trecho da vida dos funcionários, mas, graças ao *"semper ardens"*, poderia funcionar como um lugar onde os funcionários poderiam transcender o mundano por meio do trabalho diário, fazendo-o em comunhão com os outros.

A busca do sagrado no passado

O tipo de mitificação que a Carlsberg buscou tende a enobrecer e sacralizar as empresas na mente dos *stakeholders*, garantindo autenticidade – uma sensação de que permanecem fiéis aos primeiros padrões artesanais e aos valores morais dos fundadores da empresa.[39] Os líderes com um propósito profundo entendem o sagrado que deriva da autenticidade e o aplicam especificamente à razão de ser. Assim como Jørgen Vig Knudstorp, da LEGO, esses líderes chegam à autenticidade peneirando a história da empresa, pesquisando verdades fundamentais sobre a missão, a visão e os valores morais iniciais da empresa e narrando as medidas heroicas que os líderes tomaram em momentos-chave para superar a adversidade e realizar sua visão. Se possível, líderes com um propósito profundo envolvem os fundadores aposentados nesses esforços (como fez o CEO da Microsoft, Satya Nadella, conversando com Bill Gates). Uma vez tendo construído um propósito enraizado no passado, os líderes com um propósito profundo não promovem o propósito apenas internamente; eles se esforçam para educar a empresa sobre seu passado, incutindo reverência pelos autênticos valores morais, práticas e ambições dos fundadores e dos primeiros funcionários. Eles usam artefatos físicos autênticos e museus corporativos, como Knudstorp fez na LEGO, e promovem pessoalmente um senso do passado da empresa em suas comunicações.

Tais esforços tendem a produzir fortes laços emocionais. Na Carlsberg, um líder de RH falou do poder do lema para conectar as pessoas umas às outras. "Acho que elas só foram lembradas daquilo de que fazem parte. Elas fazem parte de algo realmente grande, então, acho que foi esse o sentimento, de 'Uau!'". Em um extremo, um propósito autêntico e historicamente fundamentado transforma a relação empregado-empresa. Em vez de considerar esse relacionamento como transacional, impessoal e "plano", os funcionários o percebem como significativo e emocional. Vimos que os estudiosos das organizações há muito evocam o potencial das empresas para unir as pessoas com base em laços emocionais em vez de meramente econômicos. Outros foram além de uma visão econômica de contratos relacionais ao falar dos contratos psicológicos existentes entre empresas e funcionários[40] e ao estudar como os funcionários injetam significado pessoal em seu trabalho por meio do trabalho artesanal.[41]

A capacidade da empresa de se sentir pessoal para os funcionários é especialmente relevante aqui. Ao despertar a emoção, um propósito autêntico e historicamente enraizado incentiva as afinidades pessoais dentro da organização a criar raízes e florescer. Como tal, o propósito potencialmente transforma empresas de grupos impessoais em algo que se aproxima das comunidades pequenas e íntimas. Em uma de suas entrevistas comigo, Knudstorp atestou que o propósito da LEGO "teve e continua a ter um enorme impacto" dentro da empresa, servindo como um "divisor de águas" em termos de engajamento dos funcionários e "humor da organização". A conexão histórica com o fundador e a noção de "apenas o melhor é bom o suficiente" incutiram "um nível completamente diferente de camaradagem e senso de pertencimento, compromisso e paixão. [...] Conheço muitas pessoas que sentem uma ligação muito forte com a marca, a empresa e sua autenticidade".[42] Os resultados de engajamento dos funcionários consideravelmente mais altos do que os dos *benchmarks* corporativos mostram o nível de entusiasmo que existe entre a força de trabalho, pelo menos em parte devido ao propósito e aos valores da empresa.[43]

No Capítulo 6, teremos a oportunidade de explorar mais plenamente como propósito profundo ajuda a criar laços pessoais, mais íntimos. Por enquanto, devemos observar que esses laços têm um custo. Knudstorp aponta que os funcionários da LEGO esperam que ele e outros líderes vivam de acordo com os valores incorporados na história. A empresa agora significa tanto para os funcionários – eles estão tão investidos em seu propósito – que eles se sentem seus protetores e deixam os líderes saberem disso. "Há certas coisas que você pode fazer e não pode fazer" como líder, diz Knudstorp. "E as suas ações nas decisões difíceis... as pessoas procuram confirmação ou o oposto nessas decisões, e rapidamente podem não acreditar que você está vivendo de acordo com isso". Os funcionários também não hesitam em responsabilizar os líderes. "Eles dirão 'acho que devíamos ter nos comportado de maneira diferente' ou 'acho que as comunicações precisam de mais autenticidade'".[44] Ligado ao passado distante, o propósito se torna um negócio sério para os *stakeholders*. Como mordomos da comunidade moral e de seus valores, os líderes devem cuidar de perto de seu trabalho.

Olhe para trás enquanto olha para a frente

Como vimos, os líderes com um propósito profundo voam para a frente, mas também olham para trás. Eles não interpretam o passado de suas empresas de maneira puramente nostálgica, vendo os fundadores ou os primeiros colaboradores como sábios e tentando replicar seus pensamentos e práticas. Em vez disso, eles reconhecem que, ao definir uma razão de ser, eles devem se conectar com o passado e também romper com ele. Podemos discernir *três estratégias-chave* que os líderes com um propósito profundo seguem para definir um propósito com raízes no passado, mas sem ficarem aprisionados a ele:

ESTRATÉGIA #1: CONCENTRE-SE EXPLICITAMENTE NA TENSÃO NOSTALGIA-POSTALGIA

O pesquisador das organizações Sierk Ybema distingue dois tipos diferentes, mas familiares, de histórias que os líderes contam sobre a relação da organização com o passado. Na *visão nostálgica*, o passado foi uma "Era de Ouro" da qual a empresa infelizmente se desviou. Líderes e funcionários muitas vezes adotam essa visão para resistir à mudança e criticar ideias e práticas atuais. Um segundo tipo de narrativa, que Ybema chama de *postálgica*, inverte um pouco essa lógica, apresentando o passado como ruim e o futuro como bom.

Os líderes progressistas muitas vezes enfatizam as limitações ou deficiências da empresa até o momento atual, evocando o declínio potencial da empresa devido ao seu enraizamento no passado, além da perspectiva de um futuro glorioso, caso a empresa consiga romper com o passado e tornar a mudança real. Como eles sugerem, a empresa pode escrever seu próprio conto épico de resgate e redenção se optar por se livrar dos grilhões da tradição e forjar um caminho ousado a seguir.[45]

Estudando deliberações dentro de um jornal holandês que estava tendo dificuldades com a disrupção digital, Ybema encontrou membros da equipe citando narrativas nostálgicas e postálgicas enquanto debatiam a identidade do jornal, suas perspectivas atuais e sua direção futura. Da mesma forma, encontrei líderes com um propósito profundo incorporando elementos de ambas as narrativas ao definir uma razão de ser. Eles se identificavam como pontes ou como um equilíbrio entre o passado e o futuro. Em suas mãos, o passado inspirou um propósito que geraria um futuro consistente e diferente de sua herança.

Como Satya Nadella, da Microsoft, lembra em seu livro *Hit Refresh*, a empresa explorou o propósito após a nomeação dele como CEO em 2014 como parte de um esforço de não apenas resgatar um passado lendário (nostalgia) ou romper com um passado inglório (postalgia), mas de fazer as duas coisas no processo de regeneração da empresa. O próprio subtítulo do livro de Nadella, no qual ele contou seus esforços para transformar a Microsoft – *The quest to rediscover Microsoft's soul and imagine a better future for everyone* (A busca para redescobrir a alma da Microsoft e imaginar um futuro melhor para todos) –, captura ambos os lados da equação nostalgia/postalgia. Conforme Nadella explica, ele estava em uma busca para levar a Microsoft a um futuro de *"mobile-first e cloud-first"*. Contudo, executar bem isso exigiria que a Microsoft trouxesse sua estratégia de dentro para fora, redescobrindo sua missão fundadora como uma empresa que democratizasse e personalizasse a tecnologia para as massas.[46] A empresa procurou não apenas conectar-se com a "alma" que havia perdido ao longo do tempo, mas também olhar para frente, para um futuro que seria diferente e melhor do que o passado.

Kathleen Hogan, diretora de pessoal da Microsoft, lembra que, ao longo dos nove meses de processo de definição do propósito, Nadella procurou equilibrar uma mentalidade progressista com a veneração da herança da Microsoft. Ele queria "honrar nosso passado enquanto traçávamos nosso futuro".⁴⁷ Hogan considera essa postura em relação ao passado e ao futuro uma das mais importantes lições que colheu desse processo. Ela observa que um fator-chave foi o próprio Nadella. Enquanto outros executivos que lideravam um processo de mudança poderiam ter se sentido tentados a enquadrar normas e decisões passadas como ruins e seu próprio pensamento como inteligente e correto, Nadella foi capaz de adotar uma visão com mais nuances. Ele podia ver tanto as coisas boas quanto as ruinsno passado e, assim, conseguiu traçar um propósito e um caminho mais amplo, que se conectassem e rompessem com o legado da Microsoft.

ESTRATÉGIA #2: PROMOVA O DIÁLOGO CRÍTICO SOBRE O PASSADO

Durante seus últimos anos de sua vida, Steve Jobs estava preocupado com como perpetuar seu legado e sua base de conhecimento dentro da empresa. Curiosamente, ele não colocou muita ênfase na definição de um propósito formal da empresa. Embora ele se importasse profundamente com que os funcionários *vivessem* a missão da empresa (muitas vezes, desafiava os líderes perguntando-lhes "foi para fazer isto que viemos ao mundo?"), o exercício de criar e comunicar uma missão formal ou declaração de propósito não era algo de grande interesse para ele. Jobs achava que, se os funcionários se preocupassem em escrever tal declaração, as ideias que ela continha perderiam sua força. Os funcionários pendurariam a declaração na parede e se esqueceriam dela. O mais próximo que a Apple parece ter chegado de divulgar publicamente uma declaração de missão durante esses anos foi a divulgação, aparentemente espontânea, do diretor de operações Tim Cook de alguns princípios básicos das operações da Apple durante uma chamada com investidores em 2009. (Entre elas está a frase "Acreditamos que viemos ao mundo para fazer grandes produtos, e isso não mudará".⁴⁸) Jobs supostamente desaprovava a revelação de Cook, temendo que ele tivesse tornado público o "molho secreto" por trás do sucesso da empresa.

No entanto, Jobs tinha outras ideias sobre como perpetuar seu legado e uma comunidade moral, promovendo uma compreensão compartilhada da razão de ser da empresa (o que ele havia descrito anos antes como honrar "pessoas com paixão" e ajudá-las a "mudar o mundo para melhor"⁴⁹). Em 2008, alguns anos antes de sucumbir ao câncer de pâncreas, ele fundou a Apple University, uma unidade interna encarregada de desenvolver materiais de cursos e executar programas de treinamento que expunham os

Capítulo 4 • De onde *realmente* vem o propósito

funcionários à herança da empresa. Conforme observou um ex-funcionário: "Steve estava olhando para seu legado. A ideia era pegar o que é único na Apple e criar um fórum que pudesse transmitir esse DNA às futuras gerações de funcionários da empresa. Nenhuma outra empresa tem uma universidade encarregada de investigar tão profundamente as raízes do que torna a empresa tão bem-sucedida".[50]

Ainda assim, Jobs procurou projetar esse fórum de maneiras que impedissem as pessoas de voltarem à veneração dos "bons velhos tempos". Tendo atuado no conselho da Disney, Jobs ficou impressionado com a frequência com que os líderes perguntavam "O que Walt teria feito?". Em sua mente, os líderes seguiam com muita frequência o fundador, uma postura que impedia a inovação. Ele treinou seu sucessor, Tim Cook, para traçar seu próprio caminho, em vez de estar constantemente perguntando o que ele, Jobs, teria feito.[51] Ele também queria que outros funcionários da Apple adotassem uma abordagem mais crítica e equilibrada.

Em vez de bater um propósito bem definido diretamente na cabeça dos funcionários ou venerar cada última declaração profunda de Jobs, a Apple University adotou uma abordagem mais indireta. Como disse um observador, a empresa procurou transmitir não apenas um propósito, mas também uma "cultura única em que as pessoas acreditam que estão fazendo os melhores produtos para mudar a vida das pessoas".[52] Para esse fim, a Apple University pediu aos funcionários que analisassem criticamente uma série de ações e decisões passadas tomadas pelos líderes da empresa.[53] Interpretando estudos de caso históricos, os funcionários poderiam desconstruir e contextualizar as decisões de Jobs, considerando como sua lógica subjacente poderia ou não se aplicar às situações que enfrentam atualmente.

Jobs queria que os funcionários perpetuassem o propósito e os princípios fundamentais da Apple, como simplicidade radical ou pensar de forma diferente, imergindo-se em decisões passadas e nas razões por tras destas decisões. Se eles escolhessem se desviar de qualquer um desses princípios, pelo menos entenderiam as escolhas que estavam fazendo. Ao promover o envolvimento crítico com a história, os funcionários poderiam estabelecer um espaço intelectual fora do passado, mesmo quando se expusessem à cultura única e infundida de propósitos da empresa. Talvez de tudo isso eles destilassem o propósito e os valores fundamentais da empresa para si mesmos.

ESTRATÉGIA #3: FAÇA UM TESTE DE ESTRESSE DO PROPÓSITO

Em 1943, Robert Wood "General" Johnson, filho do fundador da Johnson & Johnson, criou um credo corporativo para guiar a empresa. O documento, que desde então se tornou uma das mais famosas expressões corporativas de propósito,[54] não estabelece um único propósito ou intenção abrangente, conforme descrito no Capítulo 1. Em vez disso, descreve as obrigações da empresa para com os seus *stakeholders*.[55] Como o credo deixa claro, a empresa se vê como responsável principalmente por seus clientes: "Acreditamos que nossa primeira responsabilidade é para com os pacientes, médicos e enfermeiros, mães e pais e todos os outros que usam nossos produtos e serviços". Os últimos da lista são os acionistas, aos quais a empresa declara a intenção de fornecer um "retorno justo".[56] Além do credo, a empresa adotou mais recentemente uma declaração formal de propósito, descrita da seguinte forma pelo atual CEO, Alex Gorsky: "Misturamos coração, ciência e engenhosidade para mudar a trajetória da saúde para a humanidade".[57]

Até hoje, o credo de Robert Wood Johnson permanece sagrado na Johnson & Johnson. Por exemplo, ele está esculpido em um enorme bloco de seis toneladas de quartzo e calcário exibido na sede corporativa da empresa em Nova Jersey.[58] No entanto, o credo quase passou despercebido. Em 1975, o novo CEO James Burke queria saber se o credo ainda significava alguma coisa ou se a empresa deveria descartá-lo. Ele convocou reuniões formais dentro da empresa, nas quais os líderes debateram o valor do credo e, em particular, avaliaram se poderiam administrar negócios que atendessem a todos os *stakeholders* previstos no credo. Como o credo estava pendurado nas paredes de 150 a 200 instalações da empresa, Burke observou: "Acho que se está lá como um ato de exibição, não é apenas sem valor; tem um efeito negativo e deveria ser descartado".[59]

Como resultado do "desafio do credo" de Burke, a empresa se comprometeu mais profundamente com ele, embora tenha feito algumas pequenas modificações no documento (a empresa faria mais ajustes em 1979 e 1987, refletindo a preocupação com o meio ambiente e mudanças sociais mais amplas, relacionadas ao gênero e às famílias).[60] O ato de testar o credo evidenciou sua relevância para os líderes e deu-lhes um senso de propriedade sobre ele. O credo não era mais um documento empoeirado que eles tinham de defender porque "é assim que sempre fizemos". Testar o credo também parece ter inculcado uma ética de autocrítica que promovia o esforço e o comprometimento com o credo. Como disse um dos sucessores de Burke como CEO, "trata-se de nos perguntarmos constantemente se estamos vivendo de acordo com nossos valores e pensando em formas de construir o futuro".[61]

Com Burke, a sabedoria de se comprometer novamente com o credo tornou-se aparente menos de uma década depois, quando a empresa sofreu uma crise potencialmente devastadora. Em 1982, alguém na área de Chicago misturou cápsulas de Tylenol fabricadas pela Johnson & Johnson com cianeto e as deixou nas prateleiras de vários varejistas locais. Sete pessoas morreram, e um escândalo nacional se seguiu. Guiada pelo credo, a Johnson & Johnson, sob o comando de Burke, tomou medidas rápidas. Preocupada em primeiro lugar em proteger o bem-estar dos clientes, como o credo exige, a Johnson & Johnson imediatamente alertou os consumidores em todo o país para parar de consumir Tylenol. Um *recall* do Tylenol de lojas da área de Chicago levou à descoberta de mais dois frascos. Embora as chances de encontrar mais produtos contaminados em outras partes do país fossem pequenas, a empresa gastou mais de US$ 100 milhões recolhendo formalmente seu produto em todo o país por precaução.[62] A empresa também se comunicou de forma extensiva e transparente durante toda a crise, inspirada novamente pelo credo. Em seis meses, ela introduziu novas embalagens que tornaram a adulteração mais difícil. Hoje, os pesquisadores consideram a resposta da empresa como "o caso mais exemplar já conhecido na história da comunicação de crise".[63]

Mais recentemente, questionar e se comprometer novamente com o credo ajudou a empresa a se recuperar depois de perder o rumo. Durante a década de 2000, a Johnson & Johnson teve problemas de qualidade com diversos de seus produtos de consumo populares, incluindo Tylenol infantil, Motrin e Benadryl. Em vez de agir rapidamente, como havia feito sob Burke, a empresa aparentemente esperou quase dois anos para recolher produtos depois de receber reclamações sobre qualidade pela primeira vez.[64] Entre outras questões, a empresa supostamente teria tentado encobrir problemas em produtos contratando pessoas para ir a lojas e comprar secretamente embalagens questionáveis de Motrin.[65] Em 2010, uma comissão do Congresso dos EUA chamou um executivo sênior da Johnson & Johnson para prestar depoimento. Em uma segunda audiência meses depois, o então CEO William Weldon compareceu perante um painel do Congresso e pediu desculpas pelos atrasos da empresa nos *recalls*, assumindo "total responsabilidade" e alegando que a Johnson & Johnson havia "aprendido uma lição muito importante".[66]

Após esses escândalos, o desempenho das ações da empresa caiu, e os analistas questionaram se o credo ainda significava alguma coisa. Alguns observadores culparam Weldon por tirar o olho do credo e administrar o negócio com um olho no lucro acima de tudo. "Houve um tempo em que as pessoas realmente acreditavam [no credo] e se orgulhavam muito dele", argumentou esse observador. "Mas esses dias já se foram há muito tempo". Em vez disso, "a principal função do credo é semelhante à saia da mamãe – atrás da qual você se escondia – ou é como se envolver na bandeira americana: serve para distrair as pessoas do que está acontecendo".[67]

Após a aposentadoria de Weldon em 2012, coube ao novo CEO Alex Gorsky dar a volta por cima na Johnson & Johnson. Um de seus primeiros movimentos foi reorientar a empresa no credo, não venerando-o ou celebrando-o, mas retornando à prática de Burke de avaliá-lo criticamente e questionar sua relevância de forma contínua. Em 2013, para comemorar o 70º aniversário da empresa, Gorsky fez com que os conselhos das 250 empresas constituintes da Johnson & Johnson realizassem uma "sessão de desafio de credo" para examinar o credo criticamente, linha por linha.[68] Em 2017, a empresa criou grupos focais com mais de 2 mil funcionários, a fim de discutir o credo e solicitar mais sugestões para refiná-lo. Após essa última rodada de discussão, Gorsky e sua equipe fizeram atualizações no documento, inserindo uma linguagem que refletia uma nova ênfase nos pacientes, destacava a importância da inclusão e da diversidade na empresa, abordava as necessidades em constante mudança da força de trabalho e expressava a intenção de ajudar a melhorar "a saúde da humanidade".[69]

Como a história da Johnson & Johnson sugere, as empresas enfrentarão dilemas e crises que questionam seu propósito. De fato, o recente envolvimento da J&J na crise de opioides representa um novo teste para o propósito da empresa. Diante desses desafios, uma declaração de propósito deve ser, como Gorsky diz sobre o credo, "um documento vivo e que respira", que seja "oportuno e atemporal".[70] A respeito disso, uma declaração de propósito pode servir como uma ponte entre o passado e o futuro, que permite à empresa honrar o passado (nostalgia) e traçar novos caminhos (postalgia). Como Gorsky colocou no relatório anual da empresa: "Nosso credo é a bússola moral que usamos para orientar nossas decisões de negócios, e é o modelo que descreve como operamos e cuidamos do mundo. Nosso credo é o 'fio vermelho' que conecta nossa rica herança, a próspera cultura do local de trabalho e o DNA corporativo que continua a moldar nosso presente e futuro".[71]

Lições para líderes

Quando as empresas estabelecidas se encontram à beira do fracasso, muitas vezes respondem trazendo pessoas de fora, como CEOs, deixando que esses "artistas da recuperação" implementem novas estruturas ou abordagens com pouca preocupação com o rico passado da empresa. Essas abordagens radicais e difíceis parecem inteligentes no momento em que ocorrem, atuando como choques muito necessários para o sistema. No entanto, elas muitas vezes falham, como foi no caso da LEGO antes de Knudstorp. Este capítulo examinou outro caminho mais eficaz para revigorar uma empresa problemática: comprometê-la novamente com um propósito enraizado no passado. Líderes com um propósito profundo, como Knudstorp e Nadella, transformam as empresas identificando uma razão de ser que parece atemporal, transcendente e sagrada. Tratando o passado como uma ponte para o futuro, eles recuperam a energia inicial ou "alma" da empresa, transformando a empresa em uma comunidade moral dedicada a uma missão única que eles aspiram alcançar algum dia. Esses líderes criam conexões profundas, emocionais e pessoais ao mesmo tempo que fornecem à organização um guia para inovação e mudança com base em princípios, além de entregar a motivação para saltar em direção ao futuro. Com eficácia, eles ensinam suas organizações a voar da maneira única e poderosa do pássaro Sankofa.

O propósito da sua empresa deriva total ou parcialmente do seu passado? Você passou algum tempo investigando a história inicial da empresa e as crenças, os princípios e o espírito de seus fundadores? Embora possa parecer contraintuitivo e até um pouco difícil, viajar de volta ao passado pode ser exatamente o que sua empresa precisa para aprofundar sua compreensão e seu compromisso com um propósito existente ou, como alternativa, para desenvolver outro totalmente novo, mais significativo e autêntico. Em tempos bons, essa jornada pode levar as organizações a níveis ainda mais altos de inovação e desempenho. Como aconteceu com a Johnson & Johnson durante a década de 1970, isso pode melhorar a resiliência e a prontidão para uma crise futura. Se a sua empresa já está enfrentando dificuldades, como a LEGO durante o início dos anos 2000, você pode seguir a liderança de Jørgen Vig Knudstorp e usar uma exploração cuidadosa do passado para impulsionar uma regeneração em grande escala e a longo prazo da empresa de dentro para fora.

Ao escavar o passado, você não deve simplesmente relatar os fatos históricos como os encontrou, nem deve permitir que o passado o absorva. Em vez disso, deve se envolver como Knudstorp fez: como um intérprete ativo do passado, com um olho sempre fixo no futuro. Você quer descobrir elementos do negócio inicial que, articulados na forma de uma declaração de propósito, podem continuar a inspirar, animar e guiar as pessoas em direção ao futuro, dando à organização significado e uma sensação de ter sido escolhida para uma missão importante. Ao mesmo tempo, é do seu interesse olhar para os fracassos do passado cara a cara. Como enfatiza a historiadora corporativa Line Højgaard, que supervisiona o museu histórico da LEGO, a empresa conta histórias inspiradoras que ilustram o lema "apenas o melhor é bom o suficiente", mas também fala alegremente sobre erros do passado.[72] Tal honestidade não corrói a imagem da LEGO. Pelo contrário, humaniza a organização e seus fundadores ao mesmo tempo que torna mais crível o envolvimento geral da empresa com seu passado. Os visitantes do museu da LEGO incutem uma conexão mais pessoal e significativa com os fundadores e os primeiros funcionários da empresa, vendo-os como pessoas imperfeitas que, ainda assim, conseguiram vencer as adversidades.

O museu da LEGO nos alerta para outra faceta do envolvimento do propósito profundo da empresa com a história: sua natureza como um processo contínuo e interminável. Mais de uma década depois de Knudstorp começar a explorar a história da LEGO, o museu da empresa continua a desempenhar um papel importante, educando os consumidores sobre o espírito duradouro da empresa e servindo como um importante ponto de contato para a integração de novos funcionários. O esforço da empresa para definir seu propósito também continua. Em 2019, a LEGO elaborou ainda mais sua razão de ser e aprimorou sua orientação futura, articulando uma "visão" ao lado de sua missão declarada ("Inspirar e desenvolver os construtores de amanhã") e de seu "espírito" ("Apenas o melhor é bom o suficiente"). De acordo com essa visão, a empresa agora procura servir como "uma força global para estabelecer e inovar o aprendizado por meio do brincar".[73] Enraizada em uma consciência do passado da LEGO, a visão estimulou a empresa a enfatizar sua contribuição social mais ampla em todos os seus negócios, defendendo publicamente o aprendizado por meio do brincar.[74]

A LEGO continua a colher os benefícios da exploração de seu propósito. Suas receitas cresceram bastante na última década, atingindo 5,16 bilhões de euros em 2019, acima dos 2,2 bilhões de 2010 (a empresa viu uma queda de receita em 2017, mas conseguiu se recuperar).[75] Os lucros líquidos mais do que dobraram,[76] e a empresa foi reconhecida como uma das marcas mais conceituadas do mundo, liderando um *ranking* por quatro anos consecutivos e superando empresas como Disney, Rolex e Ferrari.[77] Embora Knudstorp tenha deixado o cargo de CEO em 2017 para se tornar presidente, a empresa, sob seu sucessor Niels B. Christiansen, continua a infundir sua tomada de decisão com um forte senso de propósito.

Uma vez que os líderes definem um propósito, diz o senso comum que eles devem incorporar essa razão de ser na organização, fazendo isso, em grande parte, comunicando-a bem. No entanto, essa comunicação muitas vezes cai por terra, sendo percebida pelo público interno e externo como forçada, inautêntica e esquecível – só mais uma orientação bem intencionada, mas sem sentido, da diretoria. Como podemos transmitir propósito às organizações de modo que elas realmente se conectem, reafirmando esse poderoso senso do sagrado e sustentando uma comunidade moral coesa? A chave é os líderes utilizarem ao máximo a técnica de comunicação mais antiga e duradoura que temos: o *storytelling*.

CAPÍTULO 5

VOCÊ É POETA OU ENCANADOR?

> Ao comunicar o propósito, os líderes com um propósito profundo vão além de *slogans* e gritos de guerra, contando uma história grandiosa e fundamental sobre a empresa que confira profundidade, significado e até poesia à empresa. Ao transmitir essa história, eles discutem o propósito em termos pessoais, estabelecem um senso de propriedade compartilhada e evocam a urgência de adotar o propósito no presente. Por meio de sua narrativa, eles agregam diversos *stakeholders* em uma uma comunidade moral, permitindo a formação de laços intensos entre eles e a empresa.

Imagine que você é um líder sênior de uma empresa global de saúde. Você e 200 de seus colegas de todo o mundo se reuniram em um luxuoso *resort* tropical para o encontro anual de lideranças da empresa. Sua intenção: comer e beber bastante, fazer *networking*, celebrar o sólido desempenho do ano passado e visualizar a estratégia para o ano seguinte.

Na sessão de abertura, realizada com alarde no grande salão de eventos do *resort*, o CEO sobe ao palco para fazer o discurso de abertura, com o rosto rosto iluminado por um holofote. Ele faz algumas piadas, dá as boas-vindas a todos e anuncia seu orgulho pelos resultados do ano anterior e sua empolgação com a estratégia que está prestes a revelar. "Mas antes de começar", diz ele, com o rosto sombrio, "vamos nos lembrar de por que trabalhamos todos os dias. Vamos colocar os holofotes pessoas que realmente importam: nossos clientes".

Um silêncio cai sobre a sala, e uma enorme tela de projeção atrás do CEO se ilumina. Você assiste a um pequeno vídeo sobre Sam, um advogado de 30 e poucos anos. Como um narrador revela, Sam foi ao médico alguns anos atrás, queixando-se de uma série de sintomas preocupantes. Vegetariano e autoproclamado "o doido dos exercícios", treinando para sua quinta maratona, Sam se sentiu cansado e doente ao longo de boa parte do ano passado. No início, ele imaginou que estava apenas esgotado de seu trabalho estressante e da tensão de ajudar a cuidar de seu impetuoso filho de dois anos. Ele não tinha tempo para ir ao médico e não imaginava que algo poderia estar seriamente errado.

Meses se passaram, e a fadiga persistiu, muitas vezes acompanhada de náuseas e constipação. Sam também descobriu que estava ficando doente com mais frequência. Duas ou mais vezes por mês, ele ia do trabalho para casa com calafrios e um pouco de febre. Ele ainda negligenciou a visita ao médico, argumentando que estava apenas em uma onda de má sorte. Ele resistia, como sempre fazia. Ao longo do último mês, porém, seu corpo parecia estar entrando em colapso. Ele mal conseguia correr alguns quilômetros sem ter de parar e respirar. Normalmente, ele se sentia bem com sete horas de sono, mas agora ele acordava exausto e letárgico depois de nove horas.

O médico pediu a Sam uma série de exames para "ver com o que estamos lidando". Sam concordou, notando o olhar preocupado no rosto do médico. No dia seguinte, o assistente do médico ligou e pediu a Sam que voltasse imediatamente. A notícia não era: Sam tinha uma forma rara de câncer. Uma biópsia no final daquela semana confirmou que o câncer estava bastante avançado. Sam tinha dois anos de vida, talvez menos.

Sam e sua esposa, que estava grávida de sete meses, ficaram desolados. Ele tirou uma folga do trabalho e começou uma série de tratamentos convencionais, na esperança de superar as expectativas. Infelizmente, os tratamentos não deram certo. Seis meses depois, Sam se sentia pior do que nunca, dormindo o tempo todo e sentindo dor por todo o corpo. Só de descer as escadas já ficava cansado. Testes revelaram que o câncer não só tinha piorado como se espalhou muito mais rapidamente do que os médicos esperavam. Parecia improvável que Sam sobrevivesse por mais um ano.

Pesquisando na internet, Sam descobriu um novo tratamento inovador desenvolvido por sua empresa de saúde e atualmente na fase dois de ensaios clínicos. Com o incentivo do médico dele, Sam se mudou temporariamente para o outro lado do país e se inscreveu nos ensaios. Durante três meses, ele recebeu o tratamento. Ele começou a se sentir melhor quase imediatamente. Um mês após o tratamento, já podia andar pelo quarteirão. Três meses depois, estava bem o suficiente para se exercitar. Exames mostraram que o câncer havia quase desaparecido. Após seis meses, o câncer era indetectável. "Não tenho palavras para dizer o quão grato sou", diz Sam para a câmera. "Eu estava muito doente, mas agora tenho minha vida de volta". O vídeo termina com imagens de Sam em sua sala de estar brincando com o filho enquanto sua esposa, agradecida, observa.

"E agora", diz seu CEO, "conheçam Sam". Um jovem bronzeado e vigoroso sobe ao palco, carregando uma criança em seus braços. Sua esposa caminha atrás dele, segurando seu filho pequeno mais novo pela mão. Toda a sala se levanta e aplaude. Gritos enchem a sala. Olhando ao redor, você vê líderes durões, da velha guarda, enxugando lágrimas. Você também sente a emoção. Seu chefe é desafiador, sua organização não é perfeita, e você passa mais tempo longe de sua própria família do que gostaria, mas é *por isso* que você trabalha todos os dias. É por isso que a sua empresa existe; para ajudar pessoas como Sam.

Se você já trabalhou em uma grande organização, provavelmente já encontrou alguma versão da história de Sam. Ouvi essas histórias dezenas de vezes em reuniões corporativas formais, e não apenas em empresas de saúde. Uma empresa de *software* pode trazer o CEO de um grande cliente e fazê-lo exaltar os produtos e serviços da empresa e a diferença crítica que eles fazem. O ramo de hotelaria e outras empresas de serviços contam como funcionários dedicados fizeram um esforço extraordinário para satisfazer as necessidades dos clientes e conquistar sua lealdade eterna. Os conglomerados de manufatura contam histórias sobre tecnologias de ponta criadas por engenheiros e o impacto que elas têm sobre seus clientes industriais e até mesmo sobre resultados econômicos inteiros. As empresas também frequentemente retratam o bem social que os funcionários fazem como parte das iniciativas de RSC: como eles se doam para ajudar os desfavorecidos, responder a crises, ajudar as gerações mais jovens e tornar o mundo um lugar melhor.

As empresas contam essas histórias porque elas motivam os funcionários e outros *stakeholders*, alimentando paixão e entusiasmo. Todos nós queremos sentir que estamos fazendo o bem para o mundo, e não apenas registrando mais horas, reservando mais receita ou gerando mais lucro. Histórias inspiradoras sobre clientes e funcionários suavizam e humanizam as organizações, deixando claro que elas servem a um propósito que transcende o desempenho financeiro. Essas histórias não descrevem simplesmente o propósito da organização, mas o *dramatizam*. Narrativas convincentes – definidas no sentido mais amplo como a representação de um ou mais eventos que ocorrem ao longo do tempo – nos ajudam a *sentir* o propósito, fazendo-o ganhar vida diante de nossos olhos.[1]

Por mais envolventes que sejam as histórias sobre funcionários e clientes, elas geralmente não transmitem um sentido de propósito profundo, uma intenção existencial que informa tudo o que uma organização faz. É maravilhoso, como executivo de saúde, ver seu produto ajudando pessoas como Sam. Contudo, assistindo a um vídeo como esse, você pode se ver tentando entender a intenção existencial da organização.[2] Sua empresa existe para erradicar todas as doenças? Para ajudar os seres humanos a viver mais? Para manter as pessoas bem, além de ajudá-las quando estão doentes? Que tipo de mudança de longo alcance sua empresa procura trazer ao mundo e que valores informam essa intenção? Na falta de tanta clareza, você pode não sentir uma conexão moral forte e duradoura com a empresa e seus colegas. Você e seus colegas podem querer ajudar os clientes, mas podem não estar unidos em uma verdadeira *busca*, trabalhando juntos para alcançar uma meta ambiciosa, que proporcionará benefícios sociais e comerciais.

Não apenas uma história, mas uma *Grande História*

Você pode responder que é aqui que os líderes seniores devem intervir, lembrando-nos da intenção existencial da organização e expondo-a. De alguma forma, os líderes devem ir além de histórias específicas que nos fazem sentir bem para transmitir o propósito de uma maneira mais ampla, que enobreça a empresa, que agregue diversos *stakeholders* em uma comunidade moral e desperte intensos laços emocionais entre eles e a empresa. Os líderes devem contar uma história grandiosa e fundamental sobre a empresa, que confira profundidade, significado e até *poesia* à empresa. Eles devem evocar os valores, a trajetória e o destino da empresa de uma maneira que marque as pessoas e lhes proporcione um contexto duradouro para entender suas realidades operacionais do dia a dia.

Líderes com um propósito profundo fazem exatamente isso. Embora contem histórias únicas e e que nos fazem sentir bem, eles criam uma *narrativa mestra* convincente – uma Grande História, como gosto de chamar –, retratando uma mudança coerente e ambiciosa que a empresa pretende provocar no mundo exterior.[3] Como parte dessa narrativa, eles criticam o *status quo* (incluindo a própria empresa, seu setor ou o capitalismo em geral), estabelecendo a magnitude da mudança necessária. Eles evocam um futuro que reflete valores morais e captura como o mundo *deveria* ser. Eles também emitem um grito de guerra, pedindo a toda a empresa que se una e lute bravamente para realizar o propósito existencial. Ligando o presente a um futuro desejado e ao passado distante da empresa (Capítulo 4), os líderes com um propósito profundo retratam a empresa e seus *stakeholders* como se perseguissem uma busca sagrada e transcendente.

Eles convocam os *stakeholders* como uma comunidade moral, desencadeando o que alguns chamam de potência moral, uma capacidade de se comportar valentemente e superar desafios a serviço de uma nobre ambição.[4] Sólidos em seus valores e entusiasmados com sua visão de futuro, os *stakeholders* se tornam mais ousados, mais orgulhosos, mais determinados e mais unificados. Em vez de apenas falar sobre a busca coletiva, eles são inspirados a tomar *ações* significativas juntos.

Líderes com um propósito profundo consideram a disseminação de uma Grande História sobre o futuro uma tarefa fundamental da liderança. Ao contrário dos líderes com propósito conveniente, que muitas vezes percebem a tarefa de mobilizar as pessoas em torno do propósito como um exercício de marca de curto prazo, os líderes com um propósito profundo se dedicam a reforçar a narrativa mestra ao longo de um período de anos, tornando-a uma característica definidora de seu mandato. Eles reiteram elementos de suas narrativas em diversas ocasiões e contam histórias menores e de apoio, que ilustram partes específicas da Grande História. Eles ficam tão absortos em seu papel de construtores de narrativas e acreditam tão plenamente em sua Grande História que a infundem em sua liderança, comportando-se de maneiras que apoiam a história de mudança que se desenrola.

Desempenho com propósito

A referência em negócios Indra Nooyi rompeu muitas barreiras na vida. Nascida em uma família indiana conservadora, ela cresceu em uma cultura tradicional que restringia as oportunidades às meninas e esperava que elas conseguissem um bom marido aos 18 anos. Isso não a impediu de jogar críquete em um time só de meninas quando adolescente ou de se juntar a uma banda de *rock* composta inteiramente por meninas. Alguns anos depois, ela pediu aos pais que a deixassem viajar para os Estados Unidos e frequentar uma pós-graduação em Yale com uma bolsa de estudos. "Isso era inédito para uma boa e conservadora garota brâmane do sul da Índia", lembrou. "Depois disso, ela perderia qualquer possibilidade de se casar".[5]

No entanto, os pais de Nooyi concordaram, permitindo que ela fosse para Yale, desde que ela consentisse em ter amigos cuidando dela nos Estados Unidos.[6] Ela se formou e construiu uma carreira corporativa de enorme sucesso. Após passagens pelo Boston Consulting Group e Motorola, ela ingressou na PepsiCo em 1994 como estrategista sênior e, em 2001, tornou-se diretora financeira e presidente da empresa. Nessas funções, Nooyi ajudou a planejar a reestruturação bem-sucedida da PepsiCo, incluindo o subproduto de suas franquias de *fast-food* Pizza Hut, Taco Bell e KFC em uma empresa separada (Yum! Brands) e sua aquisição da Quaker Oats por quase US$ 14 bilhões em 2001.

O tempo todo, Nooyi permaneceu alicerçada em sua cultura, em parte porque sua mãe, uma figura poderosa em sua vida, não aceitaria que fosse de outra maneira. Nooyi conta que, quando informou à família de sua grande promoção a CFO e presidente, sua mãe não pareceu muito impressionada de início. Em vez de parabenizá-la e expressar orgulho pelas conquistas da filha, ela pediu a Nooyi que resolvesse algo na rua. Quando Nooyi voltou para casa, a mãe informou que, apesar de seu sucesso nos negócios, ela ainda mantinha seus papéis femininos tradicionais e deveria "deixar aquela maldita coroa na garagem".[7]

Nooyi logo teria uma coroa muito maior para deixar na garagem. Em 2006, a PepsiCo virou notícia nacional ao nomeá-la a primeira CEO mulher em sua história. Na época, menos de uma dezenas de outras empresas da Fortune 500 tinham CEOs mulheres, e executivos nascidos na Índia raramente eram vistos nos cargos corporativos mais altos. Observadores elogiaram a decisão da PepsiCo, e não apenas porque era um avanço na causa da diversidade.[8]

Trabalhando ao lado de seu antecessor Steven Reinemund, Nooyi desempenhou um papel crucial na liderança da PepsiCo, levando a empresa a um enorme sucesso. Entre 2001 e 2005, a receita total e o lucro líquido da PepsiCo subiram, e a capitalização de mercado ultrapassou US$ 97 bilhões, acima dos US$ 85 bilhões de 2001.[9]

No entanto, apesar de todo o sucesso anterior de Nooyi, não estava claro se ela conseguiria manter a empresa em sua excepcional trajetória de crescimento. Nos Estados Unidos e em outros mercados, crescia a indignação com o aumento das taxas de obesidade e de outras doenças crônicas. Autoridades de saúde pública e outros observadores classificaram as empresas de lanches e refrigerantes como vilãs, acusando-as de fisgar os consumidores com alimentos viciantes, repletos de gordura, açúcar e calorias.[10] O gosto dos consumidores também estava mudando, e as vendas dos principais refrigerantes da PepsiCo caíram em relação a outras bebidas, percebidas como mais saudáveis, como bebidas isotônicas e águas (o consumo de refrigerante atingiu o pico em 2004 e, desde então, vem diminuindo).[11] Além disso, havia uma crescente consciência nacional e internacional de uma crise climática iminente que as empresas, e os governos, precisariam enfrentar. Ao assumir o cargo mais alto na PepsiCo, Nooyi teria de encontrar maneiras de se antecipar a essas tendências e, ao mesmo tempo, tentar superar a arquirrival da empresa: a Coca-Cola.

Nooyi tinha um plano, que defenderia até sua aposentadoria, em 2018, e que a colocaria na vanguarda do capitalismo *multistakeholder*. Em 2006, pouco depois de se tornar CEO e bem antes de termos como "orientado a propósito" e "capitalismo consciente" se tornarem comuns, Nooyi anunciou que estava reorientando a PepsiCo em torno de uma nova estratégia, chamada de "Desempenho com Propósito".[12] No âmbito da estratégia, a PepsiCo refaria seu modelo de funcionamento para buscar uma lógica comercial e social simultaneamente.

O desempenho financeiro continuou sendo primordial sob sua nova estratégia, e é por isso que o desempenho aparece primeiro no nome da estratégia. Contudo, um propósito amplo, que incluísse ajustar o portfólio de produtos da empresa e abordar as preocupações ambientais, também seria essencial. Isso ajudaria a incutir orgulho entre os funcionários, permitindo que toda a empresa respondesse às mudanças nas necessidades dos clientes. É por isso o nome Desempenho *com* Propósito.

O Desempenho com Propósito tinha quatro partes: sustentabilidade financeira (desempenho financeiro sustentável para os acionistas); sustentabilidade humana (uma nova ênfase no apoio à saúde humana, tornando as ofertas de produtos da empresa mais nutritivas); sustentabilidade ambiental (um impulso para tornar as operações mais sustentáveis); e sustentabilidade de talentos (investimento na força de trabalho da PepsiCo).[13] Como parte dessa estratégia, a empresa tinha como objetivo tornar seus lanches mais saudáveis, cortando sódio, açúcar e gorduras saturadas. Tão importante quanto isso, ela esperava oferecer mais produtos que fossem saudáveis ou "bons para você", como a farinha de aveia Quaker, em oposição a lanches "divertidos para você", como Doritos e Fritos, e produtos "melhores para você", como Diet Pepsi ou Baked Doritos.[14] A empresa também tomaria medidas como a inclusão de mais informações nutricionais e a abstenção da venda de bebidas açucaradas em ambiente escolar.[15]

Como Nooyi explicou mais tarde, o propósito da PepsiCo estava enraizado no entendimento de que "temos um papel sério a desempenhar na sociedade e temos de garantir que somos membros construtivos da sociedade".[16] Essa formulação ampla se traduziu em tornar os produtos da empresa mais nutritivos e em diminuir os impactos de sua produção no meio ambiente, ao mesmo tempo que tornou a empresa uma boa cidadã corporativa. No entanto, por mais atraente que essa mensagem parecesse, ela despertou considerável controvérsia entre os *stakeholders* da PepsiCo. Quando os engarrafadores independentes da PepsiCo ouviram pela primeira vez sobre o Desempenho com Propósito, alguns deles temeram que a empresa venderia menos refrigerante e registraria menos receita.[17] Os investidores ficaram aborrecidos, sentindo que a PepsiCo havia perdido o rumo ao investir demais em uma estratégia de longo prazo e muito pouco em seus produtos existentes. Um analista incitou a PepsiCo a "perceber que, em essência, ela é uma empresa de cola açucarada e gordurosa, e as pessoas gostam disso".[18]

Alguns ativistas da saúde rejeitaram os esforços da PepsiCo em se comportar de forma mais responsável, acusando a empresa do que hoje chamaríamos de lavagem de propósito.[19] Enquanto isso, alguns funcionários tinham dificuldade em quebrar velhos hábitos e permitir que o novo propósito guiasse sua tomada de decisão. Nooyi relata como uma equipe que assumiu a Tropicana, marca de suco de laranja da empresa, planejava introduzir uma "bebida de laranja gaseificada e açucarada" sob o mesmo nome. "A equipe ainda não havia entendido que a PepsiCo precisava limitar a introdução de produtos açucarados".[20]

A Grande História da PepsiCo

Para superar essa resistência arraigada, Nooyi promoveu a nova estratégia ao longo de seu mandato, falando sobre o propósito em todas as oportunidades e divulgando-o em comunicações internas e externas. O ex-diretor de *marketing* da Global Consumer Engagement, Frank Cooper, lembra que Nooyi estreou o Desempenho com Propósito em seu primeiro grande discurso como CEO, e depois seguiu com *e-mails*, discussões sobre a estratégia em reuniões com órgãos públicos, cartazes pelo escritório, mensagens no *site* da empresa e outras comunicações (até mesmo protetores de tela com "Desempenho com Propósito" foram estampados na sede da empresa).[21] Ela encarregou seus subordinados diretos de promover o Desempenho com Propósito para suas próprias equipes, explicando como isso se traduzia em seus respectivos negócios. "Foi uma *performance* completa de som *surround*", diz Cooper, "a ponto de as pessoas conhecerem Desempenho com Propósito tão bem que o chamavam por sua abreviação, PwP (*performance with purpose*)".[22]

Ao transmitir o novo propósito da PepsiCo, Nooyi não se restringiu a contar histórias emotivas pontuais sobre, digamos, um consumidor que perdeu peso porque consumiu algumas das ofertas mais saudáveis da empresa. Em vez disso, sua apresentação do Desempenho com Propósito veio incorporada a uma narrativa mais ampla e fundamental sobre a empresa e seu destino. A essência dessa Grande História era assim: "Há muito tempo somos uma empresa responsável e bem gerenciada, que procurou se comportar de forma responsável. Contudo, o mundo está mudando, e temos de levar nossas responsabilidades sociais a um novo patamar. Vamos nos tornar um tipo diferente de empresa nos próximos anos, mudando o nosso portfólio para tornar os nossos produtos mais saudáveis e mudando as nossas principais operações para realizar o bem social".[23]

Sempre estrategista, Nooyi fundamentou sua Grande História em dados e análises. Ela pediu à sua equipe que pesquisasse tendências globais que ameaçavam os negócios da PepsiCo, incluindo o desejo dos consumidores de manter dietas mais saudáveis; o aumento das pressões ambientais, como o aumento da escassez de água; e as mudanças que os funcionários buscavam no trabalho. Em suas comunicações, Nooyi se baseou nessas tendências para argumentar que a empresa tinha que não apenas doar dinheiro, mas mudar a forma como ganhava dinheiro. A empresa teve de aprofundar o porquê de sua existência, reconhecendo uma missão que vai além de apenas abastecer o mundo com lanches e bebidas.[24] Se a PepsiCo fizesse isso, poderia criar um futuro em que fosse mais relevante do que nunca para os consumidores *e* mais sensível às necessidades da sociedade. Como Nooyi colocou em uma entrevista de 2007, isso poderia fazer com que a PepsiCo estivesse "entre as corporações definitivas" das "primeiras duas ou três décadas do século XXI".[25] Seria um futuro em que a empresa ganharia mais receitas com alimentos saudáveis, reduziria seu impacto no meio ambiente e faria mais para atender às necessidades dos trabalhadores.

Se a Grande História de Nooyi fosse desejável e moralmente ressonante, também seria alcançável. Na mesma entrevista de 2007, concedida quando a equipe de Nooyi tinha acabado de começar a socializar o novo propósito internamente e desenvolver metas concretas, Nooyi enfatizou que a empresa não realizaria imediatamente os nobres objetivos de Desempenho com Propósito. Em relação à sustentabilidade ambiental, por exemplo, ela teria de encontrar um equilíbrio entre os progressos nessa área e as exigências financeiras. No entanto, com planejamento e disciplina cuidadosos, a PepsiCo poderia fazer progressos sólidos ao longo do tempo. "Queremos estabelecer um programa e deliberadamente [trabalhar] para isso", disse ela.[26]

Nooyi também reconhece que o propósito e o desempenho exigirão escolhas difíceis entre o lucro de curto prazo e o bem social de longo prazo. Quando aparecem as demandas dos clientes ou investidores, "toda vez que isso acontece, temos de pensar muito cuidadosamente sobre isso e, em seguida, decidir qual ação tomar, sem perder de vista o propósito de longo prazo. Porque, se desistirmos totalmente e dissermos que o desempenho é primordial, isso está errado. Devemos caminhar cuidadosamente por esses campos minados".[27] O Desempenho com Propósito é um negócio delicado, mas é uma visão moralmente ressonante, que a empresa pode alcançar por meio do esforço conjunto.

Nooyi não está sozinha em articular uma Grande História com conotações morais. Ao apresentar o propósito da Danone de "levar a saúde por meio da comida ao maior número possível de pessoas", o ex-CEO da empresa, Emmanuel Faber, fez um apelo retumbante por uma "revolução alimentar". Em um discurso de 2017 no Fórum de Bens de Consumo, por exemplo, ele observou que a indústria fez certo, dando pessoas acesso a alimentos e "impedindo a fome em muitos lugares no mundo". Ao mesmo tempo, o progresso ocasionou efeitos colaterais inesperados, incluindo "a explosão de doenças não transmissíveis e o esgotamento dos recursos do planeta".[28] Durante anos, a indústria negou os danos que isso causou. Agora, consumidores em todo o mundo exigiam mudanças, e a indústria de alimentos precisava escolher: ela lutaria contra os consumidores ou reconheceria "que seu objetivo final é servir a soberania das pessoas sobre seus alimentos"? A Danone, observou Faber, optou por ajudar a liderar uma revolução alimentar de longo alcance. Ele sugeriu que seus colegas executivos no setor de alimentos ouvissem os consumidores, bem como seus próprios funcionários, juntando-se à luta e ajudando a "criar soberania alimentar duradoura para todos".[29]

Pedidos por uma revolução alimentar apareceram em outros discursos aparições na imprensa, comunicações corporativas e postagens em mídia social de Faber. Ele contou histórias menores que ilustram ou se conectam com o propósito e impactam os *stakeholders* emocionalmente, mas defendeu uma narrativa central convincente, que fosse desejável, potencialmente atingível e moralmente relevante. Ele dramatizou uma intenção existencial para a empresa e a ligou ao passado e ao presente.

As histórias por trás da Grande História

Embora possamos resumir as Grandes Histórias em apenas algumas linhas, essas narrativas não são tão simples quanto parecem. Líderes com um propósito profundo as comunicam incansavelmente durante um longo período em diferentes configurações e formatos. Em vez de se apegarem a um roteiro fixo, eles mantêm a narrativa básica, mas costumam ajustá-la e elaborá-la, enfatizando certos elementos, abordando a narrativa de diferentes ângulos e ilustrando pontos específicos de novas maneiras, dependendo da ocasião. O que a princípio pode parecer uma única Grande História é, na verdade, após uma inspeção mais detalhada, uma *constelação* de narrativas semelhantes, sobrepostas e relacionadas. É uma abordagem aparentemente casual para as comunicações, com detalhes que mudam na releitura e líderes que incorporam histórias pessoais, histórias sobre a organização e relatos dos desafios atuais enfrentados pela empresa.

Por que os líderes com um propósito profundo introduzem tanta complexidade? Não é imprecisão, mas um esforço de aumentar o poder motivacional da Grande História. Líderes adeptos da comunicação geralmente implantam uma linguagem rica e altamente visual para incutir um senso compartilhado de propósito organizacional nas mentes dos *stakeholders*.[30] Embora os líderes com um propósito profundo utilizem linguagem sensorial, eles também permitem que a Grande História se desdobre e se desenvolva de maneiras que aumentem ainda mais seu poder emotivo. Suas elaborações aparentemente difusas da história servem para estabelecer um senso de intimidade com o público, destacando e dramatizando as dimensões morais da narrativa. Conectando-se com os *stakeholders* pessoalmente, os líderes com um propósito profundo os mobilizam em um movimento vital e moralmente carregado em torno do propósito.

O organizador político Marshall Ganz estabelece um poderoso modelo de narrativas em três partes projetado para ajudar os líderes a despertar a emoção e reunir as pessoas em torno de uma ação com propósito.[31] Veterano da era dos direitos civis, que também trabalhou ao lado de ativistas sociais como Cesar Chávez para organizar trabalhadores rurais na Califórnia, Ganz procura explicar como "o público descontente, mas complacente, pode se mobilizar para exigir mudanças políticas".[32] Observando que tal mudança "não 'simplesmente acontece'", ele descreve a narrativa como "os meios discursivos que usamos para acessar valores que nos equipam com a coragem de fazer escolhas sob condições de incerteza, de exercer o arbítrio".[33] A narrativa transmite nossos valores, mas faz isso de uma maneira mais direta e emocional. Em particular, Ganz argumenta que a "narrativa pública" motiva as pessoas a agirem contando três níveis de histórias entrelaçadas: eu, nós e agora. Conforme descobri, os líderes com um propósito profundo funcionam como ativistas sociais à sua maneira, contando esses três tipos de histórias e levando os *stakeholders* a agir.

EU

Ao elaborar narrativas públicas, observa Ganz, os líderes devem colocar o foco diretamente sobre si mesmos e evocar suas origens, motivos e o destino desejado. Fazer isso estabelece a credibilidade dos líderes, transmitindo seus valores morais para inspirar seguidores e se conectar com eles em um nível humano. Quando Ganz fala sobre histórias de si mesmo, ele não se refere a histórias antigas, mas a relatos de decisões dramáticas e definidoras que tomamos em nossas vidas, "momentos em que enfrentamos um desafio, fizemos uma escolha, experimentamos um resultado e aprendemos algo. Comunicamos valores que nos motivam, selecionando entre esses pontos de escolha e contando o que aconteceu".[34]

Líderes com um propósito profundo também contam histórias moralmente reveladoras de pontos de escolha que enfrentaram. Ao compartilhar esses momentos difíceis, eles não apenas mostram sua própria vulnerabilidade, mas também revelam seus próprios valores e crenças por meio de suas escolhas. Em um discurso de formatura em 2016, o ex-CEO da Danone, Emmanuel Faber, descreveu como uma tragédia – o diagnóstico de esquizofrenia de seu irmão e sua eventual morte – transformou sua visão de liderança e estimulou sua crença no propósito. Ele se viu lidando com hospitais psiquiátricos, passando tempo com pessoas sem-teto e, por fim, lidando com a morte do irmão, o que abalou seu senso de normalidade e mudou seus valores.

Com efeito, Faber enfrentou uma escolha. Ele recuaria diante do constrangimento ou do desgosto gerado por seu irmão, rejeitando-o ou distanciando--se dele? Ou ele amaria o irmão o suficiente para se reinventar como pessoa, aceitá-lo e dedicar um tempo para cuidar dele e aprender com ele? Faber fez o último. Em vez dos desejos habituais por glória, dinheiro e poder, ele passou a apreciar a importância central do serviço nos negócios. A tarefa do líder, diz Faber aos alunos de graduação, é "encontrar uma maneira de servir a um propósito. Propósitos que farão com que você se torne quem você realmente é. Propósitos que farão com que você se torne o seu melhor, de maneiras que nem você mesmo conhece".[35]

O ponto de escolha de Faber de como lidar com a enfermidade do irmão revela a profundidade de seus valores e sua consciência moral, características que ele está agora aplicando à tarefa de promover o propósito na Danone. Os *stakeholders* que ouvem o discurso de Faber ou aprendem sobre sua história em outros locais entendem que ele não chega ao propósito da Danone de forma superficial; está ligado à essência de quem ele realmente é. Assim, os *stakeholders* provavelmente o veem como mais confiável e estão mais inspirados a segui-lo na busca pelo futuro da Danone.

Histórias de si mesmo não precisam retratar um ponto de escolha real para transmitir valores. Durante seu mandato como CEO da PepsiCo, Nooyi enfatizou fortemente sua conexão pessoal com o propósito sem apontar sempre para um momento único e moralmente revelador. Em algumas ocasiões, ela fazia referência às suas experiências de infância, vivendo em um lar sem acesso imediato à água corrente, e observava que isso a deixou com a convicção de que as empresas tinham de agir com responsabilidade em relação às comunidades locais. "Todas as manhãs minha mãe se levantava às 3h00 ou 4h00", ela contou em uma apresentação de 2011. "Ela esperava que as torneiras começassem a liberar água, porque a companhia liberava água do reservatório central e a água entrava. Minha mãe apanhava todas as panelas e as enchia de água para dar às crianças e ao meu pai três recipientes de água, que era nossa cota para o dia".[36]

Por mais dura que fosse essa situação, diz Nooyi, ela teve mais dificuldade em aceitá-la sabendo que grandes empresas multinacionais haviam construído fábricas na cidade que usavam grandes quantidades de água. Apesar de todo o bem que essas empresas faziam para apoiar a economia local e criar empregos, não parecia certo que elas pudessem operar de maneiras que prejudicassem tão claramente os interesses e o bem-estar da comunidade local.

Em uma ocasião, em 2007, Nooyi relatou que, enquanto ela estava crescendo, sua mãe lhe perguntava o que ela pretendia fazer para mudar o mundo. "Hoje", disse ela, "sei que minha resposta seria que quero liderar uma empresa que seja uma força para o bem mundial. Uma empresa que ofereça um forte desempenho financeiro ao mesmo tempo que adote o propósito em tudo o que faz".[37] Em outra ocasião, Nooyi falou mais a respeito das impressões que formou no início de sua vida sobre as empresas multinacionais e como elas operavam: "Vi o que elas poderiam fazer para criar empregos, trazer tecnologia e melhorar a qualidade de vida, mas também como elas poderiam entrar e tirar recursos do país local. Vi o melhor e o pior, e senti profundamente que, como CEO, deveria ter certeza de que nossa empresa não operasse como se fôssemos um ser inanimado".[38] De todas essas maneiras, Nooyi ajudou os diferentes *stakeholders* da PepsiCo a entender suas próprias motivações pessoais para buscar um propósito profundo, transmitir seus valores e estabelecer sua credibilidade como líder moral.

NÓS

Organizações e outros grupos também têm seus pontos de escolha, momentos que revelam a identidade e os valores fundamentais do grupo. É importante que os líderes retratem esses episódios, contando histórias de "nós" que evocam "os valores que nos movem como comunidade" e que nos distinguem das pessoas de fora. Como Ganz sugere, "as organizações para as quais falta uma 'história' carecem de uma identidade, uma cultura, valores básicos que podem ser articulados e nos quais nos baseamos para causar motivação".[39]

Líderes com um propósito profundo contam histórias de "nós" no decorrer da construção de Grandes Histórias, provocando um sentimento de pertencimento ao coletivo e o dever de agir em seu nome. No relatório anual de 2008 da PepsiCo, Nooyi resume o que foi um ano difícil para a organização. Houve uma recessão, preços voláteis das *commodities* e pressões do mercado sobre o preço das ações da Pepsi. "Com tudo isso", disse ela, "não me lembro de um ano mais agitado ou difícil". No entanto, "nossa empresa mostrou novamente toda a sua engenhosidade. Todas as nossas equipes de pessoas extraordinárias aplicaram seu espírito de 'podemos fazer' e seu senso de responsabilidade para enfrentar os desafios econômicos e de mercado que estavam à frente". Ainda mais importante, a organização manteve-se focada no seu propósito: "2008 foi um ano em que a nossa missão poderia facilmente ter sido abandonada. As circunstâncias extraordinárias teriam resultado no seu abandono, se ela já não estivesse incorporada em nossa cultura. Então, durante 2008, permanecemos fiéis às nossas crenças, mesmo quando o cenário ficou mais difícil".

A empresa havia passado por um ponto de escolha, e suas ações revelaram o quão comprometida com seus valores ela realmente estava. Nooyi encerra posicionando explicitamente a empresa como uma comunidade moral ligada a valores compartilhados: "uma grande empresa é um lugar onde as pessoas se reúnem e têm um propósito comum. Ao definir esse propósito, ao tentar acomodá-lo, estamos unidos. Essa é a mensagem que você vê em todas as páginas deste relatório". Notavelmente, Nooyi transforma a adversidade em uma oportunidade para restabelecer a identidade da empresa como uma comunidade moral, forte e resiliente. A capa do relatório diz tudo com uma mensagem única e clara: "Nós somos Desempenho com Propósito".[40]

AGORA

Para articular narrativas públicas convincentes, argumenta Ganz, os líderes devem contar uma história sobre um desafio *atual* que o grupo enfrenta e como a ação no presente pode levar a um futuro positivo. "Histórias do agora", escreve ele, "articulam os desafios que enfrentamos agora, as escolhas que somos chamados a fazer e o significado de fazer a escolha certa. Histórias do agora são ambientadas no passado, no presente e no futuro. O desafio é agora; somos chamados a agir por causa do nosso legado e de quem nos tornamos, e a ação que tomamos agora pode moldar nosso futuro desejado".[41] Conforme sugere essa formulação, e como Ganz confirma, as histórias do agora despertam esperança porque vêm embutidas em uma estratégia para superar desafios. O grupo deve decidir assumir a esperança e se comprometer com a estratégia: essa é a escolha moralmente reveladora em questão. Eles não devem apenas decidir, mas agir imediatamente.

Em um artigo de 2017 publicado no LinkedIn, intitulado "Alimento é um direito humano, não uma *commodity*", Faber desenvolve o que podemos interpretar como uma História do Agora, aparentemente destinada a um público bastante variado, incluindo funcionários potenciais ou atuais, consumidores, outros fabricantes de alimentos e o público em geral.[42] Referindo-se a problemas sistêmicos como mudança climática, desnutrição, degradação ambiental e práticas trabalhistas desumanas, ele observa a interconexão entre esses problemas e os vincula a um desafio fundamental: um "sistema alimentar industrial global", que desconecta as pessoas do que comem e de como o alimento é produzido. Usando uma linguagem que evoca urgência, Faber aponta que esse sistema alimentar está "atingindo seus limites", confrontando a empresa e o mundo com uma escolha iminente: levaremos esse desafio a sério e reformaremos o sistema alimentar ou continuaremos a ignorá-lo e a permitir que os problemas sistêmicos se agravem?

Faber conecta a História do Agora dele com o passado, sugerindo que a própria história da Danone chamou à ação, já que o fundador da empresa, Antoine Riboud, imaginou "um projeto de criação de valor econômico e de progresso social". Faber também indica um caminho a seguir, apresentando não uma estratégia formal em si, mas uma série de medidas significativas que a Danone começou a empreender: buscar certificações de terceiros, como se tornar uma Empresa B, fornecer benefícios e políticas progressivas aos funcionários, elaborar programas para beneficiar as comunidades locais e esforçar-se para se tornar neutra em carbono. Faber observa que as mudanças no mercado estão colocando nova pressão sobre as empresas de alimentos, o que pode dificioná-las para a maximização do lucro a curto prazo. Isso aumenta a escolha moral que a indústria enfrenta: será que ela persistirá com a revolução alimentar e moverá o mundo em direção a um futuro mais saudável e sustentável?

Faber convoca a indústria e os consumidores a lutarem mais pela revolução alimentar. "A hora é agora", diz ele, e os *players* da indústria que se preocupam com isso "devem começar a apoiar mais amplamente e instigar a mudança, para que as pessoas se reconectem com seu alimento". Ele continua: "outro mundo é possível. Acredito que todos os dias, sempre que comemos e bebemos, podemos escolher o mundo onde queremos viver. Como CEOs, como líderes, teremos a responsabilidade de ajustar a maneira como nossas empresas operam, a maneira como nossas marcas interagem com suas comunidades. Isso está repleto de riscos e oportunidades. Nossos modelos de negócios (as organizações de nossas empresas) podem ser – e serão – rompidos, mas essa é a única saída, fora dos limites. Libertem os alimentos".

Faber convoca as empresas de alimentos para que avançar agora mesmo, a fim de se tornarem "catalisadoras de mudanças". Se fizerem isso, trabalhando em conjunto com consumidores e outros *stakeholders*, "podemos ser coletivamente lembrados como a geração que aproveitou sua experiência acumulada, seu acesso à tecnologia disruptiva, sua inteligência coletiva, para criar uma soberania alimentar verdadeira e duradoura para o nosso mundo". Essa é uma visão gloriosa, significativa e potencialmente viável. Ao contar uma história do agora, Faber mobiliza um movimento social, definindo uma missão e chamando os *stakeholders* para promovê-la *agora mesmo*.

PARA TRANSMITIR UM PROPÓSITO PROFUNDO, USE A ESTRUTURA "EU-NÓS-AGORA" DE MARSHALL GANZ

Fale sobre o *Eu*...
Estabeleça credibilidade pessoal; delineie valores morais; evoque pontos de escolha moralmente reveladores de sua vida.

Fale sobre *Nós*...
Desperte uma identidade coletiva e os valores morais; transmita pontos de escolha coletivos que revelem esses valores e consolidem a identidade; desperte apegos emocionais no grupo.

Fale sobre o *Agora*...
Conecte o público a um desafio ou ponto de escolha atual. Faça-os lembrar do que está em jogo nos dias atuais; suscite um sentimento de esperança; sugira uma estratégia para resolver um desafio.

Incorporação da Grande História

Você está desfrutando de seus anos dourados, e seus filhos estão todos crescidos e espalhados pelo mundo. Entre as demandas do trabalho e o desenvolvimento de suas próprias jovens famílias, você não tem notícias deles com a frequência que gostaria. Você sabe que eles se importam com o trabalho deles, mas tem apenas uma vaga ideia do que eles fazem. Um dia, você abre seu *e-mail* e encontra uma nota pessoal. É um cartão de agradecimento, e você percebe, para seu choque, que ele vem do CEO da empresa onde um de seus filhos trabalha – uma das maiores e mais conhecidas do mundo. Esse CEO descreve a forma como seu filho contribui para a empresa em um longo parágrafo, agradecendo por dar à empresa o presente de seu filho. Imagine o orgulho que você sentiria ao receber tal nota, o prazer em saber que a criança que você criou e ajudou a formar estava causando um impacto positivo no mundo.

Nooyi escreveu centenas dessas notas para os pais dos principais executivos da PepsiCo, relatando o impacto que seus filhos estavam causando na empresa e agradecendo-lhes pelo papel que desempenharam como pais. Como ela relatou em suas falas públicas, as cartas tiveram um tremendo impacto emocional não apenas nos pais, mas nos executivos, que ficaram felizes em ver seus pais tão encantados.[43] Nooyi começou a escrever essas cartas depois de uma viagem à Índia em 2006, durante a qual sua mãe a levou para a sala de estar e uma longa fila de visitantes passou por lá. "Eles iam até minha mãe e diziam: 'Você fez um excelente trabalho com sua filha. Parabéns a você. Ela é uma CEO'. Mas nem uma palavra para mim". Refletindo sobre esse episódio, Nooyi reconheceu que seus pais tinham ajudado a prepará-la para o sucesso e que eles mereciam o reconhecimento por isso.[44] Assim, ela resolveu dar esse reconhecimento aos pais dos executivos da PepsiCo. Tais gestos parecem ter contribuído para a popularidade de Nooyi como líder. A partir de 2017, antes de deixar o cargo de CEO, ela desfrutava de uma taxa de aprovação de 75% na Glassdoor.[45]

A prática epistolar de Nooyi reflete uma consciência básica de que as pessoas se orgulham de onde trabalham e de que seu orgulho só se intensifica quando sabem que a empresa se preocupa com seus entes queridos. O ato de escrever cartas de Nooyi também se conecta ao Desempenho com Propósito e, particularmente, à sua devoção à "sustentabilidade de talentos" e à "construção de um ambiente de trabalho onde todos os nossos associados possam alcançar uma melhor qualidade de vida e saibam que, como empresa, os valorizamos".[46] Intencionalmente ou não, as ações sinceras de Nooyi trouxeram essa dimensão do propósito para a vida de uma maneira inesquecível, modelando-a para o resto da organização. Ela não estava apenas falando sobre Desempenho com Propósito ou mesmo ilustrando com uma história. Ela estava *fazendo* isso, sem chamar atenção especial para suas ações e vinculá-las explicitamente ao propósito. Como suas ações pareciam tão autênticas e espontâneas, e como Nooyi as empreendia consistentemente, elas se tornaram parte integrante de sua identidade como líder.

Outros líderes com um propósito profundo que estudei tomaram medidas para incorporar a Grande História, não simplesmente comunicá-la verbalmente. Isso não é de se surpreender: os líderes acreditam em suas narrativas mestras, percebendo-as como totalmente consistentes com seus valores e propósitos pessoais. Líderes com um propósito profundo também estão profundamente conscientes da natureza de desempenho da liderança. Eles sabem que os *stakeholders* estão observando-os, pegando pistas a partir de seu comportamento e falas e responsabilizando-os por qualquer inconsistência. Determinados a permanecer porta-vozes convincentes e eficazes, eles projetam a Grande História em sua pessoa, para que os *stakeholders* os percebam como portadores verdadeiros, confiáveis e inspiradores dela.

Para adotar os termos de um um framework populalr da área de gestão , os líderes com um propósito profundo procuram *ser* a Grande História, não simplesmente *conhecê-la* (entendê-la intelectualmente) ou fazê-la (comportar-se de acordo com ela).[47] Eles vivem a Grande História o mais plenamente possível, explorando a parte mais profunda de si mesmos. Em última análise, eles se tornam o que Bill George chamou de líderes autênticos, profundamente autoconscientes e em contato com suas crenças, valores e princípios, todos eles sentidos com maior profundidade.[48]

Como Faber, da Danone, disse-me antes de deixar o cargo de CEO, ele nunca abordou suas comunicações em torno do propósito com um movimento de espírito estratégico. Pelo contrário, ele fez isso espontaneamente e de coração. Seu ponto de partida foi uma tentativa de se conectar com suas convicções mais profundas e íntimas. "Estou conversando comigo mesmo. Não estou lendo um roteiro escrito por uma boa equipe que diz: 'sabe, chefe, você deveria estar falando sobre sustentabilidade'. Não poderia fazer isso. Sou muito ruim nisso. Só estou falando o que realmente acredito".[49] Na verdade,

Faber não precisava chamar a atenção para essa abertura e autenticidade. Como vi por mim mesmo, isso ficou imediatamente evidente. Por causa disso, ele parecia incorporar poderosamente o propósito organizacional.

Da mesma forma, Nooyi sugeriu que não era apenas o conteúdo de sua mensagem que lhe permitia se conectar com o público, mas também sua capacidade de internalizá-la. "Se o CEO não sentir a mudança", ela relata, "e apenas falar sobre a mudança, as pessoas perceberão isso através dela".[50] Parece claro que Nooyi de fato "sentiu" o Desempenho com Propósito. Em certa ocasião, depois de saber sobre a situação de um veterano deficiente que vive no local de origem da Pepsi em New Bern, Carolina do Norte, Nooyi se sentiu tão emocionada que pediu a um representante local da Pepsi que enviasse produtos da empresa para a família do veterano, além de uma nota pessoal. O representante da Pepsi ficou comovido, expressando o quanto se sentia orgulhoso de trabalhar para uma empresa como a Pepsi. Se esse funcionário tivesse alguma dúvida sobre a autenticidade do compromisso de Nooyi com o propósito, ela terminaria ali mesmo.[51]

Líderes com um propósito profundo complementam a construção de sua narrativa com *ações de gestão* que sinalizam seu entusiasmo e seriedade em incorporar a razão de ser. Quando Nooyi adotou o Desempenho com Propósito, ela mostrou sua seriedade ao demitir líderes que rejeitaram a nova estratégia e ao fazer várias contratações importantes de executivos, incluindo um ex-endocrinologista da Mayo Clinic como novo diretor científico da empresa e um ex-diretor executivo da Organização Mundial da Saúde como vice-presidente de política global de saúde. Como ela observa, sua disposição de financiar novas capacidades de P&D sob o novo diretor científico durante a recessão de 2008 "reforçou a mensagem por toda a organização de que [o Desempenho com Propósito] estava aqui para ficar".[52]

O caráter na liderança não é apenas relacionado a possuir sensibilidade moral e julgamento; você também deve estar disposto a agir e apresentar coragem moral.[53] Ao perceber a intenção existencial por meio de suas ações, os líderes com um propósito profundo a incorporam aos olhos dos seguidores, assumindo *riscos pessoais significativos*. Pesquisas descobriram que um estilo de liderança "autossacrificial" serve para reunir seguidores, desde que o líder não se comporte de maneira excessivamente autocrática.[54] Enquanto alguns líderes preferem assistir de fora os membros da equipe levarem o tiro, os líderes com um propósito profundo tomam a frente, mostrando coragem e, com isso, construindo credibilidade exclusiva entre os membros da equipe.

Nooyi mostrou coragem durante o início da década de 2010, quando os investidores ficaram aborrecidos com os resultados decepcionantes de curto prazo da empresa. "O trabalho de Indra Nooyi está em risco", informou o *Economist* na época, resumindo a abordagem da empresa como "boa para você, mas não para os acionistas".[55] Nooyi poderia ter reduzido seus esforços, mas ela se manteve firme no Desempenho com Propósito, um movimento que solidificou sua posição como guardiã do propósito e permitiu que ela o incorporasse aos olhos dos *stakeholders*. Anos mais tarde, quando a abordagem de Nooyi começou a valer a pena comercialmente, investidores e analistas reconheceram que ela estava correta em manter esse caminho.

Lições para líderes

O teórico das organizações James March e um colega fizeram uma distinção memorável entre a ideia de liderança na perspectiva do "encanamento" e da "poesia".[56] Os líderes devem tomar decisões racionais e econômicas na administração de seus negócios no dia a dia para alcançar eficiência e desempenho ideais. Isso é o "encanamento", o lado técnico ou operacional dos negócios. No entanto, também devem atender ao significado, aos valores e ao propósito, que são a "poesia" dos negócios. Como outros estudiosos observaram desde então, "os líderes devem, portanto, agregar valor e propósito na estrutura social da organização" e garantir que o compromisso da organização com eles seja real e duradouro, não uma fantasia passageira.[57] O objetivo é incorporar propósito e valores tão profundamente que os *stakeholders* os internalizem e ajam espontaneamente para realizá-los.

Embora meu estudo sobre o propósito profundo como um todo aborde as dimensões emocionais e morais "mais suaves" do papel do líder, este capítulo mostrou líderes com um propósito profundo operando como criadores literários para transmitir intenção existencial às suas organizações. Eles não escrevem poemas sobre o propósito (pelo menos, não que eu saiba), mas contam narrativas mestras, convocando a organização a realizar uma busca nobre e funcionar como uma comunidade moral.[58]

Avalie sua própria liderança e se você atualmente age como principal contador de histórias da sua organização. Sim, você pode oferecer histórias para ilustrar o propósito, mas será que você articulou uma Grande História? Se você já articulou os contornos aproximados ou a essência de tal narrativa, será que você continua a ensaiar, adaptar, aprimorar e elaborar essa narrativa ano após ano, mesmo diante de uma oposição endurecida? Como líderes inspiradores no campo político, você conta diversas histórias subordinadas ou incorporadas que evocam seus valores morais, ajudam seus *stakeholders* a sentir que pertencem a uma comunidade moral e preparam o cenário para a ação moral *agora*?

Seja honesto sobre seu comprometimento e afinidade com a Grande História. Você considera a narrativa apenas um exercício de construção de marca de curto prazo ou você a concebe como uma parte central do seu papel? Com que profundidade você *realmente* contribui para a Grande História? Isso reflete a essência de quem você é como líder? Aliás, você já se preocupou em refletir o suficiente para entender a sua essência? Se a sua Grande História realmente está enraizada em suas crenças centrais, você se comporta de maneiras que exemplificam a narrativa mestra e seus valores subjacentes para os *stakeholders*? Será que os outros percebem você como alguém que incorpora o propósito da sua organização?

Mesmo que o considerem, seu trabalho comunicando o propósito não está de forma alguma terminado. Você também deve gerenciar uma tensão básica entre generalidade e especificidade. Um estudioso observou que "as mensagens que os líderes usam para transmitir as aspirações finais da organização apresentam um paradoxo: as próprias propriedades que tornam as aspirações finais significativas são aquelas que deixam os funcionários incapazes de sentir como suas responsabilidades diárias estão associadas a eles".[59] Quanto mais nobre parecer um propósito, mais distante ele parecerá estar de cada empregado e de seu trabalho.

Algo semelhante vale para o exercício retórico de elaborar uma narrativa mestra. As Grandes Histórias definem uma busca e a posicionam em termos morais, mas não transmitem totalmente seu significado para os indivíduos. Para fazer isso, você terá de adaptar a mensagem para públicos específicos, conectando-a diretamente com seus desafios e necessidades. Os líderes com um propósito profundo que entrevistei ajustaram a Grande História ao falar com unidades de negócios e geografias específicas, usando linguagem e incorporando temas que *eles* entenderiam. A longo prazo, esses líderes cultivaram um equilíbrio cuidadoso entre o geral e o específico, o elevado e o tangível, a poesia e a prosa.

Nooyi manteve seus esforços de comunicação, promovendo o Desempenho com Propósito ao longo de seu mandato de 12 anos como CEO. Ela argumentava consistentemente sobre a necessidade urgente da empresa de transformar seus negócios, aproveitando as preocupações generalizadas sobre a dieta e o meio ambiente, bem como a evolução das expectativas do papel social das empresas. Ela continuou a enfrentar o ceticismo de acionistas e ativistas, e os funcionários e o conselho aceitaram, permitindo que a empresa executasse bem a estratégia. De acordo com um líder, "Na verdade, nós víamos o Desempenho com Propósito meio que entrelaçado no tecido de nossa empresa, e agora realmente se tornou um mantra orientador – algo de que todos os nossos funcionários se sentem muito orgulhosos".[60]

Durante o mandato de Nooyi, a empresa viu um aumento de 80% nas vendas e um retorno total aos acionistas que superou o das 500 maiores empresas.[61] Embora a PepsiCo não seja hoje uma empresa de alimentos saudáveis, seu portfólio de alimentos mais saudáveis representava uma porcentagem maior da receita da empresa em 2017 do que em 2006 (50% em comparação a apenas 38%).[62] Seus lanches Fun for You também se tornaram mais saudáveis (como Nooyi observou em 2019, as batatas fritas Lay's tinham "20 a 25% menos sal do que há uma década").[63] A empresa reduziu seu uso de água em um quarto, deu a 22 milhões de pessoas acesso a água potável segura e tornou seus postos de liderança mais diversificados (as mulheres em 2018 representavam quase 40% dos principais gerentes), entre outras realizações.[64] Observadores consideram que o mandato de Nooyi foi bastante favorável, com um deles dizendo que ela tinha uma "excelente reputação" e "muito do que se orgulhar".[65]

Grandes Histórias podem, de fato, injetar poesia em uma organização, reunindo pessoas em torno de uma intenção existencial. No entanto, para inspirar as pessoas a viverem o propósito organizacional em seu trabalho diário, os líderes também devem conectá-lo com o propósito pessoal de cada funcionário, para que eles possam interiorizá-lo espontaneamente, de uma maneira que pareça autêntica e natural. Líderes com um propósito profundo fazem isso dando mais atenção do que outros a um instrumento gerencial fundamental à sua disposição: a cultura.

CAPÍTULO 6
O "EU" NO PROPÓSITO

> Líderes com um propósito profundo vinculam o propósito organizacional ao desenvolvimento e ao crescimento pessoal dos membros da equipe, estimulando a motivação intrínseca e desencadeando novos níveis de comprometimento e desempenho. Esses líderes criam culturas humanas e inclusivas, que enfatizam a autoexpressão, o crescimento e o propósito individual. Além disso, eles oferecem oportunidades para que funcionários vivam o propósito organizacional, conectando-o com suas próprias razões pessoais de ser.

A National Football League (NFL) realiza um *media day* (dia da mídia) antes de seu jogo final anual, o Super Bowl, deixando os jogadores das equipes que disputam o jogo disponíveis para se encontrar com jornalistas por até uma hora cada. O evento é um espetáculo, "nada menos que um circo de entretenimento", nas palavras de um observador.[1] A personalidade dos jogadores brilha, eles fazem piadas e declarações divertidas, que ajudam a aumentar a emoção em torno do jogo.

O evento realizado no início de 2015, antes do 49º Super Bowl XLIX, um confronto entre o Seattle Seahawks e o New England Patriots, foi especialmente memorável graças a um encontro em particular. Imagens de vídeo mostram um jogador famoso surgindo no lado oposto do campo lotado. Ele é um homem negro e musculoso, tem um penteado com *dreadlocks* e usa óculos escuros com aros de acetato brancos, um boné de beisebol com uma viseira plana e de perfil alto e uma corrente pesada sobre o moletom branco. Vários minutos se passam até que ele atravesse a multidão e chegue até o pódio. A todo momento, jornalistas tiram fotos dele. A expectativa aumenta à medida que ele se aproxima do pódio. "Vamos ver se ele nos dá algumas respostas surpreendentes", diz um comentarista.

O atleta senta-se diante do microfone e confirma que é hora de começar. Inclinando-se para o microfone, com os olhos obscurecidos pelos óculos escuros, ele diz: "Ei, estou aqui apenas para não ser multado. Vocês podem fazer todas as perguntas que quiserem, que vou responder sempre com a mesma resposta, então podem mandar ver, se quiserem. Estou aqui para não ser multado". Os jornalistas começam a gritar perguntas. Todas as vezes, a resposta era alguma variante de "estou aqui para não ser multado". Foram 29 perguntas em um período de quatro a cinco minutos; foram 29 respostas de "estou aqui para não ser multado". Então, sem cerimônia, ele se levanta e sai.[2] Não foi a aparição mais reveladora para a imprensa, mas as pessoas presentes dificilmente a esqueceriam tão cedo.

Se você é fã de futebol americano, sabe que esse atleta é o Marshawn Lynch, do Seattle. Durante o *media day* daquele ano, outros jogadores apareceram e se apresentaram conforme o esperado. O astro dos Patriots, Rob Gronkowski, revelou que já teve uma queda pela atriz Pamela Anderson. Michael Bennett, dos Seahawks, proclamou-se o segundo cara mais bonito do mundo, depois do ator Denzel Washington. Já Lynch se recusou a responder as perguntas dos repórteres. Seu contrato multimilionário o obrigava a falar com a mídia, e a NFL o multou em US$ 100 mil por não fazer isso durante a temporada regular.[3] Agora, com a NFL ameaçando aplicar uma multa de meio milhão de dólares se ele faltasse ao *media day*, ele chegou a uma solução alternativa, que aparentemente satisfazia seus requisitos contratuais.[4]

Tal comportamento inconformista era padrão de Lynch. Apelidado de *"Beast Mode"* por seu estilo de jogo agressivo e altamente físico, Lynch foi um dos maiores *running backs* da NFL (para quem não acompanha futebol americano, o *running back* é o jogador que pega a bola e tenta correr com ela pelo campo, evitando os defensores).[5] Lynch literalmente provocou uma atividade sísmica durante sua corrida *"Beast Quake"*, que venceu um jogo decisivo de

2010-2011 – o som dos torcedores do Seattle era tão alto que foi registrado em sismógrafos.[6] Em 2014, ele ajudou a levar o Seattle à sua primeira vitória no Super Bowl, vencendo os Denver Broncos.

Contudo, por mais impressionante que Lynch fosse no campo, a mídia muitas vezes criticava seu comportamento fora de campo, classificando-o como um jogador desordeiro, que se recusava a seguir as regras. Durante suas três primeiras temporadas na NFL com os Buffalo Bills, ele teve um bom desempenho em sua posição, mas também foi preso duas vezes, uma por bater em outro automóvel e fugir, em 2008, e uma por porte de armas, em 2009.[7] Os Bills e a mídia o viam, como lembrou um jornalista, "como uma decepção e uma espécie de fardo".[8]

Em Seattle, a prática de Lynch de evitar a mídia pareceu profundamente desrespeitosa.[9] "Tudo o que ele faz é murmurar algumas respostas curtas", reclamou um observador, "solta um clichê ou dois e sai pela porta. Não é tão difícil assim. Mas esse comportamento desafiador só chama mais atenção para ele mesmo. Suas tolices pós-jogo agora fazem parte da história".[10] Os observadores também não ficaram impressionados com sua prática de agarrar a genitália para comemorar um *touchdown*, o que lhe rendeu dezenas de milhares em multas.[11] Alguns meios de comunicação, conscientes de seus antecedentes criminais, chamaram-no de "brutamontes".[12]

Havia uma pessoa que não parecia muito incomodada com o comportamento de Lynch: o técnico dos Seahawks, Pete Carroll. Após a fala "estou aqui para não ser multado" de Lynch, perguntaram a Carroll se ele considerava a conduta do atleta "frustrante". Carroll teria rido e dito: "Não, não é frustrante. Ele está apenas sendo quem ele é... Isso não é um problema para nós".[13]

Liberando o "eu"

A resposta de Carroll entrou para o cerne da cultura de equipe dos Seahawks e das bem-sucedidas práticas de liderança do técnico. Enquanto os técnicos de futebol americano tradicionalmente adotam uma abordagem autoritária e até mesmo militar, exigindo disciplina rigorosa dos jogadores e impondo duras penalidades quando eles escorregam, Carroll faz exatamente o oposto: ele aprecia e apoia a individualidade de seus jogadores, mesmo que isso leve a um comportamento inconformista. Dentro de certos limites, ele cria uma cultura organizacional acolhedora e inclusiva que permite que as pessoas se expressem abertamente.

Como Carroll defende, o desempenho da equipe começa com o desempenho individual. Permita que os membros da equipe properem como seres humanos, permita que exerçam seu poder criativo e cresçam, e eles ajudarão a propagar as metas coletivas. "Nossa cultura", diz ele, "é reconhecer o valor extraordinário dos indivíduos que estão nela e apoiar seu desenvolvimento ao longo de toda a vida".[14] Para essa finalidade, Carroll se esforça para ver seus jogadores como indivíduos. Muito mais do que o típico técnico de futebol, ele envolve os jogadores em um diálogo contínuo, inclusive sobre filosofias pessoais e senso de propósito, visando a satisfazer suas necessidades e desejos individuais. "Ele teve ótimas conversas conosco", atesta um jogador. "Sempre que alguém estava passando por algum problema pessoal, ele chamava para conversar, e a gente não sentia como se ele estivesse tentando nos colocar de volta em campo. Era mais como se ele estivesse tentando entender qual era a questão, o que tinha acontecido e quais eram suas emoções".[15]

Carroll procurou construir *relações* pessoais de confiança com os jogadores, que promovessem seu crescimento, apoiassem sua autoexpressão e estabelecessem as bases para o desempenho ideal. Os jogadores certamente tiveram de trabalhar duro e atender às exigentes expectativas de desempenho, mas Carroll encontrou valor ao mostrar gentileza e empatia. Como ele me disse: "Quando você se sente confortável sobre onde está, é aceito e pertence ao grupo, você fica aberto para expressar suas melhores habilidades, seu melhor potencial... Estamos tentando construir um ambiente propício para esse tipo de capacidade de explorar aquilo em que você é melhor".[16]

A ênfase de Carroll em nutrir uma cultura de individualidade e relacionamentos pessoais tem implicações importantes para líderes interessados em incorporar o propósito profundo. Como Carroll me disse, a disposição de uma organização em nutrir a individualidade dos funcionários é fundamental para estimulá-los em torno do propósito coletivo. "Se alguém sente que você está reconhecendo quem ele é e do que gosta, você estabeleceu a conexão para apresentá-lo ao propósito coletivo".[17] Como observa Carrol, também é importante que as organizações não apenas afirmem a individualidade dos membros da equipe, mas também os ajudem a explorar e aprofundar seu próprio senso de quem eles são, incluindo seu propósito pessoal. Neste livro, até agora falamos de propósito organizacional, mas os indivíduos também têm suas próprias razões pessoais de ser. Eles têm noções profundas sobre o impacto que pretendem deixar no mundo. Tais noções, por sua vez, imbui seus esforços para trabalhar com significado.

A conexão positiva entre o propósito individual e o organizacional é cimentada por uma cultura que fornece barreiras de proteção claras enquanto celebra a expressão individual. Carroll entendeu como a cultura de uma organização poderia liberar um tremendo poder motivacional *conectando* propósito pessoal e organizacional. Em sua opinião, quanto mais profundamente a organização ajudasse os membros da equipe a entender suas próprias filosofias pessoais, identidades e razões de ser, mais plenamente eles poderiam promover o propósito da organização. O próprio Carroll tornou-se muito mais eficaz como treinador, ele me disse, quando desenvolveu uma filosofia pessoal. A "magia" acontece, sugere ele, quando as organizações inspiram as pessoas a alinharem sua própria paixão pessoal, autocompreensão e desejo de crescimento com uma ambição organizacional comum.

Líderes com um propósito profundo apreciam essa magia e trabalham para liberá-la. Embora muitas empresas implementem programas rigorosos de mudança cultural para apoiar o propósito, a concepção da cultura e a razão de ser tão estreitamente ligada a ela, os líderes com um propósito profundo vão além. Eles entendem que mesmo a cultura mais forte, de cima para baixo, não é suficiente para mobilizar a força de trabalho em torno de um propósito organizacional ou os passos normais de passar o propósito e a cultura em "cascata" pela organização, fazendo com que os gerentes os comuniquem. Rompendo com as noções tradicionais de cultura como um meio de impor conformidade, esses líderes criam culturas mais humanas e inclusivas, que enfatizam a autoexpressão, o crescimento e o propósito individual. Eles também oferecem oportunidades específicas para funcionários individuais viverem o propósito organizacional, conectando-o com suas próprias razões de ser. Forjar uma *síntese* improvável entre as maiores ambições dos funcionários e as culturas de propósito profundo da empresa permite que as pessoas se sintam profundamente realizadas no trabalho e pessoalmente comprometidas com a Grande História da empresa.

"Seja você mesmo, seja sincero e seja gentil"

Gerações de pesquisadores têm visto a cultura como um poderoso sistema de *controle* dentro das organizações, um meio de subjugar a individualidade e garantir a conformidade.[18] A cultura oferece uma maneira barata e informal de regular o comportamento, sendo mais eficaz porque ocorre dentro da mente dos funcionários e depende da pressão dos colegas.[19] "Quando nos preocupamos com aqueles com quem trabalhamos e temos um conjunto comum de expectativas", observa um artigo acadêmico, "estamos 'sob controle' sempre que estamos na presença deles. Se queremos ser aceitos, tentamos corresponder às suas expectativas".[20] Em empresas com culturas fortes, as normas de comportamento são pronunciadas e amplamente aceitas, sem supervisão constante por parte dos gestores. Os indivíduos se regulam voluntariamente, abstendo-se de comportamentos que não condizem com a cultura.

No decorrer das últimas décadas, muitos líderes corporativos buscaram construir culturas fortes, que definissem suas organizações para os *stakeholders*. Além disso, eles prestaram atenção ao *conteúdo* específico de suas culturas, moldando-os para infundir comportamentos específicos e relevantes para a execução estratégica. Ansiosas por apoiar metas como inovação, qualidade, crescimento e excelência no atendimento ao cliente, empresas como Southwest e IBM tornaram-se famosas por suas culturas afinadas, que muitos acreditam ser a chave para o sucesso de seus negócios.[21]

Mais recentemente, as limitações das culturas fortes entraram em foco.[22] Por mais importante que seja a conformidade, líderes e empresas reconheceram que o desempenho organizacional depende da capacidade dos funcionários de projetar a *individualidade* no local de trabalho, pelo menos até certo ponto. As organizações entendem que devem se tornar lugares mais diversos, equitativos e inclusivos, e devem alcançar as pessoas como indivíduos de diferentes origens, se envolver com elas em *seus* termos e abrir espaço para elas. Além disso, as organizações querem que *todos* os trabalhadores se sintam engajados e altamente motivados e querem que esses trabalhadores reúnam criatividade e perspectivas diversas para resolver os problemas. Se os trabalhadores tiverem liberdade para se expressar, eles se sentirão mais inspirados e farão um trabalho melhor – não por causa de um chefe apontando um caminho ou definindo uma meta a alcançar, mas porque eles mesmos sentem um desejo interno de se destacar.

A questão é como injetar mais individualidade no ambiente de trabalho sem gerar caos. Algumas empresas e líderes tentam inserir a individualidade e valores relacionados, como autenticidade, criatividade e diversidade/inclusão, em suas culturas conformistas. Os resultados não são muito convincentes. Essas culturas organizacionais parecem desencontradas e contraditórias, como um carro cuja porta da frente foi substituída por outra de cor diferente. No entanto, muitas outras empresas nem sequer tentam acomodar mais individualidade. Um estudo sobre declarações formais de empresas com foco em suas culturas revela que a maioria não proclama conceitos relacionados à individualidade como valores centrais. Apenas 22% listaram "diversidade" como um valor oficial, apenas 11% listaram "criatividade", apenas 8% listaram "ousadia" e apenas 3% listaram "autenticidade".[23]

Em vez de modificar uma cultura conformista e antiquada, os líderes com um propósito profundo que estudei tentam reinventar suas culturas organizacionais mais plenamente como baluartes da individualidade. Eles não vão para o extremo oposto, permitindo que suas organizações se tornem uma "bagunça" individualistas onde vale tudo em nome do "seja você mesmo". Pelo contrário, esses líderes abrem espaço para a individualidade *ao lado* da conformidade. Eles adotam, inclusive, uma postura um tanto paradoxal, buscando gerar alinhamento coletivo e garantir uma medida de conformidade *por meio* da individualidade. Eles desenvolvem culturas inclusivas que incentivam os indivíduos a contribuir de maneiras próprias e únicas para o propósito comum, dentro de certos limites definidos pelos líderes e com a expectativa de que os indivíduos atendam a rigorosas expectativas de desempenho. Essas culturas incluem uma forte ênfase na aliança e um senso de que todos devem apoiar seus companheiros de equipe em seu desenvolvimento pessoal, não importa quem eles sejam ou qual seja sua formação.

A empresa de tecnologia feminina Ovia Health, com sede em Boston, é a principal plataforma de saúde digital nos Estados Unidos para mulheres e famílias, com cerca de 14 milhões de mulheres usando seus aplicativos móveis para melhorar os resultados de saúde delas e de seus filhos.[24] A Ovia procura melhorar os maus resultados de saúde maternal, particularmente entre mulheres e crianças negras, adotando como intenção existencial a prestação de "cuidados iguais, apoio longitudinal, intervenções que salvam vidas" a "todas as mulheres, pais e filhos", para que possam desfrutar de "uma família saudável e feliz".[25] Ao construir sua cultura, a empresa se concentra diretamente em reconhecer e afirmar a individualidade dos funcionários. Um dos valores fundamentais da Ovia é "seja você mesmo, seja sincero, seja gentil". Detalhando estas questões, um documento interno da empresa descrevia que "somos uma equipe de indivíduos ágeis, imaginativos e analíticos".[26]

O CEO da Ovia, Paris Wallace, cresceu com a ajuda do governo no condado de Marin, na Califórnia, uma das áreas mais ricas dos Estados Unidos. Criado por uma mãe solteira e deficiente, ele conseguiu ingressar em escolas locais de elite e frequentá-las com bolsa de estudos. "Sempre ficou muito claro que eu era diferente", Wallace me disse, não apenas porque sua família era pobre, mas também porque ele era um dos poucos estudantes negros.[27] Converse com Wallace por mais do que alguns minutos e você perceberá que ele fica extraordinariamente confortável com sua diferença, sem temor de expressar sua individualidade. Ele fala de forma apaixonada e direta, sem medo de deixar sua personalidade brilhar e se tornar vulnerável.

Wallace deseja que *todos* em sua empresa se sintam e se comportem assim. Conforme ele mesmo reconhece, é muito difícil para os funcionários se envolver totalmente com um propósito organizacional – ou, francamente, com qualquer coisa relacionada aos seus trabalhos – se eles estão retendo partes importantes de suas identidades ou personalidades. "Quem são aquelas pessoas que não veem a hora de sair do trabalho todos os dias, que saem logo às cinco da tarde? E por que estão indo embora? Para ser outra pessoa, não é? Essa é a única resposta. Se você fingiu não ser *gay* o dia todo ou mudou seu jeito de falar, quando chega a hora de sair, você está livre disso".

Wallace sabe que não pode simplesmente modelar a individualidade no trabalho – ele deve incorporá-la à cultura. Como resultado, a Ovia defende o individualismo em todos os momentos, começando pelo recrutamento. "Deixamos muito claro em uma entrevista que, em geral, uma de nossas crenças centrais é ser você mesmo", diz Wallace.[28] Da mesma forma, a empresa dá uma forte ênfase à inclusão. Como observa a COO Molly Howard, os entrevistadores perguntam a cada possível contratado sua identificação de gênero e os pronomes com que deseja ser tratado. "Essa pergunta mostra, desde o início, que escolhemos valorizar nossos funcionários como *indivíduos*".[29]

Nas reuniões e comunicações diárias, líderes e colegas de trabalho promovem o valor de opiniões diversas e a noção de que cada funcionário tem uma participação na organização. Eles também ajudam as pessoas a se expressarem, para que se sintam aceitas e para que seus colegas de trabalho possam conhecê-las mais profundamente. Durante a pandemia da covid-19, a empresa encerrava todas as reuniões convidando os participantes a discutirem momentos de alegria em suas vidas. Alguns funcionários discutiram os pequenos prazeres diários que faziam a vida valer a pena, enquanto outros aproveitaram para divulgar informações muito pessoais. Em um dos casos, uma funcionária chocou os colegas ao relatar que tinha câncer de mama e fazia tratamento há meses. Naquele dia, seu oncologista havia lhe dito que seu tumor estava regredindo. Esse foi o seu momento de alegria.

A Ovia encoraja as pessoas não apenas a trazerem suas vidas pessoais para o trabalho, mas também a compartilharem suas opiniões sobre questões importantes nos negócios. Wallace explica que a empresa opera como uma meritocracia, com os líderes reconhecendo publicamente que não têm todas as respostas e que os funcionários muitas vezes estão mais preparados para encontrar respostas para perguntas urgentes. "Na realidade, é como dizer: 'me importo com o que você está interessado, você pode ajudar a definir a direção desta empresa, você está contribuindo para o que estamos fazendo e para onde estamos indo, você é realmente capaz de dar uma contribuição significativa, estou interessado em seus diversos pensamentos e conhecimentos para nos ajudar a chegar lá.'" A empresa também oferece fóruns *on-line* liderados por funcionários para que as pessoas expressem e persigam suas paixões e seus interesses únicos, como clubes de livros, clubes de culinária, um grupo de cuidados com a pele, entre outros. Ainda, a Ovia realiza "dias de inovação", nos quais os funcionários podem buscar seus próprios projetos relacionados ao trabalho.

Outra *startup* de saúde em rápido crescimento que estudei, a Livongo, também fez da busca de propósito pessoal e organizacional um tema central. A Livongo, abreviação de "Live Life on the Go" (viva a vida em movimento), foi fundada para dar aos diabéticos, em tempo real, conselhos sobre como gerenciar seus níveis flutuantes de açúcar no sangue. Glen Tullman, o fundador, tinha uma motivação pessoal, pois seu filho era diabético, e ele tinha visto pessoalmente como esse tipo de serviço poderia beneficiar outras pessoas com diabetes. Tullman e a equipe de liderança estavam decididos desde o início a construir uma empresa centrada em um propósito de usar a tecnologia para tornar a vida de pessoas com condições crônicas, como diabetes, muito mais fácil. Desde o início, a busca desse propósito foi pessoal não apenas para Tullman, mas também para os membros de sua equipe. Foi surpreendente para eles ver que vários indivíduos talentosos que se juntaram a eles tinham uma conexão pessoal com o diabetes. Muito rapidamente, a empresa se tornou um ímã para os melhores talentos, mesmo no mercado extremamente competitivo do Vale do Silício. Em determinado momento, a maioria dos funcionários ou tinha diabetes ou tinha alguém em sua família impactado pela doença. Alinhar seu propósito pessoal ao organizacional foi algo que veio naturalmente para eles.

Como revelam as histórias dos Seattle Seahawks, da Ovia Health e da Livongo, os líderes com um propósito profundo edificam culturas de individualidade porque entendem que o compromisso com o propósito da organização repousa em sua conexão com o autoconhecimento e o senso de propósito pessoal de cada funcionário. Por trás dessa conexão está algo ainda mais fundamental: um maior reconhecimento da singularidade de cada funcionário. Uma coisa é os funcionários comprarem intelectualmente a intenção existencial da empresa, mas, se eles se sentirem livres para se expressar e verem o trabalho como uma oportunidade de prosperar como indivíduos, injetarão ainda mais de sua paixão e exuberância, resultando no melhor desempenho possível. Nem todos os funcionários são tão ferozes e publicamente individuais quanto um Marshawn Lynch, mas a maioria chega ao trabalho buscando aprender, crescer e se expressar como ser humano. Ao acolher a humanidade básica dos funcionários e ajudá-los a prosperar, os líderes com um propósito profundo os estimulam a se unir ainda mais fortemente em torno do propósito unificador da organização.

Por que você trabalha?

As *startups* de tecnologia que valorizam o gênero não são as únicas que salvam o mundo. Os escritórios de contabilidade tradicionais também o fazem. Em 2014, os líderes da empresa de serviços profissionais KPMG adotaram uma nova declaração de propósito para a organização: "Inspirar confiança. Potencializar a mudança". Para promover o propósito, a empresa lançou um vídeo e criou cartazes que revelaram a importância mais significante que os serviços da KPMG têm no mundo. "Nós defendemos a democracia", proclamava o vídeo, descrevendo o papel que a empresa desempenhou durante a Segunda Guerra Mundial para ajudar as potências aliadas a derrotar o nazismo. "Reunimos famílias", mostrava ainda o vídeo, observando o trabalho nos bastidores que a empresa fez para ajudar a resolver a crise de reféns do Irã em 1979 e trazer os reféns americanos para casa.

Por mais inspiradora que fosse essa mensagem, os líderes perceberam que, para comunicar o novo propósito, não seria suficiente apenas uma abordagem tradicional de cima para baixo. Eles foram mais fundo, pedindo a todos na empresa que criassem cartazes que transmitissem o propósito que eles se veem buscando em suas funções. Os líderes queriam reunir 10 mil histórias de funcionários e ofereceram a eles dois dias extras de férias se a empresa atingisse esse objetivo. A resposta foi avassaladora. A KPMG registrou 42 mil relatos de funcionários, incluindo muitos que surgiram depois que os líderes anunciaram que a iniciativa havia sido bem-sucedida e todos receberiam seu tempo extra de folga. "Eu combato o terrorismo", respondeu uma funcionária, observando que seu trabalho em prol de instituições financeiras ajudou a combater a lavagem de dinheiro, "mantendo os recursos financeiros fora das mãos de terroristas e criminosos". Em outra resposta, um funcionário proclamou: "Eu ajudo fazendas a crescer", referindo-se ao seu trabalho ajudando a facilitar empréstimos para pequenas propriedades familiares.[30]

Aliado aos esforços de cima para baixo para comunicar o propósito, o Desafio 10.000 Histórias, como a iniciativa foi chamada, teve um imenso sucesso. Em uma pesquisa, praticamente todos os parceiros da empresa (90%) concordaram que o orgulho que a força de trabalho tinha da empresa aumentou devido aos esforços relacionados ao propósito da empresa. O engajamento dos funcionários subiu para níveis sem precedentes. Um ano depois, 89% dos funcionários relataram sentir que a KPMG era um "ótimo lugar para trabalhar", um aumento de sete pontos. Mais de três quartos dos funcionários concordaram que seu "trabalho tinha um significado especial (não era apenas um emprego)", um ganho de quatro pontos em relação ao ano anterior. Os funcionários têm um sentimento muito mais positivo sobre seu trabalho e seu significado se seus gestores conversarem sobre propósito com eles.[31]

Bruce Pfau, ex-vice-presidente de recursos humanos e comunicações, foi quem idealizou o Desafio 10.000 Histórias. Quando lhe perguntei por que a empresa havia pensado em levar os funcionários a contemplar seus próprios propósitos relacionados a funções ou trabalho, ele observou que a KPMG já havia obtido ganhos rápidos no engajamento dos funcionários, mas que esses ganhos estavam se estabilizando. Ele e sua equipe pensaram que um novo foco no propósito poderia aumentar ainda mais o engajamento, ajudando a empresa a competir por talentos com as concorrentes. Embora a KPMG precisasse de comunicações tradicionais de cima para baixo para comunicar o propósito corporativo, Bruce sentiu que era essencial que os funcionários *traduzissem* o propósito corporativo em algum tipo de propósito pessoal relacionado ao trabalho. Se fizessem isso, o propósito lhes pareceria real, e não apenas uma formulação sem sentido que a empresa havia sonhado.

Bruce ficou chocado com o impacto da campanha. "O que realmente me surpreendeu foi o apetite reprimido para que isso funcionasse". Visitando escritórios ao redor do mundo, ele costumava avistar cartazes nos cubículos dos funcionários transmitindo seu propósito pessoal. Os funcionários, ao que parece, tinham um desejo ardente não apenas de ter mais propósito no trabalho, mas também de projetar sua própria razão *pessoal* de ser. Após 2015, a KPMG continuou a desenvolver o Desafio 10.000 Histórias e continuou a ver ganhos em suas principais métricas. Em 2018, quando Pfau deixou a empresa, a KPMG havia subido no *ranking* da lista das melhores empresas para se trabalhar da revista *Fortune*, chegando à 12ª posição, melhor que qualquer empresa de contabilidade Big Four.[32]

O que sua empresa pode fazer por você?

Em seu livro *Hit Refresh*, o CEO da Microsoft, Satya Nadella, conta que convocou sua equipe para uma sessão especial em 2014, quando contemplava uma renovação da cultura da empresa. Foi no início de seu mandato, e ele queria ver se conseguiria fazer com que sua equipe se envolvesse em um nível totalmente diferente do que vinha ocorrendo . "Senti que precisávamos aprofundar nosso entendimento uns dos outros – mergulhar no que realmente faz cada um de nós agir – e conectar nossas filosofias pessoais ao nosso trabalho como líderes da empresa", escreveu. Nadella esperava que esse entendimento mais profundo permitisse que a equipe seguisse uma nova missão ousada e inspiradora, mas que também aproveitasse a intenção original dos fundadores da Microsoft.

Tornar-se mais pessoal foi um experimento arriscado. A equipe de Nadella era composta de pessoas sérias e poderosas, incluindo vários líderes de carreira da Microsoft, um ex-banqueiro de investimentos, um Ph.D. em robótica e um ex-sócio de um famoso escritório de advocacia. Como me disse Kathleen Hogan, diretora de pessoal da Microsoft e arquiteta da transformação cultural da empresa, muitos dos presentes nunca haviam se envolvido dessa forma com seus colegas da Microsoft. "Pensei que metade dessas pessoas ia revirar os olhos e dizer: 'Kathleen, você está de brincadeira comigo? Vamos ter de falar sobre nosso propósito e vamos ter de sentar em sofás e você vai me pedir para deixar meu *notebook* de lado?'".[33] Kathleen contratou o Dr. Michael Gervais, um conhecido e experiente *coach* e psicólogo, para intermediar o evento.[34]

Membros da equipe de Nadella começaram a se abrir. Como lembra Hogan, "as pessoas conectaram sua missão pessoal ao trabalho que fazemos. Elas trouxeram sua educação, sua religião, seja o confucionismo ou o catolicismo".[35] Nadella liderou o caminho, descrevendo sua infância na Índia, sua filosofia pessoal construída em torno da empatia e do aprendizado e, o mais comovente, sua experiência criando uma criança com necessidades especiais. Como retratado no livro de Nadella, essa conversa marcou o início de uma jornada de anos para criar uma nova cultura na Microsoft, que buscava estimular as pessoas em torno do propósito, capacitando-as a crescer como indivíduos.

O maior desafio de Nadella ao se tornar CEO foi mudar a empresa, que nos últimos anos havia se tornado presunçosa e lenta.[36] Como me disse, ele não poderia esperar ter sucesso se simplesmente escolhesse uma nova estratégia para a empresa. Ele teve de se aprofundar em algo mais fundamental – um propósito –, que pudesse servir de âncora e guia para a formação de estratégias. "Estávamos fazendo muitas coisas por inveja, só porque a concorrência teve algum sucesso", explicou. "Sentíamos: 'ah, temos de fazer isso para acompanhá-los', e eu dizia: 'ei, vamos voltar. Acredito que as empresas têm um senso de propósito e identidade.'"[37]

No entanto, o propósito por si só não era suficiente. Ele seria superficial e, em última análise, sem sentido se não fosse apoiado por uma cultura que o trouxesse à vida dentro da organização. As empresas precisam de um propósito, observou Nadella, mas também precisam "da cultura que permite que você busque seu senso de propósito". A pesquisa da psicóloga Carol Dweck influenciou Nadella a construir uma cultura baseada em uma mentalidade de crescimento, em que os funcionários poderiam usar a plataforma da empresa para cumprir seu próprio senso de propósito.

Essa abordagem levou ele, Hogan e outros de sua equipe a uma ideia nova, até mesmo radical. Em vez de construir uma cultura em que as pessoas tivessem um desempenho melhor porque interpretavam o que faziam como pessoalmente significativo, eles procuraram construir uma cultura em que as pessoas explorassem seus próprios propósitos de vida mais profundos, independentemente de quais fossem, e usassem a empresa como uma plataforma para realizá-los. Como Hogan observa, "você não trabalhará totalmente para a Microsoft até que faça a Microsoft trabalhar para você". Foi essa noção da empresa como plataforma que começou a se enraizar durante aquela reunião incomum de 2014. "Nossos papéis na equipe [de executivos] começaram a mudar naquele dia", escreve Nadella. "Cada líder não era mais apenas um empregado da Microsoft; eles haviam aproveitado um chamado maior: utilizar a Microsoft em busca de suas paixões pessoais para capacitar os outros".[38]

Pesquisas em psicologia das organizações apontam para a sabedoria de estimular os funcionários a levar em conta e expressar o seu propósito pessoal no trabalho. Pesquisadores têm postulado que o significado de nosso trabalho não está preso no lugar ou fora de nosso controle. Podemos tomar ações para *moldar* nossos trabalhos para que eles tenham mais significado para nós. Podemos mudar inúmeras coisas, incluindo como concebemos o que fazemos, a natureza e o escopo de nossas atividades e como nos relacionamos com os outros ao nosso redor. Por meio dessa criação de empregos, como os estudiosos chamam, podemos aumentar muito a satisfação e a alegria que nosso trabalho nos traz. Mais do que um emprego ou até mesmo uma carreira, a elaboração do nosso espaço de trabalho (ou *job crafting*) pode transformar nossas carreiras em vocações profundamente propositivas.[39]

Ao instigar os líderes da Microsoft a contemplar e identificar seu próprio propósito pessoal no trabalho, Nadella estava *estimulando* esse processo de *job crafting*, orientando os líderes a atribuir um significado pessoal mais profundo ao que fazem – ver seus trabalhos como chamados, em razão do bem social que trazem. Outros líderes com um propósito profundo que entrevistei fizeram movimentos semelhantes.

Reconhecendo que a expressão individual e a personalização do trabalho levam a uma maior motivação e engajamento, esses líderes encorajam os outros a aumentar sua própria compreensão do trabalho e seu significado. Eles presumem que os funcionários mais motivados e mais capazes de trabalhar também servirão mais plenamente ao propósito da organização. Pesquisas sugerem que eles estão prontos para fazer algo. Uma pesquisa com mais de 300 grandes líderes descobriu que, em sua opinião, os trabalhadores inspirados superam em muito aqueles que estão apenas satisfeitos. Na verdade, "seriam necessários 2,25 funcionários satisfeitos para gerar a mesma produção que um funcionário inspirado". Os pesquisadores vinculam a inspiração a um senso de missão ou propósito.[40]

Como alguns líderes com um propósito profundo me disseram, levar os indivíduos a pensar sobre seu propósito pessoal serve ao propósito organizacional de outra maneira. Os funcionários que atribuem um propósito maior aos seus empregos ou cargos são *temperamentalmente* mais inclinados a responder e perseguir um propósito organizacional. Matt Breitfelder, chefe global de capital humano e sócio sênior da empresa de patrimônio privado Apollo Global Management, disse o seguinte: "Se estou na zona de propósito, sou muito claro sobre meu trabalho e o que estou tentando realizar. Acordo de manhã animado para melhorar e ter impacto. Então, naturalmente, torno-me receptivo a outras pessoas que também pensam assim na minha empresa. Sou muito receptivo à expressão de propósito da minha empresa. Não só receptivo a ela, mas quero fazer parte dela. Quero moldá-la e contribuir para ela".[41]

Desde então, a Microsoft criou oportunidades para que *todos* os funcionários explorem seus propósitos de vida por meio de seu trabalho e os comuniquem a seus colegas. A ideia não é fazer da Microsoft um *playground* para projetos de estimação das pessoas; é estimulá-los a conectar seu desejo pessoal de contribuir com a sociedade com o propósito da Microsoft de empoderar os outros. Como Kathleen Hogan coloca: "Nós nos concentramos em promover um local de trabalho onde todos possam usar o poder da plataforma Microsoft para perseguir suas paixões, cumprir seu propósito e empoderar os outros. Isso é essencial para a nossa missão, bem como para a nossa cultura".[42]

Em discursos e outras comunicações, os líderes da Microsoft enfatizam o quão importante eles sentem que é existir uma síntese entre o propósito de vida e o propósito da organização de "empoderar cada pessoa e cada organização no planeta para alcançar mais". A Microsoft treina seus milhares de líderes para ajudar os membros de sua equipe a conectar o propósito da empresa ao seu próprio propósito de vida.[43] A empresa também afirma a importância do propósito de vida ao manter o portal Microsoft Life, que contém histórias profundamente pessoais sobre os funcionários, suas visões de mundo e missões pessoais e sua conexão com seu trabalho na Microsoft. Por fim, a Microsoft fornece suporte financeiro e logístico aos funcionários que usam a empresa como uma plataforma para buscar um propósito de vida.

John Kahan, gerente geral de dados e análises de clientes da Microsoft, perdeu tragicamente seu filho bebê para a síndrome da morte súbita do lactente (SMSL), que mata milhares de pessoas nos Estados Unidos a cada ano. Desde então, ele arrecadou centenas de milhares de dólares para a instituição médica onde seu filho recebeu atendimento. Um membro de sua equipe soube de sua tragédia e se sentiu tão comovido que organizou outros cientistas de dados da equipe de Kahan para ver se eles poderiam criar uma nova ferramenta que ajudasse os pesquisadores médicos. Eles descobriram que pesquisadores de todo o mundo podiam acessar apenas conjuntos relativamente pequenos de dados epidemiológicos. Usando Azure, a plataforma de computação em nuvem da Microsoft, a equipe criou uma ferramenta que permitiu aos cientistas obter informações de milhões de pontos de dados de um banco de dados federal de saúde ainda inexplorado.[44]

A equipe doou essa ferramenta, que exigiu 450 horas de tempo da equipe para ser construída, para o Seattle Children's Research Institute. Por meio de um programa de conexão projetado para incentivar a equipe a buscar esse tipo de projeto, a Microsoft fez uma doação em dinheiro de US$ 11.250. Os cientistas saudaram a ferramenta como um recurso que os ajudaria a investigar mais profundamente as complexidades da SMSL. Kahan disse que estava se sentindo "incrivelmente abençoado" não apenas por trabalhar com colegas tão habilidosos e compassivos, mas também por trabalhar para "uma empresa que nos incentiva a usar nossas habilidades para resolver problemas mundiais".

Liberando o poder do propósito de vida

Como o exemplo da Microsoft sugere, as pessoas forjam vários tipos de propósito pessoal. Podemos atribuir propósito a uma função específica (propósito de trabalho ou função), bem como a toda a nossa carreira (propósito de carreira). No nível mais profundo, podemos perceber toda a nossa vida, não simplesmente nosso trabalho ou carreira, como tendo uma intenção existencial (um propósito de vida).[45] Se formos médicos emergencistas, podemos identificar nosso propósito de função como salvar vidas de pacientes e nosso propósito de carreira como tornar a medicina de emergência mais segura e humana. Nosso propósito de vida, que podemos perseguir apenas em parte por meio de nosso trabalho, pode ser mais amplo e profundo. Talvez desejemos gerar mais carinho e compaixão no mundo. Ou, se somos religiosos,

TRÊS DIMENSÕES DO PROPÓSITO

- Propósito de vida
- Propósito de carreira
- Propósito de trabalho

talvez nos dediquemos, tanto como médicos quanto como seres humanos, a ajudar a compreender o espírito de Deus na Terra. Se pertencemos a um grupo historicamente sub-representado, podemos considerar que o propósito de nossa vida é ajudar a fortalecer nossa comunidade e criar oportunidades para a próxima geração. O propósito de vida vai ao âmago de quem somos como pessoas, e chegamos à nossa razão de ser definitiva graças a experiências duramente conquistadas ou depois de uma longa busca ou contemplação.

Alguns líderes e empresas com um propósito profundo e empresas que buscam incorporar o propósito organizacional levam os funcionários a considerar apenas seu propósito de trabalho ou carreira. No entanto, outros vão além, pedindo aos funcionários que olhem para dentro de si e contemplem seu propósito de vida. Esses líderes têm conversas com os membros da equipe totalmente diferentes daquelas que os líderes geralmente fazem; são diálogos intensos, buscando saber quem os membros da equipe são de verdade e o que importa para eles. À primeira vista, mergulhar no propósito de vida pode parecer ousado e até desaconselhável. Uma coisa é desafiar os funcionários a encontrar um significado mais profundo em seus trabalhos, mas não há garantia de que o propósito de vida de um determinado trabalhador será bem alinhado ao propósito organizacional e à sua cultura de apoio. Se as pessoas aparecem no trabalho focadas em seus próprios propósitos individuais, elas podem não se unir tão prontamente para alcançar objetivos organizacionais em comum. A coordenação e o comprometimento podem falhar, contribuindo para o caos e a confusão no local de trabalho.

Os propósitos pessoais dos funcionários também podem entrar em conflito com a intenção existencial da empresa. Na NFL, as equipes se concentram no simples propósito de vencer jogos e chegar ao Super Bowl.[46] O Kansas City Chiefs cumpriu esse propósito em 2019-2020, chegando a 15-4 e derrotando o San Francisco 49ers no 54º Super Bowl. Durante a temporada 2020-2021, os Chiefs chegaram novamente ao Super Bowl, mas sem o atacante Laurent Duvernay-Tardif. Quando não está bloqueando os defensores, Duvernay-Tardif está buscando uma carreira como médico – um dos poucos na história da liga a fazer isso. Em julho de 2020, com a pandemia da covid-19 em andamento, ele fez a difícil escolha de não participar de toda a próxima temporada de outono para cuidar de pacientes em um hospital em sua terra natal, Quebec. Ao anunciar a decisão, ele destacou que, se continuasse jogando naquele ano, correria o risco de transmitir o vírus aos pacientes.[47] O propósito pessoal de Duvernay-Tardif conflitava com o propósito organizacional. O propósito pessoal venceu.

O time de Duvernay-Tardif compreendeu esse desvio do propósito organizacional. "Acho que é uma dedicação tremenda à sua profissão, ao seu futuro e, principalmente, às pessoas que ele pode ajudar", disse o treinador dos Chiefs, Andy Reid.[48] Se tal desvio se tornasse mais comum, no entanto, ele poderia atrapalhar a equipe. Líderes com um propósito profundo entendem esse risco e, ainda assim, procuram ajudar os membros da equipe a explorar seu propósito de vida. Eles adotam essa postura por três motivos. Primeiro, eles podem mitigar o risco examinando possíveis contratados para avaliar se seu propósito pessoal entra em conflito com o da organização e retirando funcionários atuais cujos propósitos pessoais representam um problema. Segundo, os líderes com um propósito profundo acreditam que, na maioria dos casos, *será* possível encontrar uma sobreposição ou síntese entre as agendas pessoais dos funcionários e a da organização. Terceiro, eles percebem que as vantagens de incentivar a busca dos funcionários pelo propósito de vida são tão extraordinárias que compensam o risco.

Como Pete Carroll sugere, o autoconhecimento, incluindo um senso de nosso propósito de vida, é o motor de um desempenho excepcional. "É estar em conexão com seu verdadeiro eu, que é tão poderoso", diz ele. "E quando você faz consistentemente o que acredita, você só tem a oportunidade de ser tudo o que você pode ser".[49] Os líderes da Microsoft chegaram a uma conclusão semelhante sobre o propósito de vida. "Você precisa pensar na Microsoft como uma plataforma para alcançar seu propósito, empoderada por seus colegas que compartilham a cultura e os valores da empresa", observou Kathleen Hogan.[50] Em outro momento, Hogan observou que os funcionários da Microsoft que usam a empresa como uma plataforma para realizar seu próprio propósito de vida encontrarão "profundo significado no que fazem – e soluções para alguns dos maiores desafios do mundo".[51] Satya Nadella me disse sucintamente: o propósito organizacional só será atraente para você "se você sentir que está conectado a você; caso contrário, parece que você está fazendo isso por outra pessoa".[52]

Em sua compreensão da motivação humana e do papel do propósito de vida, Pete Carroll foi profundamente influenciado pelo trabalho do psicólogo pioneiro Abraham Maslow. Muitos conhecem Maslow por sua famosa hierarquia de necessidades, descrita como uma pirâmide com necessidades mais básicas na base e nossa maior necessidade – autorrealização – no topo. De acordo com esse esquema, devemos primeiro satisfazer nossas necessidades de ordem mais baixa antes de podermos alcançar as de ordem superior.

Como fiquei surpreso ao saber, Maslow nunca imaginou sua hierarquia de necessidades como uma pirâmide; esse foi o trabalho de um consultor de gestão, que reinterpretou aspectos-chave da teoria de Maslow. Analisando os trabalhos publicados e inéditos de Maslow, o psicólogo Scott Barry Kaufman observa que Maslow concebia as necessidades humanas como inter-relacionadas e integradas entre si. Além disso, ele acreditava que trabalhávamos em nossas necessidades de forma contínua e sobreposta ao longo do tempo, não de forma rígida e gradual. No lugar de uma pirâmide, Kaufman argumenta que a hierarquia de Maslow se assemelha melhor a um veleiro. Algumas de nossas necessidades – aquelas de segurança física, conexão com os outros e autoestima – estão relacionadas à nossa sensação básica de *segurança* como seres humanos. Elas compõem o casco duro e protetor do veleiro. Outras de nossas necessidades, como as de exploração e de amor, dizem respeito ao nosso *crescimento* como seres humanos. Elas são as velas que alimentam o movimento do barco. No topo da vela, argumenta Kaufman, está nossa necessidade de propósito na vida. Nós, humanos, não podemos viver em todo o nosso potencial a menos que busquemos uma "aspiração abrangente que energize nossos esforços e forneça uma fonte central de propósito e significado em nossa vida".[53]

Para a nossa discussão, é importante ressaltar que Maslow não considerava a mera autorrealização como o maior potencial dos seres humanos, mas como um caminho para algo ainda mais nobre: um movimento para além de si mesmo e da identidade pessoal e em direção aos outros e às suas necessidades. "A autorrealização [...] paradoxalmente torna mais possível a transcendência de si, da autoconsciência e do egoísmo", escreveu.⁵⁴ Maslow parece ter acreditado que a maior necessidade humana era a busca proposital de ambições mais elevadas, socialmente conscientes e não egoístas. Conforme observado por Kaufman, a verdadeira autorrealização implicava a "integração harmoniosa do eu completo a serviço do cultivo da boa sociedade".⁵⁵

Ao dialogar sobre o propósito de vida dos funcionários e ajudar a conectá-lo com o propósito corporativo, líderes e empresas com um propósito profundo sinalizam nossos maiores anseios e aspirações. Eles criam culturas nas quais os indivíduos podem ser seu eu mais completo possível, entendendo que o impulso para se autorrealizar e, em última análise, transcender, desencadeará os mais altos níveis de motivação, dedicação e criatividade. Estes, por sua vez, ajudarão a organização a alcançar o propósito dela.

Lições para líderes

Você pode não gostar da possibilidade de conversar intimamente com seus colegas sobre propósito pessoal, identidade e valores. Pode parecer muito sem consistência, muito distante do negócio da sua empresa. Enfrentando mercados competitivos e voláteis, você não tem tempo ou energia para gastar em conhecer as pessoas e se entregar à sua individualidade. Todos estariam melhor se os funcionários e gerentes apenas se concentrassem em ter um bom desempenho nas tarefas que têm pela frente, em vez de se concentrarem em si mesmos.

Uma abordagem tradicional e sem rodeios da cultura certamente pode funcionar: pense no sucesso dos New England Patriots, que, no comando do técnico Bill Belichick, empregaram exatamente essa abordagem sob o mantra "Faça o seu trabalho".⁵⁶ Contudo, uma abordagem mais humanitária, orientada para as necessidades dos membros individuais da equipe, também pode funcionar, e muito mais efetivamente do que muitos podem pensar. Microsoft, Seahawks, Ovia Health, Livongo e KPMG obtiveram ganhos importantes ao construir culturas do "eu". Ao mudar seus pressupostos básicos sobre as pessoas e suas necessidades psicológicas, essas empresas conseguiram desbloquear o potencial humano.

Entre 2014 e 2020, as receitas da Microsoft subiram de US$ 86,8 bilhões para US$ 143 bilhões.⁵⁷ Seu valor de mercado ultrapassou US$ 1 trilhão pela primeira vez, o que um comentarista chamou de "Nadellassência".[58] Os líderes da empresa consideram a transformação cultural como parte integrante desses resultados, e um deles observa que o alinhamento do propósito pessoal e organizacional "impulsionou uma onda de engajamento. Voluntariamente, as pessoas começaram a nos dar mais do seu tempo livre do que nunca".[59] Da mesma forma, Pete Carroll compilou um impressionante recorde de 145-94 e uma vitória no Super Bowl durante sua carreira como treinador na NFL, levando os Seahawks às finais em nove de suas onze temporadas com a equipe e gerando especulações de que ele estava no caminho certo para a eleição para o Hall da Fama do Futebol Profissional.[60] Quanto à KPMG, já descrevemos o grande sucesso da campanha Desafio 10.000 Histórias da empresa.

Conectar o propósito organizacional com o próprio propósito pessoal do indivíduo não é fácil. Você pode se recusar a permitir que os indivíduos "sejam eles mesmos", preocupando-se em estar cedendo muito controle e achando que o desempenho vai ser impactado negativamente. Esse medo não é infundado: um membro da equipe de Carroll relata que o ambiente da equipe nos Seahawks às vezes se assemelha a um "caos controlado", dada a liberdade que os membros da equipe sentem para expressar sua individualidade. O paradoxo é que, ao ceder o controle sobre os indivíduos, você acaba desbloqueando o desempenho individual. Você obtém esse alto desempenho não incentivando ou forçando os membros da equipe, mas estimulando a motivação intrínseca. Como um benefício adicional importante, você cria um ambiente mais acolhedor para funcionários diversos, que permite que eles se sintam incluídos e valorizados.

Isso não significa que não haja espaço para uma postura mais autoritária. Os capítulos anteriores exploraram a busca de um propósito profundo como um processo principalmente de cima para baixo, de injetar mais alma, significado, valores e comunidade na empresa e na experiência do trabalho. Ao dar voz aos funcionários, você deve continuar a mostrar uma liderança forte, definindo, promovendo e ativando um propósito transcendente em torno do qual a organização possa se unir. Joel Podolny, reitor da Apple University, observa que as pessoas muitas vezes descobrem um propósito pessoal "por meio da busca real de um propósito organizacional extraordinário".[61] Na falta de um propósito organizacional inspirador, eles podem nunca tomar consciência de suas próprias razões individuais de ser. Como líder, é seu trabalho convocar uma comunidade moral em torno de um propósito transcendente e fornecer espaço tanto para a individualidade em geral quanto para a busca de um propósito pessoal.

No final, incorporar o propósito por meio de uma cultura mais personalizada significa mudar a forma como você percebe os funcionários. É preciso realmente ter empatia com eles, vendo-os não como um meio para um fim, mas como pessoas que buscam autorrealização e transcendência. O pensador de gestão Douglas McGregor expôs sua famosa Teoria Y, uma noção que alguns gerentes têm de que os funcionários potencialmente gostam do trabalho, são autodirigidos e são automotivados para alcançar seus limites mais altos como seres humanos. Por outro lado, a Teoria X, como McGregor a definiu, sustenta que os funcionários não estão interessados no trabalho, respondem apenas à coerção e são motivados apenas por dinheiro e outras recompensas externas.

Para avançar em direção a um propósito profundo e construir os tipos de cultura que ativam as pessoas profundamente em torno de uma razão de ser comum, você deve adotar a Teoria Y ao máximo, desenvolvendo um estilo colaborativo em vez de autoritário. Você também deve adotar o que Abraham Maslow no final da vida chamou de Teoria Z: a ideia de que algumas pessoas buscam transcender sua própria autorrealização e se dedicar a valores humanitários mais nobres, como beleza, justiça ou excelência.[62] Líderes como Pete Carroll e Satya Nadella tendem para a Teoria Z ao instigar os membros da equipe a pensar sobre suas ambições pessoais mais elevadas, que podem incluir a devoção aos valores humanitários. Subjacente à sua devoção à Teoria Y e à Teoria Z está uma empatia básica e generalizada para com os outros, que todos os líderes devem cultivar para levar o propósito mais a fundo. Como observa Pete Carroll, sua abordagem "é simplesmente sobre cuidar das pessoas. Se você se preocupar com as pessoas, então elevará a autoestima delas e treinará seus pontos fortes, o que as tornará mais poderosas do que já são. Isso não é tão complexo assim; é apenas ser humano".[63]

Se você só puder levar uma mensagem deste capítulo, leve esta: *a melhor maneira de ativar um propósito profundo é aumentar o cuidado que você demonstra com os funcionários individualmente*. Líderes atenciosos estimulam a singularidade dos funcionários, reconhecendo-os e engajando-os como indivíduos. Eles demonstram uma curiosidade genuína sobre os indivíduos e suas experiências, resistindo ao impulso de julgar. Eles incentivam e apoiam os funcionários em seu desenvolvimento, ajudando-os a se sentirem confiantes. Eles incentivam os funcionários a aprofundar seu autoconhecimento e a explorar suas razões pessoais de ser, envolvendo-os em conversas mais profundas sobre sua filosofia ou propósito de vida. Em vez de simplesmente orientá-los e oferecer conselhos, esses líderes servem como patrocinadores comprometidos e de longo prazo de suas carreiras. Para ajudar os funcionários a se sentirem apaixonados pelo trabalho, eles os conectam com o propósito como uma causa comum e transcendente. Quando há queda de desempenho dos funcionários, os líderes atenciosos não se apressam em aplicar penalidades; eles olham para as causas subjacentes e consideram como podem ajudar. Em grandes organizações, líderes atenciosos treinam gestores para realizar essas ações em escala. Em cada uma dessas maneiras, líderes atenciosos levam o potencial humano ao máximo, liberando o alto desempenho.

No entanto, é bom ter uma visão ainda mais ampla do cuidado. Em grandes organizações, preocupar-se com os funcionários não é apenas interagir pessoalmente com os funcionários de maneiras humanas e compassivas; também é repensar a forma como o trabalho é organizado e estruturado. Muitas empresas mantêm normas operacionais antiquadas, que frustram a busca do indivíduo pelo propósito de vida e tornam o compromisso com o propósito organizacional frustrante e infrutífero. Por meio da empatia com os colaboradores e suas necessidades, os líderes com um propósito profundo desmontam essas normas e concedem mais poder de decisão e autonomia aos colaboradores. Percebendo o potencial do propósito como uma filosofia de liderança humana não coercitiva, eles liberam as pessoas para perseguirem suas maiores ambições e as da organização, levando ao melhor desempenho.

CAPÍTULO 7

FUGA DA GAIOLA DE FERRO

> Líderes que vão mais fundo no propósito parecem extraordinariamente dedicados a rasgar a cartilha burocrática convencional e posicionar suas empresas para inovação, agilidade e crescimento. Eles dão dois passos fundamentais. Primeiro, dão mais autonomia aos colaboradores e gerentes de nível inferior, reduzindo distâncias hierárquicas. Segundo, estimulam a colaboração entre funções, unidades de negócios, localizações e outros silos tradicionais. Esses movimentos organizacionais alimentam a confiança na força de trabalho e o compromisso com o propósito. Ao mesmo tempo, o propósito por si só aumenta a confiança, facilitando o distanciamento das estruturas burocráticas tradicionais.

O que matou Amber Marie Rose, de 16 anos, não foi uma doença terrível ou um atirador na escola dela. Não foi suicídio ou *overdose* acidental. Foi um pequeno dispositivo na coluna de direção do carro dela que a maioria das pessoas provavelmente nem ouviu falar: o interruptor de ignição.

Amber foi a uma festa em uma sexta-feira à noite no final de julho de 2005. Ela voltava para casa por volta das 4h quando perdeu o controle de seu novo Chevrolet Cobalt e bateu em uma árvore. O impacto a matou. Ela havia bebido, estava dirigindo acima do dobro do limite de velocidade e não usava cinto de segurança.[1] No entanto, outro fator pesou em sua morte: o *airbag* do carro não foi acionado. Como um parente próximo de Amber contou mais tarde, ele conversou com socorristas que atenderam Amber após o acidente. "Disseram-me que, se os *airbags* tivessem sido acionados, ela teria ficado ferida, mas estaria viva hoje".²

Podemos rastrear a falha do *airbag* até aquele interruptor de ignição. Quando você coloca a chave na ignição do carro e dá a partida, é preciso aplicar um pouco de força; o mesmo acontece ao desligar o carro. Isso não é coincidência: se o interruptor dentro da coluna de direção não exigisse certa força para desligar, um carro em movimento poderia de repente desligar ou entrar no "modo acessório"³ se por acaso você batesse o joelho na chave, ou o carro desse um solavanco, ou ainda se algum objeto preso ao chaveiro deixasse a chave pesada ao ponto de girar. O carro então poderia parar em um momento inoportuno, causando um acidente. Ou, se o carro batesse, os *airbags* e outros recursos de segurança poderiam não funcionar conforme o esperado.⁴ Foi isso que aconteceu no caso de Amber. Conforme apurou um investigador particular, o carro dela estava no "modo acessório" quando o acidente ocorreu.⁵

Amber não foi a única pessoa ferida por um interruptor de ignição defeituoso em um Chevrolet Cobalt. Em 2014, nove anos após a morte de Amber, a General Motors (GM), fabricante do Cobalt e de outros carros com o mesmo interruptor de ignição, reconheceu publicamente que falhas em seus interruptores levaram a muitos acidentes fatais. A empresa recolheu 2,6 milhões de carros por problemas no interruptor de ignição e destinou US$ 625 milhões para pagar indenizações por 124 mortes e 275 feridos.⁶ Um acordo feito em 2015 indenizou mais de 1.300 casos adicionais por morte e ferimentos. A GM também concordou naquele ano em pagar US$ 900 milhões para encerrar uma investigação criminal federal.⁷ Em 2020, a GM pagou US$ 120 milhões como compensação por danos econômicos causados por seus interruptores de ignição defeituosos.⁸

Após seus anúncios de *recall* em 2014, descobriu-se que a GM sabia de problemas com o interruptor de ignição desde 2001, e que desde 2007 tinha conhecimento de cerca de quatro acidentes fatais possivelmente ligados ao interruptor.⁹ Inicialmente, os funcionários da GM consideraram os problemas do interruptor de ignição não relacionados à segurança e não tomaram medidas sérias. Depois de 2007, os investigadores internos da GM não conseguiram fazer a ligação entre os acidentes fatais e o interruptor de ignição defeituoso. Somente em meados de 2013 a GM trouxe um consultor externo que apontou o interruptor de ignição como a causa dos acidentes com o Cobalt. No início de 2014, Mary Barra, na época a nova CEO da GM, finalmente tomou conhecimento dos sérios problemas com os interruptores de ignição.[10] Uma comissão da Câmara de Deputados dos EUA convocou Barra para uma audiência, querendo entender porque a GM esperou tanto tempo para recolher os carros defeituosos. A pergunta parecia especialmente adequada, dado que a peça em si custava apenas US$ 10 e levava menos de uma hora para ser substituída.[11]

"Uma grande bagunça"

Em um discurso de 1909, o grande sociólogo alemão Max Weber enalteceu as organizações burocráticas – aquelas que são racionais, vinculadas a regras e processos, hierárquicas, impessoais, gerenciadas profissionalmente e marcadas por uma acentuada divisão do trabalho – por sua precisão e eficiência incomparáveis. "Não há nada", disse ele, "nenhuma máquina no mundo, que funcione de modo tão preciso quanto esta máquina humana – e de forma tão barata! [...] A superioridade técnica do mecanismo burocrático permanece inabalável, assim como a superioridade técnica da máquina sobre o trabalhador braçal".[12] Ao regular o comportamento e remover variações advindas de emoções, preconceitos e peculiaridades pessoais, os processos burocráticos garantem responsabilidade e padronização.

Pense por um momento como seria a vida sem burocracia. Se você fosse ao aeroporto para pegar um voo, não saberia quais documentos precisaria para passar pela segurança e embarcar no avião. A experiência poderia ser parecida com a de pessoas tentando passar pelo segurança de uma boate. Quem estivesse de plantão no aeroporto naquele dia poderia ter suas próprias regras sobre quem admitir, e tais regras poderiam ser arbitrárias ou não relacionadas aos interesses do viajante. Sua aparência física é considerada atraente? Você tenta entregar uma nota de cem ao agente do aeroporto? Será que eles estão de bom humor naquele dia? Então eles podem deixá-lo entrar. Caso contrário, talvez não. E eles também podem não estar prestando tanta atenção à segurança porque não há regulamentos formais que regem seu trabalho ou mecanismos formais para responsabilizá-los, como há nos processos burocráticos. O agente de segurança poderia decidir passar todas as malas pelo raio-X em busca de armas escondidas, ou não.

Esse é apenas um pequeno exemplo. Pense em como seria perturbador saber que não há burocracia organizando os mecânicos que fazem a manutenção do avião ou os pilotos que o pilotam. Pense em como seria perturbador não ter padrões ou formalidades controlando o funcionamento das organizações em ambientes de saúde, na educação ou no governo. Um mundo sem burocracia seria muito desconhecido para a maioria de nós, e a maioria de nós provavelmente não gostaria de habitá-lo.

Ao mesmo tempo, como Weber reconheceu, a racionalidade e a constância "mecânicas" que tornaram os processos burocráticos tão eficientes também os tornaram destruidores de almas. Ao extrair a expressão e o julgamento humanos, processos burocráticos transformam os trabalhadores em meros subalternos, "uma pequena peça na engrenagem". É "horrível pensar que o mundo um dia possa ser preenchido com nada além de pecinhas, homenzinhos agarrados a trabalhinhos e lutando por trabalhos maiores". Esse seria um mundo, sugeriu Weber, de indivíduos com medo de correr riscos e pensar por si mesmos. "A grande questão", concluiu, não era como melhorar a burocracia, mas como "manter parte da humanidade livre desse parcelamento da alma, desse domínio supremo do modo de vida burocrático". Em outro momento, Weber e outros sociólogos que vieram depois dele descreveram a racionalidade subjacente à vida burocrática como desencantamento e aprisionamento, uma "gaiola de ferro".[13]

Se você já trabalhou em uma grande organização, sabe que os processos burocráticos continuam tão destruidores de almas quanto Weber sugere. No entanto, como você também deve ter percebido, as vantagens dos processos burocráticos não são mais tão aparentes quanto antes. Construída para gerar eficiência e regularidade, em vez de velocidade e adaptabilidade, a burocracia definha sob seu próprio peso no mundo digital de hoje. Minha própria pesquisa verificou que a burocracia pode levar as empresas a olharem para dentro e ignorarem os clientes, mesmo quando sua própria sobrevivência está em jogo.[14] Esses e muitos outros efeitos das gaiolas de ferro cobram um preço imenso. Uma estimativa aponta que as empresas burocráticas estão gastando US$ 2,6 *trilhões* em "inchaço e trabalho desnecessário".[15] Esse número nem leva em conta os custos sociais mais amplos da burocracia. As pessoas *morrem* porque as empresas estão muito carregadas de regras, processos, silos, hierarquia e tomadas de decisão de cima para baixo para resolver os problemas rapidamente. Na verdade, o que acabou matando Amber Marie Rose e tantas outras pessoas não foi uma peça de carro defeituosa, mas algo muito mais insidioso: burocracia corporativa consolidada.

Quando a crise do Cobalt explodiu, no início de 2014, a recém-nomeada CEO Mary Barra teve dificuldade de explicar como o desastre do interruptor de ignição aconteceu,[16] então chamou o ex-procurador dos EUA Anton Valukas para investigar o caso. O contundente relatório de junho de 2014 de Valukas revelou uma série de problemas, incluindo, nas palavras de um comentarista, "uma organização atolada em burocracia e incapaz de assumir a responsabilidade por seus erros".[17] Houve, sustentou Valukas,

> uma proliferação de comissões e falta de prestação de contas. A questão do interruptor de ignição do Cobalt passou por diversas comissões. Ouvimos repetidamente de testemunhas que elas sinalizaram o problema, propuseram uma solução, e a solução morreu em uma comissão ou com algum outro grupo *ad hoc* explorando a questão. Mas determinar a identidade de algum tomador de decisão real foi impossível. Nenhuma pessoa era dona de qualquer decisão. De fato, muitas vezes foi difícil determinar quem pertencia às comissões ou o que elas deliberavam, pois raramente havia atas de reuniões.[18]

Os silos que existiam na grande burocracia de cima para baixo da GM também representavam um problema. Como Valukas observou, as investigações internas do problema dos interruptores de ignição fracassaram porque as informações não fluíam prontamente entre diferentes grupos. Por exemplo, quando os engenheiros, em 2004–2005, discutiram os relatos de veículos que paravam enquanto estavam em movimento, ninguém se preocupou em dizer-lhes que "o veículo foi projetado para que os *airbags* não fossem acionados quando o interruptor de ignição estivesse em [modo] acessório. Como consequência, os engenheiros não reconheceram as paradas como um problema de segurança e resolveram o problema rapidamente. Até as comissões [...] que foram projetadas para ter membros interdisciplinares não ligaram os pontos".[19] Os líderes também disseram a Valukas que não levaram os problemas do *airbag* tão a sério quanto poderiam ter levado, pois ninguém comunicou que havia ocorrido acidentes fatais.[20]

A General Motors era conhecida por sua burocracia pesada. Depois que a empresa declarou falência em 2008 e recebeu ajuda do governo dos EUA, uma força-tarefa montada pelo presidente Barack Obama se reuniu com a organização da empresa de perto, e ela não gostou do que viu. "Todo mundo conhecia a reputação de Detroit de culturas insulares e lentas", observou um dos membros da força-tarefa. "Mesmo com esse baixo padrão, fiquei chocado com a péssima gestão que encontramos".[21] Como revelou o relatório Valukas, a burocracia estava tão fora de controle na GM que deu origem a uma perigosa cultura de letargia e inação. Valukas documentou uma prática chamada de saudação, na qual os líderes apontavam para os outros para desviar a culpa quando os problemas surgiam. Houve também o "aceno da GM", em que "todos acenam de acordo com uma proposta de plano de ação, mas depois saem da sala sem intenção de seguir, e o aceno é um gesto vazio".[22]

Tal aceno ocorreu em uma reunião de 2011, quando os advogados da GM, preocupados com o número cada vez maior de ações judiciais, pressionaram os investigadores a tomar medidas rápidas. Um gerente da equipe de investigação estava supostamente presente e, segundo alguns relatos, ele não queria "investigar o problema de não acionamento do *airbag* porque o índice de incidentes não era alto". O gerente aparentemente concordou em designar um membro da equipe para investigar essa questão, mas quando o fez não transmitiu qualquer senso de urgência. Como resultado, pouca coisa foi feita.[23] De modo geral, o relatório de Valukas se apresenta, nas palavras de um jurista, como "um estudo clássico dos perigos da burocracia: responsabilidade dividida, falta de iniciativa, incapacidade de entender os problemas e resolvê-los, incapacidade de ver os problemas maiores para a empresa, talvez medo de encontrar más notícias".[24] Outro relato da mídia resumiu perfeitamente: "Uma grande bagunça".[25]

A conexão do propósito

Desde então, Mary Barra agiu para limpar a bagunça, reduzindo a burocracia e tornando a GM cada vez mais ágil. Ela começou a reduzir a burocracia antes de se tornar CEO,[26] mas a crise do interruptor de ignição tornou mais forte sua determinação, assim como a necessidade de reimaginar o negócio para se adiantar às disrupções (incluindo carros elétricos, compartilhamento de carros e carros conectados digitalmente). A GM não conseguiu erradicar de uma só vez os elementos-chave da burocracia. Ainda assim, Barra e sua equipe deram passos importantes para moderar seus efeitos. Para evitar que os problemas de segurança ficassem enterrados na hierarquia, a GM implementou programas que permitiram aos funcionários alertar os superiores com facilidade a respeito de questões de segurança e que treinavam os funcionários a opinar quando encontrassem problemas. Para quebrar os silos, a GM criou uma organização dentro da empresa que adotou uma abordagem de sistemas para a engenharia, conectando peças individuais ao produto completo.[27]

Mais tarde, a GM introduziu programas adicionais para tornar a empresa mais colaborativa, transparente e inovadora, incluindo a iniciativa GM 2020, que reúne funcionários em "Co:Labs", no estilo de um grande hackathon, para resolver problemas, e a iniciativa Tipping Forward, que permite que os funcionários compartilhem seu trabalho em uma apresentação ao vivo diante de seus colegas.[28] Para Barra, reduzir a burocracia e tornar a organização mais fluida continua sendo uma prioridade, não apenas por segurança, mas como um meio de melhorar o desempenho geral. "Se você acredita que a maioria das pessoas vem trabalhar todos os dias e quer fazer um bom trabalho", disse ela, "então o que está atrapalhando? Temos um ambiente colaborativo e as ferramentas necessárias para que eles possam fazer o seu melhor trabalho? Ou é muito difícil realizar a tarefa mais simples?"[29].

Curiosamente, a remodelação dos processos burocráticos da GM coincidiu com um novo compromisso com o propósito. Se antes a empresa buscava apenas liderar seu setor,[30] agora adotava uma "promessa" corporativa que se assemelhava a uma intenção existencial: a GM se comprometeu "a entregar soluções mais seguras, melhores e mais sustentáveis para nossos clientes. Estamos transformando a mobilidade pessoal e melhorando as comunidades em todo o mundo".[31] Conectado a isso, em 2017 a empresa adotou como sua visão "criar um mundo com zero acidentes, zero emissões e zero congestionamento".[32] No ano seguinte, Barra figurou entre os 181 CEOs signatários da "Declaração sobre o propósito de uma corporação" da Business Roundtable.[33] Barra afirmou que a empresa está "totalmente comprometida com um futuro elétrico"[34]. Em 2021, a empresa virou notícia ao se comprometer publicamente com uma meta de atingir a neutralidade de carbono até 2040.[35]

Ainda é cedo para dizer se a GM se tornou uma empresa com um propósito profundo, mas a trajetória da empresa aponta para um padrão intrigante. Como minha pesquisa revelou, líderes que vão mais fundo no propósito parecem excepcionalmente dedicados a rasgar a cartilha burocrática corporativa convencional e posicionar suas empresas para inovação, agilidade e crescimento. Além disso, eles libertam suas empresas da gaiola de ferro de duas maneiras principais. Eles resolvem o que chamo de problema de chefes demais, achatando suas hierarquias e dando mais autonomia aos funcionários e gerentes de nível inferior. Além disso, eles resolvem o que chamo de problema dos silos consolidados, fomentando a colaboração entre funções, unidades de negócios, locais geográficos e assim por diante.

Contudo, qual é a conexão exata entre a fuga da gaiola de ferro e o propósito profundo? Ela é uma via de mão dupla. Por um lado, a própria presença do propósito fomenta a confiança, permitindo que formas melhores e mais humanas de organização criem raízes. Por outro lado, lidar com os problemas de chefes demais e silos consolidados também ajuda a construir confiança e, por sua vez, incorporar o propósito profundo em uma organização. Para líderes com um propósito profundo, sustentar o propósito anda de mãos dadas com a construção de organizações inovadoras e de alto desempenho, marcadas por uma dinâmica de confiança cada vez mais profunda.

Resolução do problema de chefes demais

Era 2020, e os pequenos agricultores do estado indiano de Haryana tinham um problema: as plantações estavam prontas para a colheita, mas não havia trabalhadores agrícolas suficientes para fazer o trabalho. Esses agricultores locais não eram ricos. Cada colheita poderia fazer a diferença entre um pouco de prosperidade e a pobreza. Se os agricultores não conseguissem encontrar uma maneira de fazer a colheita, eles, suas famílias e as comunidades que dependiam deles seriam arruinados.

Uma heroína veio em socorro: Shipra Kumari, integrante da equipe de negócios em equipamentos agrícolas (FES, *farming equipment business*) da empresa indiana Mahindra.[36] A Mahindra, um conglomerado global de US$ 19,4 bilhões fundado em 1945, operava em 100 países e mantinha um grande portfólio de negócios, abrangendo os setores automotivo, de serviços financeiros, de TI e imobiliário, para citar apenas alguns. Sua FES vendia tratores, colheitadeiras e outras máquinas, afirmando ter uma participação de mercado de 40% na Índia.[37] Nessa ocasião, Kumari soube da situação dos agricultores e sentiu-se movida a agir: "A plantação estava pronta e os agricultores estavam desamparados", ela me disse. "Tudo pode esperar, menos a agricultura, então foi uma grande preocupação para mim como mahindraite. Era hora de se posicionar e agir".

Por iniciativa própria, Shipra ligou para o departamento de agricultura local para verificar quantas colheitadeiras estavam disponíveis na área, onde estavam localizadas e onde exatamente seus proprietários as levariam para realizar a colheita. Com essas informações, Shipra poderia conectar os agricultores aos equipamentos disponíveis em áreas próximas, que poderiam realizar a colheita. "Não foi uma tarefa fácil", recordou, "mas pensei que tinha de fazê-la, como algo importante que eu queria fazer pelos agricultores".[38] Shipra não esperava registrar receita como resultado de seus esforços; apenas parecia a coisa certa a fazer. De fato, foi. Graças ao seu raciocínio rápido, dezenas de agricultores locais conseguiram realizar sua colheita.

Esse ato de boa vontade não foi um incidente isolado. Como empresa, a FES da Mahindra se esforçou para usar a tecnologia para fazer a diferença na vida dos pequenos agricultores: uma missão cuja busca, como me disse um funcionário, lhe dá "imenso prazer".[39] A FES desenvolveu uma nova oferta de agricultura como serviço (FaaS, *farming-as-a-service*) que aumentaria a produtividade dos agricultores e melhoraria seus meios de subsistência.[40] Ao contrário de outras empresas, a FES inicialmente oferecia FaaS gratuitamente aos agricultores – um movimento estratégico que diferenciava suas ofertas ao mesmo tempo que permitia aos pequenos agricultores acesso à tecnologia de ponta. Para ajudar mais mulheres a ter sucesso na agricultura, a FES criou uma iniciativa com foco em desenvolver suas habilidades agrícolas, garantir ferramentas de baixo custo e encontrar maneiras de complementar sua renda.

As práticas comerciais esclarecidas da FES não surgiram de alguma diretriz corporativa de alto nível. Foram ações locais, tomadas de forma independente, como interpretações do propósito corporativo mais amplo da Mahindra. Durante o final da década de 1990, sob a liderança do então diretor administrativo e agora presidente Anand Mahindra, a Mahindra adotou um propósito limitado: mostrar ao mundo que uma empresa indiana poderia produzir produtos e serviços de classe mundial. Poucos na empresa entendiam esse propósito ou o utilizavam em suas atividades comerciais. Durante os anos 2000, à medida que a empresa se globalizava, Anand percebeu que a Mahindra precisava instituir uma nova e mais ampla razão de ser para unificar e encorajar suas operações. Em 2010, a empresa adotou um propósito resumido em palavra: *"Rise"* (ascensão). O propósito foi expresso na seguinte declaração: "Vamos desafiar o pensamento convencional e usar de forma inovadora todos os recursos para impulsionar mudanças positivas na vida dos *stakeholders* e de comunidades em todo o mundo, para capacitá-los a ascender".[41]

A entrega prática do *Rise* significou seguir três temas: "Não aceitar limites", "Buscar um pensamento alternativo" e "Impulsionar mudanças positivas", que definiam o conceito de ascender para transcender obstáculos, desafios ou o senso comum. Como Anand me explicou, o *Rise* gerou uma nova consciência, muito mais profunda, do trabalho e do seu significado. Ele significava "ver o nosso trabalho como parte de quem somos e do que queremos ser"; não apenas fazer um bom trabalho, mas "fazer um trabalho que impacta na vida das pessoas e ajuda outras pessoas a ascenderem".

Assim que o *Rise* foi lançado, em 2011, Anand e sua equipe de liderança passaram os anos seguintes o comunicando, incorporando e sustentando exaustivamente por toda a Mahindra. Estudando esses esforços, notei uma ânsia por parte dos líderes de se afastar de uma mentalidade rígida de comando e controle e de permitir que houvesse mais autonomia. Os líderes impulsionaram a iniciativa Rise, mas nunca quiseram que o propósito parecesse uma diretiva de cima para baixo. Eles pretendiam inspirar as unidades de negócios em toda a empresa a tomar decisões como achassem melhor, mas de forma coerente com uma visão clara das intenções da empresa. Anand comentou: "Meu estilo é delegar. Não quero que as pessoas digam que estão cumprindo as ordens de Anand, isso não é *Rise*. Eles têm de ascender primeiro e acreditar no que dizem. Meu trabalho é apenas garantir que as pessoas entendam o *Rise* e estejam alinhadas com sua filosofia".[42] Como o *Rise* era muito mais uma filosofia geral e uma abordagem para operar, a empresa optou por não medi-lo muito de perto, monitorando o negócio como um todo e as métricas de marca externa em vez de responsabilizar os líderes por uma nova variedade de métricas específicas do Rise.

Os líderes da Mahindra permitiram que cada empresa implementasse e sustentasse o *Rise* internamente como bem entendesse. Como Ramesh Iyer, diretor administrativo da Mahindra e da Mahindra Financial Services, disse-me: "Nenhum de nós, como chefes de setor ou CEOs, foi pressionado a comunicar o *Rise* ou foi orientado a como usar o *Rise*".[43] Com o tempo, à medida que o *Rise* foi incorporado, os líderes e as unidades de negócios começaram a interpretá-lo de suas próprias maneiras para impulsionar a ação. O negócio de equipamentos agrícolas interpretou o *Rise* como "democratizar a tecnologia para pequenos agricultores em todo o mundo", para que eles possam desfrutar de mais prosperidade econômica. A Mahindra Auto viveu o *Rise* promovendo relacionamentos de longo prazo com os *stakeholders*, ajudando fornecedores e revendedores que enfrentaram problemas financeiros e recusando-se a demitir funcionários em uma de suas subsidiárias de fabricação. A Mahindra Finance não só comercializou produtos para clientes rurais antes não atendidos, mas também contratou funcionários locais, oferecendo-lhes novas oportunidades de crescimento. À medida que o *Rise* se consolidava, um líder me disse: "Estávamos vivendo os pilares do *Rise* de forma consciente e mais difundida. Muitos líderes estavam tomando iniciativas em suas próprias áreas, independentemente de processo e estrutura. As pessoas estavam fazendo escolhas alinhadas ao *Rise* de forma consciente".[44]

A autonomia conectada e possibilitada pelo injetou energia palpável na Mahindra e melhorou seu desempenho. Os lucros da empresa mais do que dobraram entre 2011 e 2018, ganhos que os líderes atribuem em parte ao entusiasmo dos funcionários pelo *Rise*. Vários funcionários que entrevistei falaram com evidente empolgação sobre o *Rise*. Eles disseram que o propósito os energizou não apenas no trabalho, mas também em suas vidas pessoais, inspirando-os a se exercitar mais e a cultivar outras mudanças positivas.

Do ponto de vista psicológico, essa resposta não surpreende. Pesquisas sugerem que a autonomia realmente motiva e engaja os funcionários.[45] Agimos voluntária e entusiasticamente quando tocamos em motivações próprias, principalmente quando esse processo impacta em nossa necessidade de autonomia.[46] Uma temática na área da psicologia, chamada de teoria da autodeterminação, destaca a autonomia ao lado de nossas necessidades de conexão social e senso de competência.[47] Quando exercitamos a "escolha ou vontade" no trabalho, estamos no caminho certo para desfrutar de uma sensação saudável de bem-estar, fundamentada em um senso de livre arbítrio. Como sustenta a teoria, os seres humanos são naturalmente preparados para realizar seu potencial, mas seu ambiente social pode nutrir ou reprimir seu desenvolvimento. Enfraqueça a autonomia, e os seres humanos não prosperarão. Apoie, e eles crescerão. Na Mahindra, unidades de negócios em grande parte autônomas conduzem as ações sob um propósito, e isso fica evidente. O compromisso com o propósito levou a empresa a afrouxar a gaiola de ferro.

O nexo autonomia-confiança-propósito

O que liga exatamente autonomia e propósito? Ao descrever o significado pessoal que encontraram no *Rise* e como foi gratificante dar vida ao propósito, vários entrevistados mencionaram o conceito de confiança. Eles gostavam que a empresa demonstrava confiar neles, e eles, por sua vez, confiavam na empresa. A confiança também havia surgido em minhas conversas em outras empresas com um propósito profundo. De certa forma, a conexão entre confiança e autonomia parece bastante óbvia, mas analisando isso encontrei algumas conexões interessantes não apenas entre confiança e autonomia, mas entre esses conceitos e propósito. As ligações entre esses três eram tão sutis e multidirecionais que concebi um verdadeiro *nexo* de propósito, autonomia e confiança.

NEXO AUTONOMIA-CONFIANÇA-PROPÓSITO

Para vislumbrar esse nexo em ação, considere a varejista de óculos americana Warby Parker. Fundada em 2010, a Warby Parker busca tornar os óculos acessíveis para todos e promover a causa dos "negócios socialmente conscientes".[48] Para cumprir essa intenção existencial, a Warby Parker adotou uma política de assinatura de doar um par de óculos para cada par vendido, chamada de "compre um par, doe outro par".[49] Até o momento em que este livro foi escrito, a Warby Parker havia doado cerca de 8 milhões de pares de óculos[50] e enviado todos os que já estavam trabalhando a três anos na empresa a um país em desenvolvimento para ver seus programas de doação de óculos em ação. A empresa também ampliou suas contribuições sociais, executando programas para ampliar o acesso a tratamentos oftalmológicos em geral.[51] Tendo sido uma Empresa B,[52] a Warby Parker é neutra em carbono e defende publicamente questões sociais, incluindo direitos dos imigrantes, proteção para pessoas LGBTQ+ e neutralidade da rede.[53]

Assim como a Mahindra, a Warby Parker enfrentou o problema de chefes demais enquanto buscava um propósito profundo. Durante os primeiros dias da empresa, os quatro fundadores da Warby Parker "não tinham hierarquia entre si, sendo comprometidos com a tomada de decisões baseada em consenso e concordando que a comunicação clara deveria ser um valor central de sua *startup*, chegando ao ponto de conduzir avaliações regulares de 360 graus, ou seja, uns dos outros".[54] Como a empresa cresceu rapidamente durante a década de 2010, os líderes enfatizaram a autonomia como uma norma operacional, a ponto de os funcionários que haviam trabalhado em organizações mais convencionais considerarem a transição ofensiva.[55] Líderes integraram o *crowdsourcing* na tomada de decisões, principalmente no grupo de desenvolvimento de produtos da empresa. A Warby Parker criou um sistema chamado de Warbles, que permitia aos funcionários propor novos projetos para trabalhar de acordo com a estratégia da empresa. Funcionários, gerentes e líderes votavam para determinar quais projetos a empresa priorizaria. Depois, os funcionários podiam decidir em quais projetos trabalhar. Por decisão própria, eles poderiam escolher projetos que não chegassem ao topo da lista de prioridades.[56]

Como me disse o cofundador e CEO Neil Blumenthal, essa autonomia pressupunha a existência de relações de confiança. "Se você tem confiança um no outro", disse ele, "especialmente se a liderança tem confiança na equipe, os membros da equipe podem receber autonomia".[57] Ele e outros líderes comunicaram explicitamente a confiança em seus funcionários, consagrando a confiança como um dos valores centrais da empresa.[58] Contudo, para que a autonomia prosperasse, os funcionários também tinham de confiar nos líderes. Eles deviam confiar que os líderes os apoiariam se tomassem decisões que mais tarde se revelassem equivocadas. A Warby Parker fez de tudo para conquistar essa confiança, convidando explicitamente os funcionários a assumir riscos, mostrar sua criatividade e se expressar (p. ex., outro valor central da empresa era "buscar ideias novas e criativas").[59] Os líderes sentiram que sua disposição em confiar nos funcionários fez com que os funcionários confiassem mais na empresa. "Para ganhar confiança é preciso dar confiança", disse o cofundador e CEO Dave Gilboa. "A confiança é uma via de mão dupla".[60]

O propósito intensificou bastante essa conexão entre confiança e autonomia. Pesquisadores argumentam que o propósito em parte beneficia as empresas, levando os funcionários a confiarem mais nelas. Alguns teorizam que o propósito fomenta a confiança dentro das empresas porque torna evidente a tomada de decisão da empresa e aumenta sua credibilidade.[61] Tal confiança, por sua vez, passa a permear a organização, sustentando, na minha opinião, a concessão de autonomia. O propósito transforma toda a base para a cooperação dentro do local de trabalho, tornando a empresa de um nexo de contratos entre indivíduos com interesses próprios em um nexo de *compromissos*.[62] Como minha pesquisa confirmou, a confiança que as empresas com um propósito profundo inspiram nos funcionários não apenas forma tais vínculos, mas é visceral e experiencial – um contraste gritante com a ausência de confiança que existe na maioria das organizações.[63]

Na Warby Parker, o diretor de inovação social Jesse Sneath me contou uma história memorável compartilhada por um de seus funcionários mais antigos. Para ajudar os funcionários a se conectarem com o propósito, a Warby Parker os envia a campo para ajudar a distribuir óculos para crianças necessitadas. Um funcionário foi a uma escola em um bairro difícil no Bronx para presentear um novo par de óculos a um aluno da oitava série com deficiência visual grave. "Você já ganhou óculos antes?", perguntou esse funcionário à criança. "Não", ela respondeu, "este é o meu primeiro par. Às vezes, minha mãe me empresta os óculos dela".

Essa rápida conversa teve forte impacto naquele funcionário. A ideia de uma criança que precisava desesperadamente de óculos ter de ficar sem eles e pedir os óculos emprestados à mãe de vez em quando era de partir o coração. Entender em primeira mão o que significava para a perspectiva de vida de uma criança finalmente ter óculos foi incrível. Essa experiência se destacou, anos depois, como um dos momentos mais marcantes da carreira desse colaborador. Ela moldou sua visão da empresa, inspirando-o a assumir a sua missão. "Muitos membros da equipe têm experiências muito semelhantes", disse Sneath. "Eles se sentem conectados, engajados e orgulhosos do que estamos construindo".[64] Eles passam a *confiar* na empresa, em sua liderança e na comunidade moral da qual fazem parte, pois podem ver que a empresa atende às suas aspirações mais sublimes.

Se uma razão de ser permite que líderes com um propósito profundo alimentem a confiança dos funcionários na empresa, esses líderes consolidam essa confiança, concedendo aos funcionários mais autonomia na realização do propósito. Quando os funcionários encontram autonomia no trabalho, eles entendem que os líderes com um propósito profundo têm uma concepção totalmente diferente da empresa em comparação à maioria dos líderes. Isso valida o propósito aos seus olhos, e eles o percebem como real e digno de seu próprio compromisso. Observa-se, ainda, que o propósito *pressupõe* a existência de uma autonomia considerável. O propósito oferece uma alternativa ao controle rígido; ele cria um ambiente onde os indivíduos se regulam de maneiras úteis para a organização e para si mesmos. No entanto, capacitar os indivíduos para a autorregulação requer que a empresa *confie* neles e lhes conceda uma certa autonomia; caso contrário, a autorregulação significará pouco.

A Warby Parker e outras empresas com um propósito profundo criam um *círculo virtuoso* de confiança: ao estabelecer um propósito e confiar nos funcionários para que esse propósito ganhe mais vida, eles levam os funcionários a confiarem ainda mais na empresa e a se envolverem ainda mais energicamente em nome do propósito. Nasce um nexo mútuo de confiança, autonomia e propósito, com cada um dos elementos sustentando e aprimorando o outro.[65] O resultado é um tipo muito diferente de organização: uma que se libertou até certo ponto da gaiola de ferro e se tornou mais dinâmica, ágil e inovadora.

Há um detalhe: a autonomia que o propósito ajuda a alimentar não é absoluta. Ela geralmente vem com grades de proteção que incutem um grau de controle e possibilitam maior autonomia. Alguns podem pensar em controle e autonomia como opostos, antagonistas em um jogo de soma zero. Minha pesquisa mostrou que podemos implantar restrições para *pavimentar o caminho* para o exercício saudável da autonomia.[66] A liberdade total parece desejável, mas frequentemente se mostra um fardo, levando à confusão, ao caos e a escolhas muito pesadas para os funcionários, bem como à diminuição do desempenho.[67] Ao fornecer uma estrutura que ajuda a limitar a ação, líderes e empresas podem liberar os funcionários para que façam escolhas de forma autônoma e tenham o melhor desempenho.

Essa "liberdade dentro de uma estrutura", como a chamei, assemelha-se ao improviso no *jazz*. Músicos experientes não tocam o que querem, eles dão forma aos seus improvisos, aderindo a alguns elementos estruturais básicos, como a melodia, o ritmo e as mudanças de acordes de uma canção. Para as empresas, a liberdade dentro de uma estrutura requer a mobilização de três elementos estruturais primordiais: um *propósito* ou missão; *prioridades* ou regras derivadas dos objetivos de negócios da organização; e *princípios* derivados do propósito e das prioridades que se traduzem para o trabalho diário.⁶⁸ A existência de uma finalidade implica a *responsabilidade* de agir intencionalmente. A linguagem específica do propósito, bem como as prioridades e as regras, incorpora prescrições positivas para o comportamento (*farás tal coisa*, no jargão bíblico dos Dez Mandamentos) e regras negativas (*não farás*). O propósito dá origem a restrições de comportamentos (p. ex., certas oportunidades de negócios que a empresa não seguirá ou certas políticas de recursos humanos que ela não adotará), além de sugerir de forma mais positiva os tipos de comportamentos pró-sociais que funcionários e gerentes *devem* ter.

Resolução do problema dos silos consolidados

Em 12 de setembro de 2001, um dia após terroristas atacarem as Torres Gêmeas em Nova York e o Pentágono, coube ao recém-empossado diretor do Federal Bureau of Investigation (FBI), Robert Mueller, informar ao presidente George W. Bush sobre a resposta do governo. Esse *briefing* histórico e altamente estressante ocorreu no Salão Oval, com a presença do vice-presidente, do chefe da Central Intelligence Agency (CIA) e de outros líderes. Quase imediatamente, ficou claro que a reunião não sairia como Mueller havia planejado.

Mueller começou informando ao presidente que o FBI havia estabelecido centros de comando nos locais dos ataques e estava trabalhando para identificar os responsáveis. Alguns minutos depois de sua apresentação, o presidente o interrompeu. "Espera aí, Bob", disse. "Entendo por que você está fazendo isso. Espero que você faça isso – é o que o FBI vem fazendo há anos, e tenho confiança em sua capacidade de fazê-lo. Minha pergunta para você hoje é: o que o FBI está fazendo para evitar o próximo ataque terrorista?"⁶⁹.

Mueller ficou boquiaberto. "Eu me senti como um garoto do ensino médio que tinha feito o trabalho errado", lembrou ele durante uma visita a uma de minhas aulas. "Não tinha pensado nisso. Não tive resposta. Não estava no meu léxico". Até então, a missão do FBI era muito simples: investigar crimes depois de ocorridos e fazer cumprir a lei. Bush pediu ao FBI que fizesse algo muito diferente: *antecipar* as ameaças à segurança nacional e evitar que elas acontecessem.

Na época, alguns críticos achavam que o FBI deveria se ater ao combate ao crime, e que outra agência deveria coletar informações domésticas sobre ameaças futuras. Mas não Mueller: ele achava que a agência deveria fazer as duas coisas. Quando o secretário de justiça John Ashcroft ordenou que ele priorizasse a prevenção de futuros ataques em vez de investigar crimes passados, Mueller agiu agressivamente para cumprir a ordem, definindo a prevenção como o novo propósito do FBI. Contudo, como ele reconheceu, o FBI não poderia esperar ter sucesso com sua organização existente. Antes dos ataques de 11 de setembro, o FBI era administrado como uma série de silos, com 56 escritórios locais responsáveis pela investigação de crimes em suas áreas geográficas. Ainda existiam outros silos na sede do FBI, com equipes dedicadas a tipos específicos de crimes, como crimes de colarinho branco ou narcóticos. A colaboração entre os escritórios e com outros órgãos federais, estaduais e locais de aplicação da lei e agências de inteligência era escassa (uma falha que poderia muito bem ter levado à observação *post-mortem* da Comissão do 11 de setembro de que "o FBI não tinha a capacidade de saber o que sabia").[70] Escritórios locais iniciavam investigações e continuavam a executá-las mesmo quando iam para outras competências. Para evitar ataques, o FBI teria de compartilhar informações e recursos entre diferentes locais geográficos e agências. Teria de desfazer silos e a concorrência que eles geravam. Como o FBI faria essa mudança?[71]

Líderes empresariais em todos os lugares enfrentam um desafio semelhante. Uma coisa é injetar mais autonomia em uma organização, mas para se tornar mais inovador e ágil em um ambiente complexo e dinâmico, os líderes também devem fazer a ponte entre os silos que restringem os fluxos de informação e impedem esforços coordenados.[72] Entre as empresas fortemente hierárquicas de hoje, a falta de colaboração e alinhamento é endêmica. À medida que as organizações tentam alinhar suas estruturas com suas estratégias, os silos proliferam em torno de local, produto, função, cliente e uma série de outros eixos. As estruturas matriciais estão por toda a parte, com caixas e setas correndo soltas.

Os líderes também sentem uma enorme tentação de criar novas caixas, ou silos. Aos seus olhos, cada caixa se torna uma unidade autônoma, com tarefas e métricas claramente definidas. Com uma caixa no lugar, os líderes podem responsabilizar as pessoas com mais facilidade, concentrando experiência e foco. Contudo, embora as organizações precisem de tais unidades, elas geralmente têm efeitos insalubres mais adiante. Os funcionários acabam voltando o olhar para dentro, identificando-se mais com sua unidade do que com a organização e impedindo a colaboração entre as unidades. Uma pesquisa com milhares de gerentes descobriu que a grande maioria deles (84%) considerava seus chefes ou subordinados confiáveis, mas menos de 60% sentiam que poderiam confiar em colegas de outros departamentos para cumprir promessas o tempo todo ou na maioria das ocasiões.[73]

As empresas procuram resolver o problema dos silos consolidados construindo "pontes" entre os silos, mas muitas vezes seus esforços falham porque não compreendem todo o escopo da colaboração organizacional. As empresas publicam *slogans* cativantes como "uma empresa unida" e se referem vagamente à construção de uma cultura de "trabalho em equipe". Contudo, os silos organizacionais ativam um tribalismo quase primordial dentro de nós: novamente, sentimos lealdade ao nosso pequeno silo. Exacerbando essa lealdade está a necessidade de que os silos tenham que competir por recursos escassos e atenção da liderança. Essa guerra interna pode se tornar tão perturbadora que as empresas perdem de vista os mercados e os clientes.

Infundir um propósito em uma organização pode promover uma maior colaboração em seus silos divergentes, mas o simples anúncio de um propósito não fará isso. Para fazer com que as pessoas trabalhem juntas entre áreas, empresas e líderes devem tomar duas ações distintas que se reforçam. Eles devem encontrar formas de facilitar as atividades conjuntas e o fluxo de informação entre os silos (*coordenação*) e devem fomentar uma inclinação entre os silos para trabalhar em conjunto (*cooperação*).[74] Em outras palavras, eles devem construir pontes entre os abismos que separam diferentes funções, unidades de negócios ou equipes internamente, e devem motivar as pessoas a atravessar essas pontes. A coordenação alinha as ações das pessoas em toda a organização, enquanto a cooperação alinha seus interesses.

A maioria das empresas que busca construir essas pontes se concentra principalmente em melhorar a coordenação, tomando medidas como aumentar o número de pessoas que se reportam a gerentes individuais, criar forças-tarefa de curto prazo que atravessam silos e estabelecer comissões e conselhos continuamente. As empresas normalmente desprezam a cooperação, pois consideram esse elemento muito "leve". Para fomentar a cooperação, as empresas devem assumir a árdua tarefa de incorporá-la à cultura e criar incentivos financeiros e não financeiros para reforçá-la. Um propósito compartilhado pode complementar de forma poderosa esse trabalho cultural, mas as empresas muitas vezes o ignoram como uma possível plataforma de cooperação. Como resultado, falar sobre "uma empresa unida" não se traduz na experiência vivida pelos funcionários.

Os líderes com um propósito profundo adotam uma abordagem mais equilibrada, usando a coordenação e a cooperação como propulsores poderosos para ativar a mentalidade vaga de "uma empresa unida". Esses líderes criam equipes interdisciplinares e mecanismos para fluxos de informações mais suaves pelas fronteiras internas e promovem um espírito de cooperação, enfatizando propósito, cultura e incentivos.

Para melhorar a coordenação no FBI, Mueller centralizou o controle sobre as atividades de contraterrorismo, não permitindo mais que o escritório de origem mantivesse o controle sobre um caso e designando "esquadrões voadores" na sede "para coordenar investigações nacionais e internacionais".[75] Ele procurou criar uma maior coordenação dentro dos escritórios locais, desenvolvendo novas equipes – chamadas de grupos de inteligência de campo (FIGs, *field intelligence groups*) – residentes em cada escritório local. Ele as encarregou de coletar informações, fazer a interface com a sede e trabalhar com outros escritórios. Em 2007, Mueller criou uma equipe que padronizou as operações para os FIGs, identificando as melhores práticas, detalhando um modelo operacional comum e treinando o pessoal da equipe.[76]

No decorrer da instituição dessas reformas, Mueller mudou para melhorar a cooperação. Ele adotou uma abordagem multifacetada, aproveitando o novo propósito da agência para alinhar os interesses de todos. Nos anos após o 11 de setembro, as pessoas sentiram um senso de urgência em relação à segurança nacional, e o propósito da agência estava acima de tudo na mente das pessoas. Contudo, ele persistiria? Para garantir que isso acontecesse, Mueller lembrou os *stakeholders* sobre o novo propósito. Como ele observou: "Essa é uma mudança substancial e um entendimento de que nossa missão, nossa responsabilidade no futuro, é impedir que haja outros ataques terroristas nos Estados Unidos. E não há por aí um agente, uma pessoa de apoio, um analista que não entenda isso".[77]

Referindo-se explicitamente a "uma mudança de paradigma na mentalidade cultural do FBI", Mueller procurou incutir parceria e compartilhamento entre oficiais de inteligência e agentes operacionais.[78] Como disse um documento interno do FBI, "o novo modelo de inteligência de campo nos desafia a começar uma nova maneira de pensar sobre nós mesmos e nossos papéis e responsabilidades para conduzir a inteligência doméstica. Precisamos começar a pensar em nós como parte de uma organização de segurança nacional. Esse não é o trabalho de um 'lado da casa', mas do FBI inteiro. As atividades operacionais alimentam informações no processo de inteligência, e o processo de inteligência informa as operações...".[79] Oficiais de inteligência e agentes operacionais tinham de trabalhar bem juntos como membros da mesma equipe e tinham de confiar uns nos outros.

Para ajudar a manter a nova mentalidade de cooperação, Mueller instituiu sessões periódicas de desempenho estratégico (SPS, *strategy performance sessions*), nas quais os líderes avaliavam como os agentes estavam colaborando e forneciam *feedback*. "Utilizando as SPS", observou ele, "a gestão liderou sistematicamente a transição cultural de uma agência focada em casos e processos bem-sucedidos para uma organização orientada por inteligência focada em conscientização abrangente de domínio e disrupções de rede".[80] Por fim, Mueller incluiu a melhor cooperação e coordenação com parceiros externos em vários níveis de governo em uma lista de 10 prioridades que ele divulgou na sequência do 11 de setembro, que serviria como um mandato orientador para a organização.[81] Entre outras medidas, a agência formou forças-tarefa regionais contra o terrorismo em conjunto com autoridades locais, que se reuniam regularmente para garantir o compartilhamento de informações sobre ameaças em potencial.[82] Como vi em primeira mão ao palestrar para várias dessas forças-tarefa, essas interações funcionaram especificamente para construir relacionamento e confiança entre as agências, para que pudessem colaborar efetivamente em futuros tempos de crise.

O nexo propósito-confiança-colaboração

Em meu estudo sobre outras organizações com propósito profundo, o propósito apareceu como um estímulo especialmente importante para a colaboração, alinhando não apenas as atividades dos diferentes silos, mas também seus interesses. O ponto de partida mais uma vez foi a *confiança*. Em empresas com um propósito profundo, as relações de confiança facilitam tanto a coordenação quanto a cooperação. Como membros da mesma comunidade moral, as pessoas confiam que seus colegas em silos diferentes estão "na mesma equipe" e perseguem o mesmo objetivo de acordo com os mesmos valores. As pessoas cooperam mais facilmente, pois percebem que seus interesses estão alinhados e que é psicologicamente "seguro" contribuir.[83] Elas se coordenam mais facilmente, pois têm um posicionamento compartilhado diante do mundo e uma identidade compartilhada. Mais coordenação e cooperação fomentam ainda *mais* a confiança entre os colegas, reafirmando em suas mentes seu compromisso compartilhado com o propósito e a inclusão em uma comunidade moral. Os colaboradores sabem que estão "todos juntos" e podem contar com sua equipe para ajudá-los a superar desafios.

Na Warby Parker, um ambiente de confiança sustentado pelo propósito e deliberadamente cultivado pelos líderes produziu muito mais coordenação e cooperação entre os silos, bem como um sentimento ético geral de colaboração. Como Neil Blumenthal confirmou, a dedicação da Warby Parker ao seu propósito promoveu a confiança *entre* os colegas, não apenas entre os funcionários e a empresa. Servindo como um teste decisivo para a contratação de funcionários, isso permitiu que a empresa criasse uma comunidade de pessoas com mentalidades orientadas a propósito, o que alimentou a colaboração, dando-lhes confiança básica uns nos outros. Isso também permitiu a criação de formas de avaliar os candidatos por valores que correspondessem aos da empresa e de processos de integração para educar os novos funcionários sobre o propósito e os valores. Tudo isso ajudou a construir uma forte cultura de trabalho em equipe e colaboração – "#teamwarby", como a empresa se refere a ela.[84]

Como evidência da mentalidade colaborativa na Warby Parker, Blumenthal destaca equipes multifuncionais que a empresa mobiliza para buscar prioridades importantes. Em 2015, a empresa reuniu uma dessas equipes para idealizar um novo produto de lentes de contato que estenderia a marca da Warby Parker, mas mantendo-se fiel ao propósito e aos valores da empresa. Blumenthal e outros líderes há muito esperavam entrar no mercado de lentes de contato, e a equipe de estratégia considerou seriamente se a empresa deveria fazer isso. A equipe de estratégia lançou um programa piloto com a ajuda das equipes de estratégia de produto e varejo. O produto, chamado de Scout, era uma nova lente de contatoque, de acordo com a missão de Warby Parker, usava menos embalagens do que as lentes de contato tradicionais e era vendida a um preço acessível. Quando o piloto se mostrou bem-sucedido e a empresa passou a lançar o Scout em escala, outros departamentos, como atendimento ao cliente e *marketing*, passaram a se envolver. A coordenação entre os departamentos foi tranquila, e o senso de cooperação, palpável. Como Blumenthal reflete: "Acho que o principal [para o sucesso do projeto] é os membros da equipe reconhecerem seu papel, mas também reconhecerem que o sucesso depende de transferências e colaboração eficazes aqui. Eles devem ter orgulho não de 'Ei, fiz isso sozinho', mas do esforço coletivo. Eu montei, passei adiante e ajudei enquanto ele continuava crescendo".

Além de nutrir a colaboração indiretamente, buscando o propósito e a confiança resultantes, Blumenthal e outros líderes nutrem diretamente a coordenação e a cooperação. Como muitas empresas de tecnologia, a Warby Parker enfatiza um ambiente de trabalho divertido e inclusivo, onde é seguro e desejável colaborar com outras pessoas. Do topo, os líderes sinalizam a importância de uma abordagem coordenada. Como sugerido anteriormente, apoiar a colaboração tem um efeito de ricochete, intensificando ainda mais a confiança e o compromisso com o propósito. Um segundo ciclo virtuoso se enraíza – um nexo de propósito, confiança e colaboração –, incorporando ainda mais a razão de ser na organização. A Warby Parker estabelece as bases para que os funcionários se sintam confiáveis, confiem nos outros e se dediquem mais intensamente ao propósito da empresa. Dessa forma, ela se solta da gaiola de ferro, aumentando sua agilidade e sua capacidade de inovação.

NEXO COLABORAÇÃO-CONFIANÇA-PROPÓSITO

Lições para líderes

Como vimos ao longo deste livro, *é* possível liderar organizações de qualquer tamanho para que propósito e valores sejam motivadores da ação. Líderes com um propósito profundo fazem isso pensando no propósito de modo mais filosófico, negociando escolhas, ativando os principais propulsores do propósito, retornando às raízes da empresa, contando grandes histórias e construindo culturas que consideram a individualidade. No entanto, os líderes com um propósito profundo também modificam suas organizações para apoiar o propósito. Esses líderes não dispensam totalmente hierarquias de cima para baixo e a alocação isolada de tarefas e responsabilidades. Eles sabem que suas empresas ainda precisam manter uma capacidade de ação direcionada e de especialização em meio ao dinamismo e à fluidez dos mercados modernos. Contudo, eles entendem a estreita e bidirecional relação entre propósito e quebra da gaiola de ferro. Eles reconhecem que convocar uma comunidade moral em torno do propósito facilita a autonomia e a colaboração. Eles também entendem que, ao nutrir esses dois últimos elementos, podem incorporar ainda mais o propósito. Por outro lado, eles sentem que, ao se recusarem a enfrentar os problemas decorrentes da existência de chefes demais e silos consolidados, suas empresas correm o risco de comprometer seu reconhecimento aos olhos dos funcionários como autênticos portadores do propósito.

Se você tem lutado para escapar da gaiola de ferro e tornar sua empresa mais ágil, inovadora e relevante, especialmente em nos tempos que vivemos de trabalho remoto e mais flexível, espero que este capítulo tenha alertado para as virtudes de começar com propósito e torná-lo central para seus empreendimentos. Também é possível perceber mais autonomia e colaboração sem enfatizar tanto o propósito.[85] No entanto, na falta de um propósito forte, você não será capaz de cultivar com tanta eficácia a confiança de que precisa para ajudar a autonomia e a colaboração a prosperarem. Também não é possível estabelecer as barreiras de proteção mais fortes possíveis em comportamentos que, como vimos, ajudam a viabilizar a autonomia.

Grades de proteção externas são uma coisa, mas o propósito oferece um meio ainda mais eficaz de manter as pessoas "no caminho certo" e trabalhar em direção a objetivos compartilhados. Como líderes, muitas vezes recorremos a políticas, procedimentos e métricas para garantir a conformidade, esquecendo que os maiores controles que qualquer um de nós experimenta no local de trabalho são intrínsecos e até instintivos. O propósito ativa essa autorregulação instintiva. Na Mahindra, os entrevistados falaram sobre como acharam natural e até mesmo fácil tomar decisões em apoio ao Rise, especialmente em tempos de crise. Quando a pandemia da covid-19 surgiu em 2020, a empresa respondeu espontaneamente, de forma compassiva. "Como o propósito impulsiona nosso pensamento", explica Anish Shah, vice-diretor administrativo e CFO do grupo, "temos um profundo senso de fazer o que é certo e útil para a comunidade. Não se trata de querer mostrar quem somos; é isso o que somos e o que fazemos".[86] A fundação Mahindra distribuiu recursos para pequenas empresas impactadas negativamente pela pandemia. A empresa ajudou a construir ventiladores baratos para a Índia, fabricou protetores faciais e desinfetante e reaproveitou suas instalações do *resort* Club Mahindra para uso como pontos de atendimento. De acordo com Shah, "essas iniciativas criaram muito otimismo, porque ninguém havia dito ao nosso pessoal para fazer isso. Tudo vinha de dentro das pessoas, e era uma manifestação do Rise".

Partir de um propósito profundo também pode ajudar qualquer pessoa que esteja pensando em redesenhar ou atualizar sua organização, pois pode impedir que os líderes implementem apenas mudanças superficiais. Muitos líderes fingem acolher a autonomia, buscando a contribuição de outros na organização, quando na verdade já chegaram a uma decisão e apenas buscam a adesão. Alguns observaram uma "falsa epidemia de empoderamento" dentro das empresas, considerando-a como "uma forma prevalente de imprudência gerencial".[87] A falsa colaboração também corre desenfreada: muitas empresas adotam a colaboração como uma palavra da moda, mas, como vimos, não conseguem fazer o que é preciso para criar um ambiente verdadeiramente colaborativo. Se você começar a conceituar as reformas organizacionais de um ponto de vista do propósito profundo, suas reformas serão profundas. A fidelidade a um propósito profundo e a uma comunidade moral o impulsionará a abordar a mudança organizacional não como um exercício intelectual abstrato, algo que você está fazendo porque todos os seus concorrentes estão, mas como um imperativo urgente e necessário, estabelecido por sua intenção existencial.

Isso não quer dizer que partir do propósito facilitará a libertação da gaiola de ferro. Para os líderes, cultivar a autonomia e a colaboração requer uma nova mentalidade: eles devem passar de "gerenciar" o negócio para capacitá-lo e permitir seu sucesso. Talvez você não esteja tão confortável quanto pensa com autonomia e colaboração. "Liberdade dentro de uma estrutura" parece bom, mas você realmente confia que os próprios funcionários possam se regular? Funcionários e gestores podem resistir a mais autonomia e colaboração. Autonomia, afinal, significa mais responsabilidade pelos resultados, bem como um afastamento de uma mentalidade confortável e vinculada a regras. Unir silos significa aventurar-se fora de feudos confortáveis e aprender a se adaptar a diferentes mentalidades e formas de trabalho. Você desejará ir devagar com o propósito, dando tempo para que a confiança se forme. Crie pequenos espaços de autonomia e, à medida que aprende que pode confiarnos funcionários, expanda gradualmente esses espaços. Crie algumas equipes ou iniciativas multidisciplinares, ampliando esses espaços caso sejam bem-sucedidos. Seja paciente enquanto nutre mecanismos de coordenação, assim como uma cultura de cooperação.

Liderança com propósito profundo não implica simplesmente despertar a confiança dos funcionários na organização, mas criar uma organização impregnada de confiança. Para se tornar um líder com um propósito profundo, você deve começar a se desenvolver como o principal orquestrador e gerente de confiança da sua organização. Considere como suas ações e decisões servirão para incutir ou diminuir ainda mais a confiança. Procure oportunidades para censurar publicamente desvios do propósito, pois isso reforça a noção de que o propósito é real e de que as relações de confiança que dele nascem são bem fundamentadas.

Acima de tudo, lembre-se de que o propósito não é uma solução mágica. Você deve fazer o trabalho duro de replanejar sua estrutura organizacional e implementar essa mudança, reconfigurando o modo como a empresa opera em sua essência. Algumas das empresas com propósito profundo descritas neste livro ainda não tentaram isso. Para aquelas que fizeram, como Warby Parker e Mahindra, esse segue sendo um trabalho em andamento, algo para continuamente reforçar, aprimorar e revisitar. Tal negócio inacabado aponta para uma questão mais ampla: quão *durável* é o propósito profundo? À medida que as empresas aprofundam seu compromisso com o propósito, elas conseguem sustentar seus ganhos? A resposta é sim. Transições de liderança, crises e crescimento ameaçam diminuir o compromisso com o propósito e corroer a comunidade moral, mas os líderes com um propósito profundo tomam uma série de medidas para garantir que as chamas do propósito continuem acesas, tanto no melhor quanto no pior dos tempos.

CAPÍTULO 8

DE IDEIAS A IDEAIS

Propósito à prova do futuro

> Por mais poderoso que seja o propósito quando totalmente mobilizado, ele continua sendo frágil. Para sustentar o propósito, os líderes devem atacar proativamente alguns dos principais desviadores do propósito. Eles, por exemplo, planejam sua sucessão, garantindo que novos líderes se tornem portadores reconhecidos do propósito. Eles também promovem a responsabilização por meio da implementação de métricas, garantem que não estão negligenciando as expectativas dos acionistas e amarram a estratégia firmemente ao propósito. Assumindo a responsabilidade de manter suas organizações no caminho certo e alinhadas, eles trabalham com toda dedicação para evitar que suas empresas percam de vista a razão de ser delas.

Numa manhã fria e úmida de janeiro de 2016, cerca de 4 mil funcionários da empresa aeroespacial Boeing se aglomeravam com grande entusiasmo ao longo da única pista do Aeroporto Municipal de Renton, no estado de Washington, EUA. Eles sorriam e acenavam para as câmeras, ansiosos para testemunhar o voo inaugural do novo jato da empresa. Pioneira da aviação comercial moderna desde sua fundação, em 1916, a Boeing estreava o 737 Max 8, anunciado como a "primeira aeronave do nosso segundo século" de empresa.[1]

Desde sua introdução, em 1967, o 737 se tornou a principal aeronave comercial do mundo. Na época do voo inaugural do Max, as companhias aéreas usavam variações do 737 em um terço de todos os voos comerciais em âmbito global.[2] As companhias aéreas de baixo custo acharam a aeronave especialmente atraente – os 737 compunham toda a frota da Southwest Airlines e faziam rotas para muitas outras. No entanto, a concorrência com a Airbus e sua linha rival A320 tinha ficado mais acirrada nos últimos anos.

Em 2010, a Airbus revelou uma nova versão do A320, chamada de A320neo, que superou os 737 existentes em eficiência de combustível, limite de peso e alcance – parâmetros essenciais para transportadoras de baixo custo, que estavam sempre no limite, com margens muito pequenas. Lutando para enfrentar o desafio, a Boeing anunciou em 2011 que fabricaria seu 737 de quarta geração, o Max, afirmando que ele superaria o A320neo tanto em eficiência de combustível quanto nos custos necessários para operá-lo.[3] Com a Airbus planejando entregar o A320neo a partir da primavera de 2016,[4] e com os clientes demonstrando interesse no novo avião da Airbus, a Boeing embarcou em uma missão para produzir aeronaves Max dentro de cinco anos, um cronograma agressivo, que desafiaria seus engenheiros e forçaria a empresa a desviar recursos de outros projetos.[5]

Naquela manhã chuvosa de 2016, parecia que a Boeing havia conseguido e estava pronta para o sucesso. Aplausos irromperam da multidão quando o primeiro 737 Max, batizado de *Spirit of Renton*, fez uma decolagem perfeita. Quando o avião pousou de volta, seus pilotos de teste o proclamaram um sucesso. O presidente e CEO da divisão de aeronaves comerciais da Boeing, Ray Conner, declarou que o voo inaugural do Max "nos transporta ao limiar de um novo século de inovação, impulsionado pela mesma paixão e engenhosidade que tornaram esta empresa grande por 100 anos".[6]

Essa narrativa pareceu se manter nos próximos dois anos. Na primavera de 2017, as agências reguladoras dos EUA aprovaram formalmente o 737 Max para produção e, mais tarde naquele verão, a Southwest Airlines recebeu seus primeiros aviões Max. Durante 2017 e 2018, a Boeing entregou mais de 300 aeronaves para clientes, que vão de companhias aéreas de baixo custo a grandes empresas estabelecidas, como a United Airlines.[7] Até dezembro de 2018, a empresa havia registrado mais de 5 mil pedidos de aviões Max.[8] Em 2018, a Boeing se manteve como a maior fabricante de aeronaves comerciais do mundo, com mais de US$ 93 bilhões em receitas.[9]

Contudo, em 29 de outubro de 2018, o mito do *Spirit of Renton* foi quebrado quando um 737 Max, operado pela Lion Air na Indonésia, caiu logo após a decolagem. Cinco meses depois, em 10 de março de 2019, um 737 Max pilotado pela Ethiopian Airlines também caiu logo após decolar. Os dois acidentes juntos somaram 346 mortes.[10] Observando semelhanças entre os acidentes, as autoridades da aviação de diversos países suspenderam o Max até que a Boeing pudesse identificar e corrigir os problemas por trás dos acidentes.[11]

Após o acidente da Lion Air, a Boeing expressou suas "sinceras condolências" e sua disposição em ajudar a investigar a causa. A empresa emitiu um comunicado observando que um sensor defeituoso teve participação no acidente e, em seguida, divulgou um boletim para as tripulações de voo informando que um novo sistema automatizado de controle de voo, que usava dados do sensor, poderia levar a um acidente sob certas condições. Embora a Boeing tenha afirmado que o 737 Max era "tão seguro quanto qualquer avião que já voou nos céus", os pilotos se perguntaram por que a empresa não os alertou sobre esse novo sistema antes.[12] "É pouco inteligente da parte deles colocar um sistema em uma aeronave e não contar aos pilotos que a operam, especialmente quando se trata de controles de voo", reclamou o membro de um grande sindicato de pilotos.[13] Também havia especulações sobre a possibilidade de um erro do piloto ter desempenhado um papel no acidente, pois a Lion Air tinha um histórico de segurança ruim e era conhecida por reduzir o tempo de treinamento dos pilotos.[14] A própria Boeing sugeriu que os pilotos com treinamento padrão deveriam saber como reagir se o novo sistema automatizado de controle de voo apresentasse defeito.[15]

Em outubro de 2019, meses após o acidente aéreo na Etiópia, os investigadores do acidente da Lion Air concluíram que, embora tivesse havido um erro do piloto, um sensor apresentou defeito, fazendo com que um *software* de bordo, o sistema de estabilização automática (MCAS, *maneuvering characteristics augmentation system*), fosse ativado erroneamente e derrubasse a aeronave.[16] A presença do MCAS era uma questão em si. Interessada em colocar os aviões Max no ar o mais rapidamente possível, a Boeing os certificou não como um novo avião, mas como uma modificação do 737. Devido ao processo de certificação acelerado, a Boeing não podia mudar muito o projeto do 737, em particular, as características aerodinâmicas do avião. Como os motores mais eficientes em termos de combustível do Max seriam maiores do que os dos

737 anteriores, a empresa teve de reposicioná-los nas asas para que o avião voasse corretamente. A alternativa – ajustar o tamanho ou a envergadura do avião – exigiria uma nova certificação. A nova posição do motor funcionou na maioria dos aspectos, mas os primeiros testes revelaram que, sob certas condições, causava a parada da aeronave. Para resolver esse problema, a Boeing projetou uma solução alternativa – o MCAS –, que sentia o risco de uma parada e mergulhava o nariz do avião para evitar o desastre.[17]

No acidente da Lion Air, um sensor na fuselagem havia funcionado mal e o MCAS havia sido ativado sem motivo aparente, fazendo com que o avião mergulhasse repetida e incontrolavelmente (os engenheiros programaram o MCAS para fazer com que o nariz mergulhasse a cada 10 segundos se os sensores registrassem uma possível parada).[18] Como os investigadores do acidente da Indonésia observaram, a Boeing deveria ter incluído "um conceito de projeto à prova de falhas" (causando danos mínimos ou nenhum em caso de falha), bem como um "sistema redundante" para o MCAS, mas isso não foi feito. Além disso, a Boeing deveria ter informado aos pilotos sobre o MCAS. Conforme observaram os investigadores, "a ausência de informações sobre o MCAS nos manuais da aeronave e no treinamento dos pilotos dificultou o diagnóstico de problemas e a aplicação de procedimentos corretivos pela tripulação de voo".[19] Se os pilotos tivessem aprendido sobre o MCAS nos materiais de treinamento do avião, eles poderiam ter realizado manobras simples para contornar o sistema e manter o avião voando normalmente.[20] Mais tarde, descobriu-se que a Boeing havia suprimido as menções ao MCAS porque não queria afugentar os clientes com a necessidade de treinamento de pilotos em um novo sistema a um custo considerável.[21]

Após o acidente da Ethiopian Airlines em março de 2019, quando parecia provável que o sistema MCAS também tinha causado esse desastre, a Boeing inicialmente pressionou as agências reguladoras dos Estados Unidos a não cancelar o uso da aeronave, argumentando que um melhor treinamento para os pilotos seria suficiente.[22] O CEO Dennis Muilenburg, engenheiro de longa data da empresa, que chegou ao posto meses antes do voo inaugural do Max, pareceu culpar parcialmente os pilotos nos dois acidentes, observando que alguns "procedimentos não foram completamente seguidos".[23] Ao mesmo tempo, a Boeing indicou que modificaria o sistema para evitar que um sensor defeituoso mergulhasse o nariz do avião incontrolavelmente.[24] Ela também daria aos pilotos mais materiais instrucionais sobre o MCAS.

Ainda assim, Muilenburg pareceu ignorar a seriedade do problema, apresentando nas palavras de um jornalista, "projeções otimistas sobre a rapidez com que a aeronave voltaria ao serviço, pressionando por uma aprovação rápida dos órgãos reguladores".[25] Nos meses após o acidente da Ethiopian Airlines, a Boeing acabou não cumprindo as metas excessivamente ambiciosas para satisfazer os reguladores da Federal Aviation Administration (FAA) e retornar o Max ao serviço, incomodando as companhias aéreas, que estavam perdendo dinheiro por não poderem utilizar seus aviões.[26] Em outubro de 2019, surgiram mensagens internas mostrando que o próprio piloto de testes da Boeing havia encontrado problemas com o MCAS em 2016, mas a empresa esperou meses para transmitir essa informação aos reguladores.[27]

Semanas depois, em dezembro de 2019, Muilenburg entrou em conflito com o chefe da FAA, que o advertiu por colocar pressão indevida sobre a agência para permitir que o Max voltasse a voar. No final daquele mês, depois que a Boeing anunciou que interromperia a produção do Max, causando problemas à cadeia de suprimentos, a empresa exonerou Muilenburg de seu posto. No início de 2020, a Boeing estimou que sofreria quase US$ 19 bilhões em perdas graças à parada do Max.[28] Suas ações haviam caído 20%,[29] e levaria mais de um ano até que o Max fosse liberado novamente para voar tanto pela FAA quanto pelas agências de regulamentação europeias.[30] Como um observador argumentou no início de 2021, "a reputação da Boeing como fabricante de aeronaves da mais alta qualidade está significativamente manchada, e talvez para sempre".[31]

Voo fora do curso

O que explica um lançamento de produto tão desastroso? Embora a pressão do mercado ou uma cultura deficiente possam ter parte da culpa, um exame mais atento sugere uma causa ainda mais profunda: o desvio do propósito. A Boeing, ao que parece, tornou-se tão focada no objetivo estreito de vencer no mercado que abandonou sua maior razão de ser: os valores e o senso de propósito que alimentaram o sucesso da empresa ao longo do século XX.

Fundada em 1916, a Boeing inicialmente era aberta em seu propósito e não era comprometida com a construção de aviões.³² No final da década de 1910, a empresa tornou-se focada em aviões. No final da década de 1920, podemos vislumbrar algo que se assemelha a um propósito claro, que poderia ser interpretado como implantar a ciência para alcançar o progresso social e melhorar a humanidade. "Embarcamos como pioneiros em uma nova ciência e indústria", observou William E. Boeing em 1929, resolvendo "não deixar nenhuma nova melhoria em voo e equipamentos de voo nos superar".³³

Em meados do século XX, a dedicação ao progresso científico e às conquistas tecnológicas na aviação parece ter se consolidado na Boeing. O relatório anual de 1965 da empresa observou que "é difícil conceber qualquer outro meio século na história da humanidade mais estimulante, desafiador e gratificante do que o período de 1916 a 1966. Durante esses cinquenta anos, o progresso científico e tecnológico do homem superou o total desse avanço em toda a história anterior, e a Boeing se orgulha de ter desempenhado um papel de liderança nessa fantástica aceleração".³⁴ Mesmo na década de 1990, a empresa parecia consciente de si mesma como dedicada principalmente a um ideal: o progresso tecnológico na aviação, na forma de "grandes visões de construir aeronaves cada vez melhores, mais rápidas e maiores". O sucesso comercial continuava a ser importante, mas secundário.³⁵ "Por cerca de 80 anos", observou um jornalista, "a Boeing atuou basicamente como uma associação de engenheiros. Seus executivos detinham patentes, projetavam asas, falavam a língua da engenharia e da segurança como língua materna. As finanças não eram a linguagem principal. Nem mesmo os controladores do orçamento da Boeing faziam parte disso".³⁶ Funcionários se orgulhavam da empresa e dos aviões inovadores e de alta qualidade que ela produzia. Eles se sentiam pessoalmente conectados como membros de uma "família" e confiavam na tomada de decisões de líderes que eram, em primeiro lugar, "engenheiros apaixonados pela aviação".³⁷

Esse compromisso com o propósito do progresso tecnológico parece ter mudado após a fusão da empresa, em 1997, com a rival McDonnell Douglas. O ex-CEO da McDonnell Douglas, Harry Stonecipher, tornou-se presidente e COO da Boeing, trazendo consigo a ênfase de sua antiga empresa na eficiência e na criação de valor para os acionistas. Uma boa parte da alta gerência da Boeing deixou a empresa, e aqueles que permaneceram implementaram um novo regime de corte de custos, prestação de contas e desempenho financeiro, levando alguns a notar que a empresa estava abandonando sua visão e seus valores.[38] Depois de se tornar CEO, após a renúncia de seu antecessor em meio a um escândalo ético, Stonecipher orgulhosamente defendeu as mudanças que havia operado na Boeing: "quando as pessoas dizem que mudei a cultura da Boeing, essa era a intenção, para que ela fosse administrada como um negócio e não como uma grande empresa de engenharia".[39]

Financeiramente, essas mudanças pareciam ter valido a pena. As receitas da Boeing dispararam de cerca de US$ 58 bilhões em 2001 para US$ 101 bilhões em 2018.[40] No entanto, quase duas décadas depois, os observadores traçariam uma linha direta entre a erosão cultural da Boeing e o desastre do 737 Max, considerando este último como gerado por decisões de gestão que priorizaram os lucros. A empresa instalou o MCAS em vez de redesenhar o avião porque, dessa forma, poderia colocar o avião no mercado mais rapidamente.[41] Líderes, gerentes e engenheiros da Boeing fizeram o que seus antecessores mais orientados a propósito nunca teriam sonhado: nas palavras de um observador, eles "colocaram os lucros acima da segurança, não pensaram nas consequências de suas ações ou não divulgaram o suficiente quando sabiam que algo estava errado".[42]

Por mais poderoso que seja o propósito quando totalmente mobilizado, ele continua sendo frágil. Operando em um mundo onde a lógica comercial impera, os líderes podem ter dificuldade em administrar os negócios de acordo com as lógicas comerciais *e* sociais, conforme descrevemos no Capítulo 2. Confrontados com a necessidade constante de fazer escolhas dolorosas de curto e longo prazo, muitos líderes não conseguem sustentá-las, então a lógica comercial vence. Mudanças de liderança, fusões, crescimento rápido e outras mudanças organizacionais podem distrair líderes e funcionários de seu propósito e diluir a cultura de apoio que é essencial para introduzir a razão de ser. Mesmo empresas como a Boeing, que operaram sob propósito por décadas, podem tropeçar. Para os funcionários e demais *stakeholders*, a perda do propósito pode parecer desmoralizante e trágica – um abandono de um ideal nobre e até mesmo da própria alma da empresa.

Como os líderes podem manter a razão de ser "à prova do futuro", garantindo que ela perdure? Não consegui encontrar nenhuma fórmula mágica com minha pesquisa, mas consegui vislumbrar quatro desviadores do propósito que, quando ignorados, podem enganar até mesmo as empresas com propósito profundo mais amadas. Esses desviadores são insidiosos e não óbvios. Eles surgem de boas intenções, mas, em última análise, desviam as empresas. Ainda assim, a decadência do propósito não é inevitável. Assumindo a responsabilidade de manter suas organizações no caminho certo e alinhadas, os líderes com um propósito profundo resolvem essas armadilhas e evitam que suas empresas fiquem manchadas. Suas ações preventivas não são infalíveis, mas, como descobri, elas fazem uma diferença importante.

> **OS QUATRO DESVIADORES DO PROPÓSITO**
>
> **1:** O paradoxo da personificação
> **2:** Morte por medição (inadequada)
> **3:** O dilema do bom samaritano
> **4:** A divisão propósito-estratégia

Desviador #1: o paradoxo da personificação

No início de 2007, Howard Schultz, ex-CEO e presidente da varejista de café Starbucks, enviou um comunicado para a equipe de liderança da empresa intitulado "The Commoditization of the Starbucks Experience" (A comoditização da experiência Starbucks), no qual ele levantou questões perturbadoras sobre o caminho da empresa. Desde que Schultz deixou o cargo de CEO da empresa, em 2000, a empresa cresceu em tamanho: agora tinha cerca de 13 mil lojas em todo o mundo, contra cerca de 3,5 mil no período anterior.[43] No entanto, o crescimento da receita, embora ainda fosse impressionante, estava desacelerando, assim como as vendas em uma mesma loja.[44] No ano anterior, ao visitar vários pontos de venda, Schultz notou que a experiência única da empresa parecia estar desaparecendo. Máquinas de café expresso excessivamente altas bloqueavam a visão dos clientes sobre os baristas, impedindo-os de assistir à fabricação das bebidas. O aroma maravilhoso do café não era tão forte como antes. As lojas não pareciam tão convidativas. Como Schultz escreveu mais tarde em seu livro *Onward*, ele "sentia que algo intrínseco à marca Starbucks estava faltando. Uma aura. Um espírito. No começo eu não conseguia identificar o que era. Nenhuma coisa parecia estar retirando a alma das lojas. Pelo contrário, as consequências não intencionais resultantes da ausência de várias coisas que tinham distinguido a nossa marca foram, acredito eu, silenciosamente esvaziando-a".[45]

O comunicado, que vazou para a imprensa, provocou uma tempestade, e Schultz retornou como CEO para empreender uma grande transformação na empresa. Concluindo que a Starbucks havia se desviado de sua missão ou propósito original, Schultz e sua equipe definiram uma nova missão: "inspirar e nutrir o espírito humano – uma pessoa, uma xícara de café e uma comunidade de cada vez". Essa missão "refletiu nossas ambições em um mundo que mudou muito" desde a fundação da empresa. Como conta Schultz, os líderes da empresa ficaram tão emocionados ao saber da nova missão que se aproximaram dele e pediram que ele assinasse suas cópias. "Devo ter assinado mais de 150 declarações de missão, sempre de queixo caído com a demonstração emocionante de comprometimento que se desenrolava à minha frente".[46]

As dificuldades da empresa após a saída de Schultz do cargo de CEO em 2000 apontam para uma armadilha que envolve as empresas em busca de um propósito profundo: o chamado paradoxo da personificação. Líderes com um propósito profundo desempenham um papel gigantesco no estabelecimento do propósito dentro das organizações. Ao reconectar as empresas com sua intenção existencial original, ao contar energicamente Grandes Histórias em torno do propósito, ao forjar uma cultura em torno do propósito e ao remodelar as organizações para permitir a busca pelo propósito, os líderes passam a *incorporar* a intenção existencial para a organização e para a comunidade moral mais ampla. No entanto, quando esses líderes saem, como inevitavelmente deve acontecer, o que era uma força se torna um grande passivo. Como esses líderes desempenham um papel tão essencial para animar o propósito, as empresas têm dificuldade em manter a fidelidade sob a nova liderança. As *startups*, em particular, costumam perder suas "almas" quando seus fundadores saem, mas o mesmo acontece com empresas de qualquer tamanho e idade cujo líder se tornou intimamente relacionado ao propósito.

A solução não é diminuir o papel dos líderes como proponentes do propósito. Em vez disso, as empresas podem abordar o paradoxo da personificação prestando muita atenção à sucessão de lideranças. Os novos líderes devem continuar a carregar a chama do propósito ao mesmo tempo que rompem com o passado até certo ponto. Essa é uma versão da abordagem Sankofa descrita no Capítulo 4: eles têm de olhar ao mesmo tempo para trás e para frente, desassociando o propósito de seu antecessor e recuperando-o para sua própria personalidade. Eles não precisam desassociar totalmente o propósito de seu antecessor, mas o suficiente para se tornarem divulgadores eficazes e inspiradores do propósito. Isso requer confiança e deliberação. Embora os líderes possam se sentir tentados a simplesmente imitar seu antecessor ou tomar algo emprestado de líderes bem-sucedidos de outras empresas, eles devem projetar sua própria voz. "Você deve ter a coragem de fazer com que o propósito pareça diferente sob sua liderança [do que sob a de seu antecessor]", comentou a CEO da Best Buy, Corie Barry. "O propósito não vai parecer o mesmo comigo como líder, com Indra [Nooyi], com Satya [Nadella] ou com Hubert Joly [seu antecessor na Best Buy]. Tenho de estar confiante em como ele se apresenta comigo como líder."[47]

As abordagens adotadas pelos líderes para executar a delicada tarefa de assumir o lugar de um líder com propósito profundo podem variar. Alguns novos CEOs modificam ou atualizam formalmente o propósito para sinalizar uma disrupção mais acentuada com seu antecessor. Ramon Laguarta fez isso na PepsiCo, revelando a nova estratégia Vencer com Propósito para substituir o Propósito com Desempenho de sua antecessora Indra Nooyi. Outros líderes adotam uma abordagem mais tranquila, mas ainda eficaz. Como me disse o sucessor de Howard Schultz, Kevin Johnson, ele buscou fazer a transição da Starbucks de "liderada pelo fundador" para "inspirada pelo fundador". Como ele explicou, "sinto que minha responsabilidade é saber o que honrar e preservar do passado ao mesmo tempo que tenho a coragem de reinventar corajosamente o futuro".[48] Johnson é claro a respeito de assumir o manto do propósito, observando que ele se esforça "para propagar boas novas constantemente e construir essa conexão emocional com nosso propósito em cada parceiro e inspirá-los para isso".

Líderes que se afastam podem estabelecer as bases para uma empresa que é "inspirada" por seu compromisso com o propósito, mesmo quando um líder subsequente se torna uma nova personificação de sua razão de ser. Como vimos, Steve Jobs ajudou a criar a Apple University com o objetivo de treinar as pessoas não para pensar exatamente como ele pensava, mas para entender seus princípios orientadores e sua mentalidade e aplicá-los usando seu próprio julgamento na ausência do líder.

Desviador #2: morte por medição (inadequada)

Quando Vince Forlenza se tornou CEO da empresa global de equipamentos médicos Becton, Dickinson and Company (BD), em 2011, uma tarefa no topo de sua lista era dar nova vida ao propósito da empresa. Fundada em 1897 por Maxwell W. Becton e Fairleigh S. Dickinson, a BD há muito tempo dedicava suas operações de negócios ao avanço da saúde humana por meio da tecnologia. Durante as décadas de 1980 e 1990, com o avanço da epidemia de aids, a empresa assumiu a liderança na proteção dos profissionais de saúde, desenvolvendo uma ampla gama de agulhas com dispositivos de segurança e fazendo parcerias com instituições acadêmicas para desenvolver programas de treinamento em segurança e sistemas de vigilância de dados. Durante a década de 2000, a empresa fez parceria com a Fundação Clinton, os Centros de Controle e Prevenção de Doenças dos EUA (CDC) e governos nacionais para qualificar os testes de laboratório em países em desenvolvimento. Em 2004, a empresa estabeleceu um departamento interdisciplinar de saúde global para fazer parcerias com governos e ONGs que ajudaria simultaneamente a melhorar a saúde no mundo e a desenvolver novas oportunidades de negócios para a BD. Durante a década de 2010, a empresa trabalhou em colaboração com parceiros externos para desenvolver o dispositivo Odon, uma ferramenta barata que, quando distribuída em escala e usada durante o parto, prometia salvar centenas de milhares de vidas de recém-nascidos apenas na África. Como observou Gary Cohen, vice-presidente executivo de saúde global, "está profundamente enraizado na cultura da empresa vincular grandes necessidades de saúde não atendidas e problemas sociais à prática de negócios".[49]

Ao longo desse caminho, o propósito também se tornou mais profundamente incorporado. Em 1997, quando a empresa comemorou seu centenário, os líderes propuseram um propósito formal: "ajudar todas as pessoas a viver vidas saudáveis". Eles também adotaram uma visão de futuro que fundia explicitamente lógicas comerciais e sociais, buscando "tornar-se a organização mais conhecida por eliminar o sofrimento desnecessário e a morte por doenças e, ao fazê-lo, tornar-se uma das empresas com melhor desempenho no mundo".[50] Como Cohen lembra, "embora não tenhamos incorporado explicitamente a visão de futuro em nossos processos formais de negócios, nós a comunicamos amplamente, e quase tudo o que foi identificado em nossa visão de futuro se concretizou em 2005".[51]

Agora CEO, Forlenza queria levar o propósito mais a fundo, tornando-o "real para todos e para o que eles estavam fazendo em seu trabalho diário".[52] Ele e sua equipe atualizaram o propósito para enfatizar a forte identidade da empresa como inovadora, fixando-se na frase "fazer o mundo da saúde avançar" como a nova intenção existencial da BD. Ao socializar esse propósito, a BD também trabalhou para formalizar e aprimorar sua orientação de longa data para a criação de valor compartilhado. Como Cohen observa, ele pensou no valor compartilhado como uma proposta de negócios que atendia a uma "necessidade social não atendida, altamente importante, que não é apenas reconhecida pela empresa, mas também reconhecida de forma mais ampla por outros *stakeholders* e é realizada por meio de modelos de negócios" comercialmente viáveis.[53] Forlenza sentiu que colocar mais rigor por trás do valor compartilhado ajudaria a empresa a operacionalizar ainda mais seu propósito, "fazendo com que as pessoas pensassem de forma mais ampla e profunda sobre como poderiam causar impacto".[54]

Os executivos criaram uma metodologia que os líderes poderiam usar para incorporar o impacto social ao tomar decisões de planejamento estratégico sobre quais projetos de pesquisa e desenvolvimento seriam financiados. Em vez de simplesmente fazer as duas perguntas que sempre fizeram antes – (1) se uma potencial oportunidade de mercado era financeiramente atraente; e (2) de que forma a empresa poderia executá-la –, os líderes desenvolveram uma grade que também levava em conta um conjunto de métricas de impacto social para potenciais novos produtos ou serviços ainda em fase de desenvolvimento.[55] Como Cohen descreveu, a grade incorporava um sistema de pontuação "baseado no tamanho do problema de saúde, no alcance provável da inovação ou da tecnologia, no quão desafiador seria implementá-la e nos custos dela para o cliente, particularmente se olharmos para um problema que está em um mercado menos desenvolvido.[56] Infelizmente, apesar do trabalho árduo e das boas intenções na criação da grade, ela se mostrou muito complexa e difícil de usar, e o projeto não foi adiante. "Não conseguimos resolver a questão", reconhece Forlenza, falando de métricas para medir o impacto social. "Eu esperava que sim, porque seria um bom passo à frente. Contudo, só conseguimos chegar a algumas medidas muito básicas".[57]

É até digno de aplausos que a BD tenha tentado, uma prova de seu compromisso com um propósito profundo. As métricas quantitativas tornaram-se centrais para o funcionamento das empresas modernas. Ferramentas como o *balanced scorecard,* introduzido durante a década de 1990, e a abordagem mais recente dos objetivos e resultados-chave (OKRs, *objectives and key results*) são mecanismos populares para ajudar os líderes a conectar a estratégia com a execução.[58] Reconhecendo que devem "medir o que importa",[59] os líderes com um propósito profundo se esforçam para desenvolver maneiras confiáveis de avaliar a busca de suas organizações pela razão de ser. Sem métricas adequadas de comprometimento com o propósito, as empresas têm mais dificuldade em cumprir sua intenção existencial e podem acabar entregando menos do que o propósito, como vimos no caso da Etsy do início até meados da década de 2010. Com o tempo, a falta de clareza pode levar a sérios lapsos na busca de uma empresa por sua razão de ser, o que chamo dramaticamente de morte por medição (inadequada).

Uma pesquisa recente com grandes investidores que, juntos, administraram mais de US$ 22 trilhões em ativos revelou que a maioria espera que as empresas acompanhem quantitativamente até que ponto estão cumprindo seu propósito. Três quartos dos entrevistados acharam que as empresas deveriam desenvolver indicadores-chave de desempenho (KPIs *key performance indicators*) para o propósito, e a maioria achou que as empresas deveriam atrelar os incentivos dos executivos a essas métricas.[60] Então como as empresas podem medir melhor sua aderência ao propósito?

As empresas têm métodos bem estabelecidos para medir o "quê" do desempenho (resultados financeiros) ou o "como" (medidas do processo que contribuem para os resultados financeiros), mas têm lutado para desenvolver metodologias para quantificar diretamente o "porquê", que é inefável, subjetivo e flexível. Algumas empresas de consultoria e acadêmicos tentaram assumir o subjetivo projetando pesquisas para capturar o sentimento, consultando clientes ou funcionários. A empresa de consultoria de *marketing* Strawberry Frog revelou seu Purpose Power Index, que analisa o sentimento do cliente sobre as marcas e suas razões de ser. Milhares de clientes participaram da pesquisa, que abrangeu mais de 200 marcas. A pesquisa faz quatro perguntas: "a marca está comprometida em mudar o mundo para melhor?"; "faz coisas para beneficiar todos os *stakeholders*, não apenas os acionistas?"; "tem um propósito maior que o lucro?"; e "faz coisas para melhorar a vida das pessoas e de suas comunidades?"[61].

Um grupo de acadêmicos espanhóis revelou uma metodologia para medir o propósito diretamente, a qual rastreia três fatores constituintes: até que ponto os funcionários entendem, se identificam e contribuem para o propósito.[62]

Da mesma forma, a empresa de consultoria BCG criou uma pesquisa que mede a "robustez" do propósito em quatro características: a facilidade com que ele é articulado, a inspiração que ele proporciona, a profundidade com que está incorporado na operação e até que ponto os funcionários acham que o propósito é reconhecido pelas pessoas de fora. Embora as tentativas de medir fenômenos subjetivos diretamente possam levar a problemas de confiabilidade (a pesquisa produz resultados consistentes?) e validade (a pesquisa consegue medir o que afirma?), esses dois esforços são louváveis, e espero que incentivem outros a experimentar também.[63]

Empresas com um propósito profundo, como BD, Bühler, Etsy e Mahindra, também têm procurado medir o compromisso com o propósito usando uma série de indicadores baseados na percepção de clientes e funcionários. Nenhum deles resolveu o problema, mas, como um grupo, eles se esforçaram para desenvolver sistemas de medição que tornem o propósito mais tangível e, portanto, acionável. Em vez de perguntar sobre o propósito diretamente, eles perguntam *indiretamente,* adotando uma de duas abordagens básicas. Algumas empresas com um propósito profundo medem o propósito indiretamente monitorando o que podemos chamar de *precursores do propósito*: elas rastreiam antecedentes, ações ou condições que induzem ou permitem o propósito. Como alternativa, elas medem a percepção desses antecedentes. Na Mahindra, por exemplo, os líderes coletam dados de pesquisa dos funcionários, pedindo-lhes que respondam a itens como "Esforços suficientes foram feitos na organização/setor para trazer conscientização e compreensão sobre o *Rise?*".[64]

Uma segunda abordagem, aparentemente mais comum, é tentar tornar a intenção existencial mais concreta, rastreando *resultados do propósito,* que são diversos tipos de resultados visíveis que podem refletir a presença da intenção existencial. Algumas empresas definem princípios ligados ao propósito e, em seguida, comportamentos associados a esses princípios. Ao acompanhar o quanto desses comportamentos a organização está vendo, os líderes têm uma noção de quão profundamente o propósito está animando a organização. A Mahindra criou uma "estrutura 3+5", combinando três "pilares" ou princípios associados ao seu propósito e cinco comportamentos de liderança, usando classificações em avaliações de 360 graus para ajudar os líderes a medir seu progresso. A Microsoft também fez algo semelhante.

Avançando ainda mais na cadeia de causa e efeito, muitos líderes medem os os resultados finais produzidos pela organização (via comportamentos no local de trabalho) e vinculados ao propósito. Nesse caso, as empresas não estão mais medindo o *porquê* do desempenho, mas deduzindo sua dedicação ao propósito ao medir o *quê*, expandindo sua noção de desempenho para abranger tanto os resultados financeiros *quanto* os sociais (bem como as percepções desses resultados). Para capturar a dimensão social do desempenho como substituto para o propósito, algumas empresas com um propósito profundo acompanham os resultados finais vinculados às metas ambiental, social e de governança (ESG, *environmental, social and governance*). Existem muitas estruturas e padrões, e as organizações que classificam as empresas por seu desempenho ESG divergem na forma como definem, medem e ponderam os resultados das empresas.[65] Dada a ausência de um padrão de medição aceito de forma universal,[66] várias empresas que estudei elaboraram suas próprias métricas de resultados finais, enfatizando a simplicidade. O Conselho Internacional de Negócios do Fórum Econômico Mundial procurou controlar a complexidade e criou um conjunto padrão de 21 métricas centrais e 34 métricas adicionais, relacionadas às áreas de "governança, planeta, pessoas e prosperidade", que as empresas poderiam usar para acompanhar seu progresso com a sustentabilidade.

A Bühler acompanha o desempenho financeiro e sua execução em três áreas relacionadas à sustentabilidade: economia, natureza e humanidade. A empresa também realizou uma pesquisa pedindo a uma série de *stakeholders* dentro e fora da empresa que considerassem quatro dezenas de tópicos relacionados ao seu propósito, classificando sua importância e avaliando tanto o desempenho da Bühler nesses tópicos quanto o impacto desses tópicos para a Bühler.[67] Essa pesquisa permitiu à empresa aferir *percepções* de resultados de desempenho relacionados ao propósito. A Etsy acompanha as métricas de resultados finais em três áreas-chave, semelhantes às da Bühler: impacto econômico, impacto social e impacto ecológico. Em cada área, a empresa estabeleceu medidas que são auditadas, e ela comunica formalmente o desempenho financeiro em um relatório anual integrado.[68] "Acredito firmemente que definir metas, ter terceiros auditando esses números e deixar que o mundo nos responsabilize é muito útil", diz o CEO Josh Silverman.[69]

Apesar de ser uma *startup*, a produtora de farinha One Mighty Mill, uma Empresa B certificada e dedicada à regeneração de sistemas alimentares locais, já é muito ponderada sobre o propósito da medição. A empresa está implementando um sistema para rastrear métricas com base em resultados relacionados às suas principais operações, incluindo a quantidade de trigo orgânico que adquire, quantos moinhos constrói, quanto trigo moe e adquire localmente, quanto de seus produtos entrega a crianças que normalmente não acessariam eles e quantos sistemas escolares recebem seu apoio alimentar e educacional.[70]

Um dos métodos mais sofisticados que encontrei para medir os resultados finais ligados ao propósito foi na EY (deixe que os contadores liderem nessa área). Definindo o seu propósito como "construir um mundo do trabalho melhor", a empresa associou-o a uma "ambição", à prestação de "valor a longo prazo como a empresa de serviços profissionais mais confiável e distinta do mundo". Essa ênfase no valor de longo prazo é essencial, destacando uma das características mais importantes do propósito como orientação fundamental para os negócios.

As equipes da EY, por sua vez, definiram quatro tipos de valor de longo prazo ligados a diferentes grupos de *stakeholders* e questões de ESG: valor do cliente (clientes), valor das pessoas (funcionários), valor social (comunidades e planeta) e valor financeiro (parceiros da EY). Para medir o propósito, as equipes da EY medem os resultados nessas quatro formas de valor usando 10 métricas principais.[71] Essas métricas, por sua vez, se conectam a um conjunto adicional de métricas comportamentais que permitem que os parceiros da EY acompanhem seu próprio desempenho em relação aos quatro tipos de valor e ao propósito. As equipes da EY usaram essas métricas para definir metas ambiciosas e concretas, acompanhar o progresso anual e recompensar parceiros. A organização também tem buscado mapear metas internas para medidas de ESG mais convencionais.

Como Carmine Di Sibio, presidente global e CEO da EY, disse-me, as métricas ajudam porque demonstram aos *stakeholders* externos, incluindo potenciais colaboradores e funcionários, que a empresa leva o propósito a sério. "As empresas precisam ser capazes de mostrar o que estão fazendo. É um problema quando elas falam muito de propósito e é só conversa; o que precisa ser mostrado são resultados".[72] Métricas e incentivos também ajudam a garantir que os funcionários cumpram o propósito. "Você tem de medir os resultados e também como está se saindo em relação à estratégia. Se sua estratégia é orientada a valor no longo prazo e você não medir, não haverá motivação para chegar lá". A figura a seguir resume as métricas e metas específicas associadas aos quatro tipos de valor.

MEDIÇÃO DO PROPÓSITO NA EY
(Adaptada com permissão da EY)

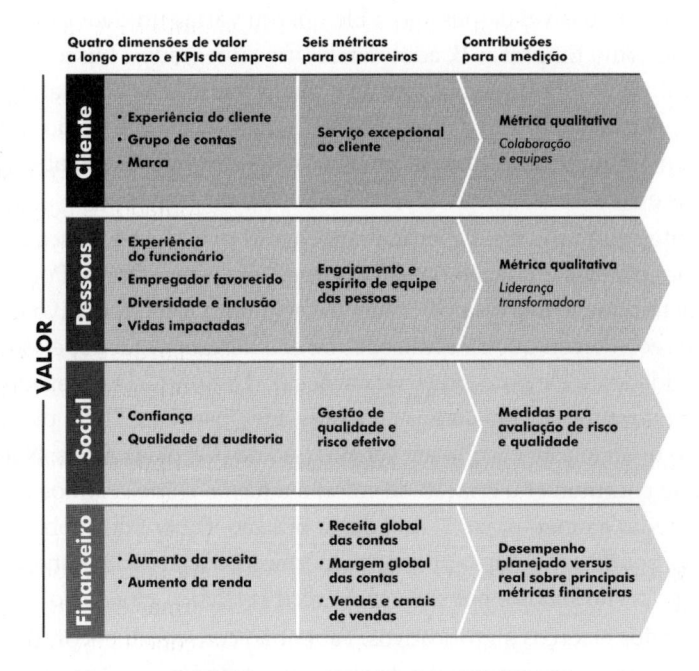

Quatro dimensões de valor a longo prazo e KPIs da empresa	Seis métricas para os parceiros	Contribuições para a medição
Cliente • Experiência do cliente • Grupo de contas • Marca	Serviço excepcional ao cliente	Métrica qualitativa Colaboração e equipes
Pessoas • Experiência do funcionário • Empregador favorecido • Diversidade e inclusão • Vidas impactadas	Engajamento e espírito de equipe das pessoas	Métrica qualitativa Liderança transformadora
Social • Confiança • Qualidade da auditoria	Gestão de qualidade e risco efetivo	Medidas para avaliação de risco e qualidade
Financeiro • Aumento da receita • Aumento da renda	• Receita global das contas • Margem global das contas • Vendas e canais de vendas	Desempenho planejado versus real sobre principais métricas financeiras

VALOR

FIGURA 1 Ambição global da EY.

Em última análise, o propósito fala do que alguns chamam de "dimensão humana" dos negócios. Como aponta um observador, "pelo menos parte dessa dimensão sempre será difícil para os principais executivos coletarem, processarem e decodificarem em seus painéis digitais. Como resultado, eles devem se esforçar mais para gerenciar as coisas que nunca serão medidas com facilidade".[73] Em seu entusiasmo e dedicação a uma razão de ser, líderes com um propósito profundo fazem esse esforço, encontrando novas maneiras de quantificar a busca da organização por sua intenção existencial.

Desviador #3: o dilema do bom samaritano

Em março de 2021, surgiu a notícia de que Emmanuel Faber havia sido destituído do cargo de presidente e CEO da gigante global de alimentos Danone após um desafio de investidores.[74] Faber havia se tornado um proeminente defensor do capitalismo do propósito e *multistakeholder*, reanimando a Danone na busca pelo propósito de "levar saúde por meio da alimentação ao maior número possível de pessoas". Ele operou várias unidades de negócios da Danone como Empresas B, adotou relatórios integrados, buscou promover uma cultura de confiança e autonomia e muito mais.[75] Em 2020, a Danone se tornou a primeira empresa de capital aberto a ser formalmente designada na França como *Entreprise à Mission*, um *status* que a obrigava a estabelecer metas sociais e ambientais claras e relacionadas ao seu propósito.[76]

Durante seu mandato, Faber foi explícito ao dizer que a busca pelo propósito não impedia a criação de valor agregado aos acionistas. Por exemplo, ele prometeu que a empresa veria um "crescimento forte, lucrativo e sustentável"[77] e reconheceu que as avaliações de seu desempenho dependeriam de sua capacidade de elevar o preço das ações da Danone.[78] Descrevendo a designação *Entreprise à Mission* aos analistas, ele observou: "Não provaremos que nosso modelo está correto até vermos isso no preço das ações. Não é uma questão de contradizer a criação de valor; é a forma como criamos esse valor a curto, médio e longo prazo".[79] Em outra ocasião, Faber falou sobre a necessidade de "equilibrar o duplo projeto econômico e social da Danone". A busca pela justiça social levaria, por sua vez, à "resiliência desse negócio".[80]

Apesar dos esforços significativos, Faber não conseguiu encontrar o equilíbrio certo entre impacto social e desempenho econômico. O preço das ações da Danone despencou 25% em 2020, e a empresa viu um declínio nas vendas pela primeira vez em décadas.[81] Desde 2014, os preços das ações da Danone diminuíram em valor em relação aos das concorrentes Nestlé e Unilever, e a empresa também não cumpriu as previsões de lucro em três ocasiões.[82] Como explicou um representante da Blue Bell Capital, um investidor que havia pedido a demissão de Faber, sua reclamação não era com a busca de Faber por um propósito e uma lógica social; o problema era o fracasso de Faber em lidar com o desempenho financeiro inadequado da empresa: "Faber estava tentando usar a sustentabilidade como parte de sua defesa, mas nunca colocamos em dúvida os investimentos em ESG da Danone, e nos preocupamos muito com esses temas. Suas concorrentes, como Nestlé e Unilever, também fazem do ESG uma prioridade, mas têm melhores resultados financeiros. Nosso problema com Faber não era ideológico, mas operacional".[83] O cofundador da Blue Bell observou que o benefício social "não pode vir à custa do retorno aos acionistas. O principal dever de uma empresa de capital aberto é remunerar os acionistas".[84]

A queda de Faber não significa que o capitalismo movido por propósito não funcione, como alguns se perguntaram. Pelo contrário, sugere a importância de gerir as expectativas dos acionistas com destreza. Defina expectativas de desempenho muito altas e você pagará o preço quando não entregar esse resultado. A queda de Faber também nos aponta para outro fator de desvio fundamental que os líderes com um propósito profundo devem antecipar: o dilema do bom samaritano. Líderes que entendem a necessidade de seguir uma lógica social e econômica ainda podem, em seu profundo compromisso de fazer o bem, não conseguir oferecer crescimento e lucros suficientes. Eles podem presumir que o sucesso em "fazer o bem" de alguma forma lhes dá um passe para não se sair tão bem quanto seus pares. Eles podem se sentir tão confiantes de que suas estratégias produzirão o maior bem para todos os *stakeholders* no longo prazo que não sentem a necessidade de atender às necessidades de curto prazo dos acionistas. Ou, como no caso de Faber, eles podem simplesmente esbarrar em azar ou desafios de mercado que tornam difícil ou impossível agradar os investidores (Faber enfrentou uma pandemia que levou suas vendas de água engarrafada ao colapso, e ele também estava operando em um setor de laticínios altamente comoditizado). Em cada uma dessas situações, ao buscar o propósito, os líderes que buscam fazer o bem lutam para entender como equilibrar as lógicas comerciais e sociais.

Como o caso de Faber sugere, e como a pesquisa confirma, os investidores desenvolvem expectativas ainda *maiores* de líderes que buscam uma lógica social.[85] A verdade é que *ninguém* escapa de enfrentar o desempenho financeiro de curto e longo prazo, quer tenha se esforçado para entregar lucros para os acionistas, quer não. Além disso, certamente, estratégias fortes e de valor compartilhado não significam que os líderes possam tirar os olhos da lógica comercial. Os líderes que vão mais a fundo no propósito não são aqueles que empurram a lógica social a todo custo; são aqueles que, como Josh Silverman, da Etsy, ou Satya Nadella, da Microsoft, sempre atendem às lógicas social *e* comercial. Ignorar excessivamente os lucros pode ser prejudicial porque pode provocar uma reação exagerada, que afasta demais a empresa de sua lógica social. Foi o que aconteceu na Boeing durante o final dos anos 1990 e 2000, quando o impulso para reformar uma empresa que parecia negligenciar a lógica comercial a levou a colocar muita ênfase na redução de custos, gerando consequências desastrosas.

Empresas com um propósito profundo podem tomar certas decisões que, no curto prazo, privilegiam certos *stakeholders* e até diminuem os lucros dentro de limites razoáveis. No entanto, a longo prazo, elas resolvem o dilema do fazedor-do-bem e equilibram as lógicas comercial e social. Como elas entendem, um negócio sempre permanece um negócio, devendo gerar um retorno razoável sobre o investimento para sobreviver. Para contornar o dilema do bom samaritano, líderes com um propósito profundo tomam medidas rápidas quando julgam que a empresa se desviou demais de sua lógica comercial. Quando surgiu a pandemia da covid-19, a Mahindra se intensificou para tomar uma série de medidas ambiciosas de orientação social, fornecendo assistência a funcionários, comunidades locais e outros *stakeholders*. Com o avanço da pandemia e o desenrolar da crise econômica, os líderes perceberam que teriam de tomar medidas dolorosas para manter a empresa em terreno sólido, incluindo o fechamento de certas operações e a demissão de funcionários. Tais decisões não foram agradáveis, mas a empresa seguiu em frente, comportando-se da forma mais compassiva possível. A Mahindra não estava se afastando de seu propósito; ela estava se posicionando para sobreviver como um empreendimento, continuando sua caminhada desafiadora no fio da navalha.

Desviador #4: a divisão propósito-estratégia

Vimos que o propósito traz benefícios direcionais para as empresas, servindo como uma "estrela-guia" para a formação de estratégias de crescimento convincentes. O propósito pode ajudar a canalizar a inovação, focando os líderes para que pensem de forma mais holística e ampla dentro de uma área mais restrita. Por outro lado, a elaboração de estratégias desprovidas de propósito pode prejudicar os líderes, deixando-os responder reativamente às forças do mercado e aos movimentos dos concorrentes, em vez de liderar os mercados, perseguindo um objetivo claro e primordial.

Os líderes podem achar difícil manter a estratégia alinhada com um propósito subjacente. Eles podem desviar o propósito para recursos humanos e *marketing*, considerando-o uma atividade do "lado direito do cérebro". No que diz respeito à estratégia como seu objetivo, eles podem abordar isso como apenas uma atividade do "lado esquerdo do cérebro", envolvendo uma análise rigorosa dos mercados. Confrontados com as pressões dos investidores, os líderes também podem se sentir tentados a escolher estratégias que gerem ganhos de curto prazo, mas não conseguem avançar o propósito da empresa no longo prazo. Os líderes podem cair em uma perspectiva voltada para o exterior, tirando o olho do que torna sua empresa única e preocupando-se em igualar seus concorrentes a cada momento ou em se conectar com as últimas tendências. Os líderes podem se distanciar dos clientes e do valor social que lhes é fornecido. Eles podem simplesmente sentir medo de não buscar algumas oportunidades à medida que surgem, incluindo aquelas que contradizem ou vão contra o propósito. A chegada de novos líderes que interpretam mal ou não têm compromisso com o propósito também pode levar a uma disrupção entre a estratégia e a intenção existencial.

Reconhecendo como é fácil haver divergência entre estratégia e propósito, os líderes com um propósito profundo tomam medidas para manter a si mesmos e aos outros líderes focados no propósito. Primeiro, eles consideram as metas de impacto parte de seu processo de planejamento estratégico e fazem do propósito um ponto de partida ao conduzir conversas estratégicas. Quando a Warby Parker desenvolveu sua nova oferta de lentes de contato Scout, os membros da equipe de estratégia e outros em toda a empresa consideraram maneiras de garantir que a nova oferta fosse reconhecidamente "Warby" e permitisse que a empresa fizesse mais o bem, além de expandir seus negócios. Os compromissos arraigados da Warby Parker com seus clientes e seu propósito levaram os membros da equipe a manter o preço baixo, a construir uma experiência excepcional para o cliente e a priorizar uma embalagem da nova oferta mais ecológica do que a embalagem convencional das lentes de contato. Por fim, eles optaram por vender lentes de contato de terceiros, além da Scout, percebendo essa decisão como um passo importante que poderiam dar para se manterem responsivos às necessidades dos clientes.[86]

No entanto, os líderes com um propósito profundo não se limitam a cuidar do processo de elaboração da estratégia para manter a estratégia dentro do propósito. Reconhecendo como a atração gravitacional contra o propósito é forte, alguns deles estabelecem compromissos *externos* que mantêm suas estratégias no caminho certo no longo prazo. Esses compromissos variam em seu rigor e formalidade. Em uma ponta do espectro, algumas empresas com um propósito profundo se comprometem voluntariamente a atingir certos objetivos ligados ao seu propósito e relatam seu progresso. A Bühler não apenas adotou metas claras em torno da sustentabilidade como também adotou repetidamente metas mais agressivas durante a década de 2010. Ao convocar reuniões de alto nível no setor, focadas em promover a sustentabilidade, a empresa se apegou ainda mais à sua intenção existencial, tornando mais difícil para seus próprios líderes se afastarem do propósito sem chamar atenção. Em muitas empresas com um propósito profundo, os relatórios integrados e os relatórios de sustentabilidade também ajudam os *stakeholders* externos a responsabilizar os líderes pela aderência ao propósito sem abrir mão de sua reputação.

Uma forma mais rigorosa de se comprometer externamente com o propósito é assumir compromissos públicos vinculantes. As empresas podem se vincular voluntariamente a designações externas, como a certificação de Empresa B, que as comprometam com padrões de ESG estabelecidos externamente (um substituto do propósito) ou a um órgão de certificação terceirizado. As empresas podem ir ainda mais longe e transformar suas estruturas de governança jurídica. Fundada em 2007, a Veeva Systems é uma fornecedora de soluções de tecnologia baseadas em nuvem para empresas de ciências da vida. Começando com soluções de CRM, a empresa se ramificou em 2012 para adotar soluções relacionadas a P&D, incluindo operações de testes clínicos. Em 2019, a Veeva gerava US$ 1 bilhão em receitas, com uma meta pública de se tornar uma empresa de US$ 3 bilhões até 2025. Como o cofundador e CEO Peter Gassner me disse, ele ficou intrigado com a estrutura tradicional de uma Empresa C ao revisar o estatuto original de sua empresa. Em uma Empresa C, líderes e membros do conselho são legalmente obrigados a servir como fiduciários para apenas um *stakeholder*: os acionistas. "Isso é um tanto raso", ele me disse em uma entrevista. "Você trabalha muito. Você está com clientes, você está com funcionários... deveria ser sobre todos. Não se constrói uma grande empresa se for só para ganhar dinheiro para os acionistas".[87] No modo de pensar de Gassner, seria muito melhor se a Veeva tivesse uma estrutura de governança que *obrigasse* ele e outros líderes a executar estratégias que entregassem valor para todos.

Apesar de seus receios, Gassner assinou o estatuto na época da fundação da Veeva e a estabeleceu como uma Empresa C tradicional. Somente em 2018, quando a Veeva já aberto seu capital e a sobrevivência a longo prazo parecia garantida, ele e o cofundador Matt Wallach consideraram firmemente tornar a empresa uma empresa de benefício público (PBC, *public benefit corporation*): uma entidade corporativa com fins lucrativos cujos líderes têm a responsabilidade fiduciária de agir para o melhor interesse da sociedade, dos funcionários, da comunidade e do meio ambiente, além dos acionistas (por outro lado, uma Empresa B é meramente uma designação conferida por um órgão externo, não sendo um *status* legal). Tornar-se uma empresa de benefício público parecia assustador; ninguém em sua indústria havia feito isso. No entanto, os fundadores gostaram do fato de que a incorporação como uma entidade de benefício público vincularia publicamente a gestão a um futuro distante. "É assim que operamos a empresa", disse Gassner, "e sempre dissemos que é por visão e valores. Agora estamos colocando isso por escrito, para que todos possam ver".[88]

Em 1º de fevereiro de 2021, a Veeva se tornou a primeira empresa de capital aberto do mundo a mudar seu contrato social e se tornar uma empresa de benefício público, com impressionantes 99% dos acionistas votantes a favor da mudança. O propósito de benefício público da empresa é "ajudar a tornar as indústrias que atendemos mais produtivas e criar oportunidades de emprego de alta qualidade".[89] Gassner está convencido de que, a longo prazo, tornar-se uma empresa de benefício público manterá a empresa mais focada em suas estratégias, em grande parte devido aos talentos que isso atrai. "Vai impactar o tipo de pessoas que a gente tem no nosso conselho. Provavelmente vai impactar quem será o próximo CEO da Veeva. Isso muda fundamentalmente o dever da nossa diretoria".[90]

O *status* de benefício público também poderia aproximar a Veeva de seus clientes, muitos dos quais podem ter resistido a comprar mais *software* da empresa por medo de se tornarem excessivamente dependentes de um único fornecedor. O *status* de benefício público sinalizaria aos clientes que a Veeva está tão profundamente comprometida com eles quanto com seus acionistas, criando relacionamentos de confiança de longo prazo que podem levar ao crescimento das vendas. O novo *status* também influenciaria o impacto de qualquer futura aquisição da empresa. "Não se trata mais de maximizar o retorno financeiro", disse Gassner. "Trata-se de fazer a coisa certa para todos os membros. O conselho será mantido legalmente vinculado a isso, e eles não podem estar legalmente ligados ao 'Ah, você não está vendo estritamente o retorno financeiro'." Por fim, o *status* de benefício público influencia as estratégias que os líderes podem considerar. As estratégias potenciais costumavam vir mais ou menos exclusivamente do mercado. "Agora, acho que as ideias vão sair do lado do propósito também, então vai ser um equilíbrio". Wallach concorda, observando que "algumas das ideias serão maiores agora. Nunca imaginamos a ideia de que a FDA poderia chegar até a Veeva e nos pedir para fazer algo, em seu nome, algo que ajudasse todo o setor. No entanto, agora acho que pode acontecer".[91]

Para maximizar o alinhamento do propósito com a estratégia, você deve gravar a sua razão de ser em sua estrutura de governança. Como Emmanuel Faber me disse: "Acredito de verdade que sua busca por propósito, está incompleta se você não o colocar como parte de sua governança. Essa é uma parte muito importante do que torna possível perseguir o propósito de forma eficiente e consistente ao longo do tempo".[92] Faber observou, em particular, que a inclusão de uma abordagem de *multistakeholders* nos estatutos de uma empresa permite que ela sobreviva à saída de qualquer dirigente específico. Agora que ele foi forçado a sair da Danone, estratégia e propósito permanecerão alinhados lá? Por ser uma *Enterprise à Mission*, é possível que sim.

Lições para líderes

No início de 2020, foi divulgado um conjunto de comunicados internos da Boeing que pareciam confirmar a existência de problemas culturais na empresa. Vários funcionários expressaram dúvidas sobre o 737 Max e falaram de forma depreciativa a respeito de agências reguladoras e clientes. Em 2016, um funcionário usou a expressão "cães assistindo TV" para se referir a essas agências. Outro funcionário, naquele mesmo ano, divulgou a um colega que o 737 Max era "uma piada" e "ridículo". Outro, em 2018, afirmou que não deixaria sua própria família voar em um 737 Max. Comentando as mensagens, um ex-funcionário da Boeing refletiu que "os engenheiros normalmente não falam dessa maneira. Essa não é a empresa que eu conhecia". Um funcionário da época, frustrado com o 737 Max, opinou que "às vezes você tem de deixar grandes coisas falharem para que todos possam identificar um problema... talvez seja isso que precisa acontecer, em vez de continuar se escapando por pouco".[93]

O que torna esses comentários especialmente condenatórios é que, nessa mesma época, a Boeing ainda se apresentava como uma empresa orientada a propósito e com grandes ambições. Em 2016, ano do voo inaugural do 737 Max, o relatório anual da Boeing anunciou que a "missão e o propósito da empresa são conectar, proteger, explorar e inspirar o mundo por meio da inovação aeroespacial".[94] A empresa repetiu essa missão em seus relatórios anuais de 2017 e 2018, acrescentando que tinha como objetivo "ser a melhor no setor aeroespacial e uma campeã industrial global duradoura".[95] A Boeing parece, em outras palavras, ter se tornado uma empresa de propósito conveniente, com seus líderes perseguindo principalmente objetivos comerciais sob a bandeira do propósito e com sua cultura subjacente inadequada à nobre intenção de ajudar a humanidade "por meio da inovação aeroespacial".

Por mais prejudicial que a corrosão do propósito seja para empresas individuais, para não mencionar para clientes ou espectadores inocentes que podem ser mutilados ou mortos, ela também tem um impacto sistêmico, atrasando a causa mais ampla da reforma no capitalismo. A busca de um propósito profundo equivale a uma mudança fundamental na forma como as empresas são organizadas, lideradas e operadas. Ele permite que líderes e empresas ganhem em todos os sentidos da palavra, não apenas alcançando melhor desempenho financeiro, mas também desbloqueando mais valor para todos os *stakeholders*, incluindo funcionários, comunidades e o planeta. Para que o capitalismo evolua e progrida na solução dos maiores problemas enfrentados pela humanidade, precisamos que líderes e empresas em todos os lugares adotem um propósito profundo. No entanto, toda vez que uma empresa de propósito superficial aparece nas manchetes da mídia, a promessa subjacente à busca de propósito é atingida. Os líderes e o público em geral ficam desconfiados em relação ao propósito, percebendo-o como apenas mais um discurso de *marketing*. Eles recebem as alegações de empresas com um propósito profundo com ceticismo e se tornam ainda mais relutantes em empurrar o propósito mais profundamente em suas próprias organizações.

Não quero culpar os líderes indevidamente. Embora a má tomada de decisões ou as prioridades equivocadas muitas vezes levem ao fim de propósitos profundos, muitas empresas que são vítimas dos desviadores descritos neste capítulo fazem isso *apesar* do foco e da determinação de líderes bem-intencionados. O caminho do propósito profundo é tremendamente difícil – novamente, é uma caminhada no fio da navalha. A qualquer momento, um dos desviadores pode empurrá-lo para fora, com consequências potencialmente desastrosas. O trabalho do líder de com um propósito profundo não envolve apenas definir, comunicar e incorporar o propósito, por mais desafiadoras que essas tarefas possam ser. O trabalho também envolve permanecer vigilante e fazer o possível em todos os momentos para garantir que o compromisso da organização não se desvie.

Líderes com um propósito profundo não cedem sob o fardo da vigilância sem fim. Eles assumem fervorosamente suas responsabilidades como guardiões do propósito, percebendo isso como uma parte essencial de sua nobre busca. A maioria dos líderes tem como objetivo executar uma ideia de negócio poderosa na qual acreditam. Líderes com um propósito profundo fazem muito mais: eles almejam um *ideal*, um sonho de futuro tão ambicioso que, muito provavelmente, nunca terão a oportunidade de ver plenamente realizado. Esse é um idealismo prático, como vimos, mas mesmo assim continua sendo idealismo. Como qualquer pessoa que almeja um ideal, os líderes com um propósito profundo se concentram principalmente no esforço em si, aceitando que nunca realizarão seus sonhos de modo pleno (embora esperem ver um progresso significativo). Durante todo o tempo, eles permanecem o mais conscientes possível de sua intenção existencial, mantendo-se atentos a novas oportunidades para realizar mais plenamente o propósito e protegê-lo de possíveis desviadores.

Considere os desviadores que examinamos. Algum deles desperta uma preocupação especial? Que proteções você poderia conceber para enfrentá-los *antes* que ocorra um desastre? Se nenhuma salvaguarda óbvia vier à mente, como você pode criar novas maneiras de garantir a sua permanência no caminho certo? De forma mais ampla, pergunte-se: onde ou em que aspectos sua organização parece mais fraca em sua busca pelo propósito? E em áreas ou dimensões em que ela pode ser forte, como você pode se esforçar ainda mais e proteger ainda mais a organização? Por fim, pense em decisões específicas que você enfrenta. Como você poderia equilibrar melhor as lógicas social e comercial para atender *a todos os stakeholders* a longo prazo e garantir que você permaneça no propósito?

A busca por um ideal muitas vezes é desconfortável, até mesmo dolorosa. No entanto, líderes com um propósito profundo e suas organizações seguem em frente, inspirados por sua intenção existencial e determinados a fazer o seu melhor. Como membros dedicados de uma comunidade moral, eles permanecem fixados em seu ideal com todo o coração e alma, ligados a ele por um fervor quase religioso. Grandes ideias têm seu poder, mas somente grandes ideais podem capturar nossa imaginação coletiva e aproveitar nossa energia ao máximo. Eles nos capacitam a perseverar contra as dificuldades e, com o passar do tempo, a mudar nossas organizações e o mundo. Espero que sua organização busque um ideal tão inspirador quanto esse, aconteça o que acontecer. E para o bem de todos os *stakeholders* e da sociedade em geral, espero que você se dedique *profundamente a isso*.

EPÍLOGO
INTRODUÇÃO AO PROPÓSITO PROFUNDO

Passos de ação a considerar

Este livro buscou detalhar uma nova mentalidade sobre propósito, que força os executivos a repensar o que fazem. Contudo, repensar não é o suficiente. Para colher os frutos do propósito, é preciso agir para colocá-lo em prática. Eis algumas outras sugestões que ajudam a traduzir uma mentalidade de propósito profundo em ação de liderança.

Capítulo 1: O que *realmente* é propósito?

Faça um balanço. Atualmente, até que ponto sua empresa se envolve com o propósito? Você está abordando o propósito de modo superficial ou conveniente? Alguns de seus negócios e ofertas estão alinhados com seu propósito, mas não todos? Você busca oportunidades ganha-ganha, mas negligencia o avanço do propósito quando a viabilidade comercial dessas oportunidades não é imediatamente óbvia? O propósito é uma parte clara e tangível do seu modelo operacional? Em que medida suas ações e declarações refletem o propósito? Pense em cada um dos seus *stakeholders*. Até que ponto eles se sentem conectados com sua organização e no propósito dela?

Desafie sua declaração de propósito. Faça com que sua equipe de liderança avalie a validade e a relevância de sua declaração de propósito como ela está hoje. Se ela não passar pela avaliação, então a reafirme.

Lembre-se de que seu propósito não deve transmitir apenas um objetivo, mas também uma aspiração elevada. Além disso, ele deve enfatizar as lógicas comerciais e sociais, articulando as prioridades principais da organização.

Adote uma nova compreensão de propósito. Esclareça com sua equipe de liderança que o propósito pode ajudá-la a se tornar mais produtiva, mais engajada com seus clientes e mercados e mais adaptável, com o objetivo de construir um negócio de longo prazo. Incorpore a ideia de que o propósito, quando perseguido profundamente, pode ser transformador, um novo sistema operacional e a chave para o alto desempenho.

Capítulo 2: Caminhando no fio da navalha

Avalie as escolhas. Resista ao impulso de se esquivar ou de evitar escolhas quando elas aparecerem. Em vez disso, aceite-as. Investigue as perspectivas dos principais *stakeholders* e as prováveis implicações de suas decisões. Ao avaliar possíveis soluções, use explicitamente o propósito como sua "estrela-guia".

Olhe além do ganha-ganha. Para ser um líder com um propósito profundo, você deve estar disposto a investir em ideias que não necessariamente atingirão o ponto ideal de entregar tanto valor social quanto comercial. Quando uma determinada ideia de negócio cria principalmente valor social, explore agressivamente também as opções para criar valor comercial (reconhecendo que você pode querer dar esse salto antes que o valor comercial pareça ser um objetivo totalmente possível). Você também encontrará ideias que impulsionam principalmente o valor comercial. Aqui, você deve ter a coragem de investigar maneiras de gerar impacto social, *desvinculando*-se quando isso não for possível. Em negócios herdados, em que você não pode se desengajar no curto prazo, faça a transição criando um portfólio de negócios, incluindo alguns que geram impacto social. Adote um cronograma para se desvincular de negócios que não têm impacto social e montar negócios que se alinhem melhor com o seu propósito.

Comunique suas escolhas. Se você está fazendo escolhas difíceis para equilibrar os interesses dos *stakeholders*, comunique a lógica de suas decisões de forma transparente, pois isso aumentará a compreensão dos *stakeholders* e demonstrará seu comprometimento com o propósito. Contextualize essa lógica remetendo ao propósito da organização e à visão moral que ela tem.

Capítulo 3: Quatro propulsores para um desempenho superior

Deixe o propósito guiar sua conversa sobre estratégia. Ao deliberar sobre direções estratégicas específicas no curto e no longo prazos, comece com propósito. Certifique-se de que sua razão de ser deixa evidente as escolhas estratégicas que você pode vir a adotar. Reúna disciplina e força para recusar opções que não se alinham ao seu propósito.

Traduza o propósito em seus esforços de recrutamento e integração. Use o propósito como um filtro ao tomar decisões para contratar, integrar e promover indivíduos. Divida o propósito primeiro em princípios e depois em comportamentos específicos. Espere que sua força de trabalho internalize esses princípios e comportamentos, usando medidas e recompensas para fazer com que eles se mantenham.

Avalie sua marca. Com que clareza sua marca externa comunica o propósito? Sua razão de ser é parte de sua identidade? Existem oportunidades para destacar seu propósito de forma autêntica? Você está tomando posições públicas significativas em relação ao seu propósito? Deixe o propósito guiar sua estratégia de *marketing* e de marca, inclusive nas decisões sobre quando tomar uma posição pública ou permanecer em silêncio.

Ajuste suas conversas com os stakeholders. Convoque clientes, fornecedores e outros *stakeholders* de maneiras criativas em torno de sua razão de ser. Crie maior transparência em sua tomada de decisão, usando o propósito como base para comunicar decisões específicas. Não hesite em "demitir" ou parar de procurar *stakeholders* que não se alinham bem ao propósito.

Capítulo 4: De onde *realmente* vem o propósito: olhe para trás enquanto olha para a frente

Realize uma auditoria histórica de seu propósito atual. Se você já fez algum trabalho nessa área, aproveite para se aprofundar, entrevistando fundadores, primeiros colaboradores, primeiros clientes e assim por diante. Se você não escreveu um histórico da sua empresa, você pode planejar isso. Pense em como você pode articular seu propósito para explorar mais profundamente a "alma" da empresa. Se você estiver desenvolvendo uma nova declaração de propósito, comece mergulhando no passado, embarcando em um processo de descoberta que, com o tempo, levará a uma declaração de propósito claramente definida.

Realize "discussões de propósito" contínuas, nas quais você possa realizar um "teste de estresse" no propósito. Essas discussões podem ocorrer anualmente ou a cada poucos anos. Convide os principais líderes para discutir o propósito e incentive os gerentes a engajar seus colaboradores também. Esteja pronto para agir com base nessas conversas.

Conecte o passado e o futuro. Ao enraizar seu propósito no passado, evite ater-se somente ao passado, impedindo-o de se mover em direção ao futuro. Você não precisa aderir cegamente a práticas e prioridades passadas. Explore ativamente futuras oportunidades de crescimento, mantendo seu propósito como guia. No final, procure chegar a uma síntese que reúna novidade e tradição.

Capacite as pessoas na tomada de decisões baseada em princípios. Traduza o propósito em princípios simples e compreensíveis, que os outros possam seguir de forma autônoma para tomar decisões orientadas a propósito. Dê-lhes oportunidades de praticar a aplicação desses princípios em situações da vida real.

Capítulo 5: Você é poeta ou encanador?

Defina uma Grande História para o seu propósito. Se você está acostumado a falar estritamente sobre o impacto que suas ofertas têm sobre os colaboradores, que tipo de narrativa grandiosa e abrangente você pode criar? Certifique-se de que essa narrativa fale autenticamente com a real intenção da empresa e com sua própria intenção como líder.

Elabore sua Grande História para despertar ação. Para maximizar o impacto da história, conecte-a com sua história pessoal, convoque explicitamente a organização como uma comunidade moral e conte a Grande História de uma forma que transmita um sentido de urgência.

Seja vulnerável. Explique abertamente e fale com emoção sobre sua conexão com o propósito, tornando-se vulnerável. Explique ao seu pessoal por que *você* se sente tão motivado a convocar uma comunidade moral em sua empresa. Evoque o processo pelo qual você veio a descobrir o propósito e a persegui-lo como seu.

Repense a forma como você reage durante as crises. Quando surgirem crises, defina-as em relação ao propósito como pontos de escolha morais. Aproveite para cimentar ainda mais o propósito na mente das pessoas e estabelecer sua validade contínua.

Viva o propósito em tudo o que você faz. Se alguns de seus comportamentos de liderança entrarem em conflito com o propósito, abandone-os. Vá além e considere as medidas que você pode tomar no seu trabalho cotidiano para incorporar melhor seu propósito organizacional e os valores que o fundamentam. Podem ser pequenos gestos e grandes decisões políticas. O simbolismo importa tanto quanto as ações reais.

Capítulo 6: O "eu" no propósito

Torne o trabalho pessoal. Olhe seus colaboradores de um jeito novo, enxergando-os como seres humanos. Demonstre interesse em seus contextos e experiências pessoais, fazendo perguntas e dando-lhes espaço para se expressarem. Esteja aberto às áreas de diferença, procurando as semelhanças humanas enquanto valoriza as diferenças individuais.

Convide os colaboradores a investigar seus propósitos pessoais, individuais. Você pode desenvolver um programa que permita aos colaboradores elaborar seus propósitos pessoais e compartilhá-los com outras pessoas, se assim desejarem. Você pode considerar a realização de reuniões de propósito em toda a empresa, durante as quais os membros da equipe descrevem seus propósitos pessoais. Dê permissão às pessoas sejam mais vulneráveis umas com as outras.

Conecte propósito pessoal e organizacional. Quando as pessoas se envolvem com seus próprios propósitos, elas se tornam mais abertas a buscar maneiras de se conectar com o propósito da organização. Promova essa conexão convidando explicitamente os colaboradores a "viverem" o propósito da organização à sua maneira. Comemore e apoie publicamente projetos de colaboradores que promovam o propósito pessoal e organizacional. Em suas próprias comunicações, enfatize como ajudar a organização a perseguir seu propósito também permite que *você* viva sua própria razão de ser.

Construa uma cultura que preserve a individualidade. Invista na criação de uma cultura forte, que priorize a expressão individual, cuidando para também estabelecer algumas expectativas fundamentais. Seja cuidadoso na criação de normas em torno de contratação, *on-boarding*, desenvolvimento e recompensa. Crie diretrizes claras para conversas e reuniões, para garantir que as pessoas se sintam seguras e confortáveis para se expressar.

Exerça uma liderança solidária nos projetos. Mesmo ao desafiar pessoas a entrarem em ação, você também deve demonstrar que está lá para apoiá-las em seus esforços para alcançar esses objetivos desafiadores. Demonstre um cuidado genuíno com o crescimento e o desenvolvimento dos membros da equipe, como trabalhadores e seres humanos. Faça isso por meio de suas interações diárias, bem como por sua tomada de decisão real.

Capítulo 7: Fuga da gaiola de ferro

Quebre a mentalidade burocrática. Examine e desafie seu desenho organizacional atual, especialmente em torno dos dois pilares principais de autonomia e colaboração. A burocracia decorrente de autonomia e colaboração inadequadas está prejudicando sua organização, impedindo que o propósito se enraíze tão plenamente quanto poderia? Em particular, sua estrutura organizacional reflete a confiança nos colaboradores, um elemento essencial para incorporar o propósito? Replaneje sua organização para ser unida por um nexo de relacionamentos e compromissos, e não apenas por um nexo de contratos.

Explore oportunidades para conceder mais autonomia, dentro de certos limites. Catalogue seus processos e faça uma lista de ajustes específicos para dar mais autonomia na busca pelo propósito. Convide os colaboradores a assumir riscos e mostrar iniciativa, comemorando sucessos e transformando fracassos em oportunidades de aprendizado. Certifique-se de usar o propósito para estabelecer marcos claros, que limitem e permitam a autonomia.

Procure oportunidades para aprimorar a primeira dimensão da colaboração, que é a coordenação. Implemente mecanismos ou mudanças de processos para permitir que as informações fluam melhor e se conectem melhor com a tomada de decisões. Considere se as equipes têm o conhecimento e a compreensão comuns de que precisam para se envolver umas com as outras. Considere as mudanças que você pode fazer na estrutura de relatórios para melhorar a coordenação entre silos. Pense se a criação de comissões ou conselhos multidisciplinares pode ajudar. Pergunte-se se infundir um senso de propósito permitiria que tais sistemas de coordenação funcionassem de forma mais eficaz.

Procure oportunidades para potencializar a segunda dimensão da colaboração, que é a cooperação. Considere se você tem, prontos para uso, sistemas de reforço intrínsecos e extrínsecos adequados para garantir a cooperação ou o alinhamento do comportamento dentro e entre os silos. Caso contrário, faça desses sistemas uma prioridade. Use o propósito como um grito de guerra para ajudar as pessoas a se sentirem como se estivessem no mesmo time, como membros de uma comunidade moral comum. Realize eventos informais para reunir as pessoas entre os silos, para que possam construir confiança e *querer* cooperar. Lembre-os nessas reuniões de seu compromisso comum com o propósito. Entrelace propósito, valores e comportamentos desejados de forma mais explícita no recrutamento e na integração.

Capítulo 8: De ideias a ideais: propósito à prova do futuro

Verifique o compromisso da sua organização com o propósito dela. Como o propósito naturalmente diminui com o tempo, ele requer cuidado e atenção constantes. A energia em torno do propósito se esgotou? O propósito molda o modo como sua equipe de liderança toma grandes e pequenas decisões? As pessoas ainda entendem o propósito da organização e o fazem ganhar vida em seu trabalho cotidiano? Os *stakeholders* externos acreditam no propósito e na sua capacidade de executá-lo? Sua empresa, apesar de suas melhores intenções, se desviou para o propósito conveniente?

Injete propósito no planejamento sucessório. As mudanças de liderança são complicadas quando se trata de propósito. Ao preparar seu sucessor, planeje como ele pode carregar a tocha do propósito e, ao mesmo tempo, torná-la dele. Trabalhando juntos, mapeie etapas específicas que seu sucessor pode realizar para articular o propósito e mapeie as ações que você pode tomar para vincular seu sucessor ao propósito da empresa. Se você é um líder sucessor, faça um inventário de ações e comportamentos que você pode implementar para aceitar o manto do propósito.

Comece a trabalhar em métricas relacionadas ao propósito. Você precisa mensurar o propósito, mesmo que isso exija alguma aceitação da subjetividade e da imperfeição. Meça insumos relacionados ao propósito ou facilitadores de propósito, não apenas resultados. Considere uma série de métodos, incluindo medidas perceptivas (perguntas a uma série de *stakeholders* internos e externos) e medidas de resultados. Preste atenção ao crescente corpo de pesquisa sobre medição de ESG e conecte-o às suas medidas de propósito. Adapte suas métricas ao seu propósito específico e aos processos organizacionais, bem como a princípios e comportamentos mais específicos que você possa derivar do seu propósito. Por fim, considere como suas métricas podem se conectar com as maneiras específicas de agregar valor a longo prazo.

Encontre o equilíbrio entre compromissos sociais e comerciais. Certifique-se de esclarecer as expectativas de cada *stakeholder*, negociando-as, quando necessário, de forma contínua para evitar surpresas e decepções. Reconheça que os *stakeholders* vão compará-lo com seus concorrentes, em alguns casos aumentando as expectativas para todo o setor. Quando o desempenho em relação a qualquer expectativa dos *stakeholders* parecer estar caindo, tome medidas enérgicas.

Faça do propósito parte da estratégia e do ritmo operacional da organização. Em todas as fases da elaboração da estratégia – ao elaborar estratégias de alto nível, fazer escolhas estratégicas e alocar recursos –, faça um raio-X do propósito para garantir sua compatibilidade. Incentive o debate para que os outros possam sentir um senso de propriedade sobre a interpretação do propósito. Considere se a sua organização pode assumir compromissos públicos, aumentar a transparência e se envolver com organismos de certificação externos, a fim de garantir o alinhamento de longo prazo entre o propósito e a estratégia.

Inspire-se. Concentre-se sempre em alinhar seu propósito pessoal com a razão de ser da organização. Por que você está *realmente* fazendo o que está fazendo? Que legado de liderança espera deixar? Como você gostaria que futuros líderes e colaboradores descrevessem sua contribuição? Se você já se sentiu pessoalmente inspirado pelo propósito da sua organização, isso ainda acontece? Se não, que mudanças você pode fazer?

Como essa lista de etapas de ação sugere, a prática do propósito profundo é transformadora, representando uma reformulação e um replanejamento fundamentais do seu negócio. Se isso parecer demais, saiba que você não precisa realizar tudo de uma só vez. Encare o propósito profundo como um projeto contínuo e aberto, em vez de uma iniciativa e isolada. Comece com algumas dessas etapas, escolhendo aquelas que parecem mais relevantes e praticáveis de acordo com sua posição e seus recursos atuais. Ao contrário dos exercícios típicos de gestão de mudança, o propósito profundo chega ao cerne da razão de ser da empresa. Aos poucos, ele força uma recalibragem do papel da empresa e de sua relação com colaboradores, clientes e a sociedade em geral.

Nesse aspecto, o propósito profundo transcende as caricaturas do propósito tão prevalentes hoje. Alguns consideram o propósito uma cortina de fumaça que as empresas podem usar de modo cínico para mascarar irregularidades. Para outros, o propósito parece servir como um cavalo de Troia para uma maior regulação e tributação das empresas. Os líderes com propósito profundo que estudei veem isso de forma diferente. Como idealistas práticos, eles mobilizam o propósito como um propulsor para transformar suas empresas. Criando e sustentando uma comunidade moral, eles inovam de forma mais eficaz e operam de forma mais eficiente, alimentando o desempenho financeiro. Em mercados turbulentos, o propósito lhes dá uma constância tranquilizadora. Isso os diferencia da concorrência aos olhos dos *stakeholders*. O propósito eleva os relacionamentos dentro e fora da empresa, transformando-os de contratos econômicos padrão para pactos morais que inspiram ações apaixonadas.

O propósito também melhora o desempenho, levando os líderes a terem uma visão de longo prazo do negócio. Embora pensar no curto prazo muitas vezes pareça inevitável, na realidade isso é uma contorção do capitalismo.

A noção de Adam Smith do funcionamento do mercado como uma mão invisível baseava-se no pressuposto de que os operadores atenderiam a interesses de curto *e* longo prazo. O bom senso nos leva a um entendimento semelhante. É realmente possível construir um negócio estável, ou ainda uma sociedade estável, se todos só pensarem em resultados de curto prazo? Perguntar e responder as perguntas sobre por que o negócio existe abre uma perspectiva de longo prazo, levando-nos a imaginar ambições e visões elevadas do futuro e a consagrá-las no que chamei de Grande História. Também nos leva a compreender a multidimensionalidade de nosso impacto sobre os outros e a adotar uma lógica comercial e social.

No início deste livro, atentei para o óbvio: que a humanidade está em um precipício. Apesar de tudo de bom que o capitalismo fez desde os primórdios da industrialização, ele ajudou a alimentar muitos dos problemas que hoje afligem a humanidade. Enfrentamos uma crise climática iminente, uma desigualdade econômica extrema, uma pandemia global e uma série de outros desafios sociais, econômicos e de saúde pública. A confiança nos negócios está no nível mais baixo de todos os tempos. No entanto, se os negócios são um vilão, eles também se colocam como um salvador em potencial, um papel defendido por um número cada vez maior de investidores, executivos, empreendedores, acadêmicos e ativistas, que buscam criar um capitalismo mais responsivo e benevolente.

Ao refletir sobre um propósito profundo, espero que você se lembre do que está em jogo aqui, tanto para o seu negócio quanto para a humanidade. Embora o governo possa e deva servir como reparador, a comunidade empresarial global também deve colocar sua própria casa em ordem. O propósito profundo fornece às empresas um sistema de entrega para fazer isso. Ao perseguir um propósito profundo, as empresas se colocam em um caminho que lhes permite maximizar seu sucesso comercial *e* o valor que entregam para toda a sociedade. Se muitas outras empresas se comprometessem a atualizar a mentalidade para o propósito profundo, o impacto sobre nossas comunidades e sobre o meio ambiente seria profundo.

Enquanto escrevo este livro, os ventos do comércio estão mudando. Os investidores estão exigindo que os executivos gerenciem de forma a criar valor a longo prazo, afastando o capital das organizações que não fazem isso. Consumidores e colaboradores estão fazendo o mesmo, escolhendo empresas que representem algo maior. Se você tem a sensação de que o *status quo* não está funcionando e algo fundamental precisa mudar, escute esse impulso. Mire mais alto. Exija que sua organização faça mais. Afinal, como sugerem Etsy, Bühler, Microsoft, LEGO, Seattle Seahawks, Gotham Greens e outras organizações com propósito profundo discutidas neste livro, fazer mais *é* possível. Só temos de entender esse potencial, mudar nosso modo de pensar e tomar medidas mais coordenadas para levar o propósito mais a fundo.

APÊNDICE
NOTA SOBRE METODOLOGIA DE PESQUISA

Entre 2019 e 2021, realizei um extenso trabalho de campo em algumas empresas selecionadas, que pareciam estar indo além da conveniência, buscando um propósito maior com mais atenção e sucesso do que a grande maioria. Havia uma série de *frameworks* e paradigmas sobre como incorporar o propósito nas empresas, e a maioria via esse processo de incorporação como um exercício convencional de gestão de mudanças. No entanto, pareceu-me que as empresas mais bem-sucedidas não se limitavam ao básico. Elas foram além disso ao descobrir, elaborar, incorporar e sustentar seus propósitos, às vezes fazendo isso de formas peculiares.

Eu queria visitar o "estado da arte" do propósito e mergulhar nas estratégias e mentalidades que ali prevaleciam. Meu objetivo não era capturar todas as estratégias e técnicas essenciais que os líderes deveriam mobilizar ao buscar uma razão de ser. Se pudesse descobrir alguns caminhos-chave para ir fundo, algo que a maioria dos líderes ignorou, eu teria contribuído com algo. James O'Toole começa seu estudo histórico dos capitalistas bem-intencionados observando que "fazer o bem é difícil". Eu queria ver se poderia tornar isso um pouco mais fácil para as empresas, assim como para os líderes.[1]

Minha primeira tarefa foi selecionar quais empresas estudar. Realizei uma pesquisa quantitativa em todos os principais meios de comunicação de negócios e relatórios anuais de empresas públicas, procurando por empresas que estavam mais associadas à palavra "propósito" ou a palavras-chave relacionadas. Isso gerou uma lista com 59 empresas. Comparando essa lista com empresas mencionadas em livros anteriores sobre propósito, sustentabilidade e tópicos relacionados, encontrei uma sobreposição significativa, o que me fez perceber que estava no caminho certo. Além disso, identifiquei várias empresas que se dedicaram de forma impressionante ao propósito, mas raramente receberam atenção da mídia por isso.

Para reduzir minha lista de empresas exemplares a um tamanho razoável, pesquisei fontes secundárias, identificando quais empresas da minha lista pareciam tomar as medidas mais concretas em apoio ao seu propósito e removendo aquelas cujas atividades pareciam menos impressionantes. Isso me levou a uma amostra de 34 empresas. A partir daí, abri minha lista de contatos e entrevistei executivos dentro dessas empresas para avaliar de forma mais detalhada o que suas organizações estavam fazendo para apoiar seus propósitos. A partir dessas conversas, reduzi minha lista a 18 empresas, incluindo algumas *startups* e empresas privadas que encontrei por meio de meus relacionamentos pessoais e descobri que eram excepcionalmente dedicadas a realizar seu propósito organizacional.[2]

Algumas das empresas da minha lista final, como Pepsi e Microsoft, eram bem conhecidas dos leitores que acessam material da área de negócios por seu foco incomum no propósito e seus modelos operacionais esclarecidos. Outras, como a *startup* agrícola Gotham Greens, a empresa suíça de tecnologia de alimentos Bühler ou o conglomerado indiano Mahindra, eram menos conhecidas, mas não menos impressionantes. Meu objetivo não era estudar um setor ou um tipo de empresa específico, mas explorar novas ideias, dedicando tempo para me deter nessas empresas de "propósito profundo", como eu as chamava, e entender o que lhes permitia realizar seus propósitos de maneiras extraordinariamente significativas, convincentes e sustentadas. Grandes ou pequenas, públicas ou privadas, todas as empresas que estudei estavam agindo com vigor para realizar seus propósitos, fazendo sua parte para proteger o meio ambiente e enfrentar graves problemas sociais. Elas também estavam melhorando drasticamente seu desempenho, conquistando clientes, funcionários, investidores e o público em geral.

Passei a entrevistar líderes, funcionários e clientes dessas empresas – qualquer pessoa que pudesse melhorar minha compreensão de como essas empresas abordavam o propósito. Em algumas empresas, entrevistei apenas alguns indivíduos; em outras, cheguei a entrevistar 30 pessoas. Ao conduzir e processar minhas entrevistas, segui de certa forma o que os pesquisadores acadêmicos poderiam chamar de um processo de pesquisa indutiva. Em vez de começar com hipóteses claras e tentar validá-las ou refutá-las, gerei hipóteses ao mergulhar nas conversas que tive com as empresas. Examinando repetidamente as transcrições de minhas entrevistas, descobri algumas das construções subjacentes que pareciam moldar suas ações. Buscando desenvolver uma teoria sobre como essas empresas se aprofundaram no propósito, também confrontei minhas entrevistas com as pesquisas existentes relacionadas ao propósito, sua articulação e sua ativação. Essa abordagem me permitiu não apenas perceber padrões nos dados, mas também descobrir lacunas nos entendimentos existentes quanto ao propósito.[3]

NOTAS

Prefácio

1. Joshua Daniel Margolis e James Patrick Walsh, *People and Profits? The Search for a Link Between a Company's Social and Financial Performance* (Mahwah, NJ: Lawrence Erlbaum, 2001), 10.
2. Cathy Carlisi *et al.*, "Purpose with the Power to Transform Your Organization", BCG, 15 de maio de 2017, https://www.bcg.com/publications/2017/transformation-behavior-culture-purpose-power-transform-organization.
3. "The Business Case for Purpose", *Harvard Business Review Analytic Services Report*, 1º de outubro de 2015, 4, https://hbr.org/resources/pdfs/comm/ey/19392HBR ReportEY.pdf.
4. "Larry Fink's 2021 letter to CEOs", BlackRock, acessado em 28 de abril de 2021, https://www.blackrock.com/corporate/investor-relations/larry-fink-ceo-letter.
5. Carmine Di Sibio (presidente global e CEO da organização EY), entrevista com o autor, 16 de junho de 2021.

Capítulo 1: O que *realmente* é propósito?

1. Constance L. Hays, "Forrest Mars, 95, Creator of the M & M and a Candy Empire", *New York Times*, 3 de julho de 1999, https://www.nytimes.com/1999/07/03/business/forrest-mars-95-creator-of-the-m-m-and-a-candy-empire.html.
2. Stephen M. Badger II, "Editorial", *Brewery Journal,* janeiro de 2014, 3. Veja também Paul Robert Gilbert e Catherine Dolan, "Mutuality Talk in a Family-Owned Multinational: Anthropological Categories & Critical Analyses of Corporate Ethicizing", *Journal of Business Anthropology* 9, n. 1 (2º trim. 2020): 21-22, https://rauli.cbs.dk/index.php/jba/article/view/5958.

3. Para uma análise que distingue entre definições de propósito baseadas em objetivos e em deveres, veja Gerard George et al., "Purpose in the For-Profit Firm: A Review and Framework for Management Research", *Journal of Management* (abril de 2021), https://doi.org/10.1177/01492063211006450.

4. Há muita confusão e inconsistência envolvidas no conceito de propósito. Surgiram diversas definições, algumas equiparando-o a uma grande meta comercial, outras argumentando que as declarações de propósito devem especificar a quem a empresa está tentando servir, outras ainda definindo o propósito como uma ferramenta de recursos humanos que captura o que inspira os funcionários a realizarem algo. Como observei, as melhores definições de propósito enfatizam uma qualidade ambiciosa e idealista ao mesmo tempo. Elas não apenas identificam uma meta organizacional, mas também estabelecem grandes ambições para alcançar o bem no mundo, que vão além da busca pelo lucro. Um comentarista escreveu: "O propósito é uma declaração definitiva sobre a diferença que você está tentando fazer no mundo". Roy Spence, *It's Not What You Sell, It's What You Stand For: Why Every Extraordinary Business Is Driven by Purpose* (Nova York: Portfolio, 2009), 10. Um manual sobre propósito define propósito como "a razão de ser de uma empresa que simultaneamente ajuda a resolver um problema social e cria valor financeiro significativo para a empresa". Georgina Eckert e Bobbi Silten, eds., "Purpose Playbook: Putting Purpose into Practice with Shared Value", Foundation Strategy Group and the Shared Value Initiative, maio de 2020, 10. A British Academy escreve que "um propósito corporativo é a expressão dos meios pelos quais uma empresa pode contribuir com soluções para problemas sociais e ambientais. O propósito corporativo deve criar valor tanto para os acionistas quanto para os outros *stakeholders*". Consulte o *white paper* da British Academy intitulado "Principles for Purposeful Business", 2019, 16.

5. "The Five Principles", Mars, acessado em 3 de maio de 2021, https://www.mars.com/about/five-principles.

6. Joël Glenn Brenner, *The Emperors of Chocolate: Inside the Secret World of Hershey & Mars* (Nova York: Broadway Books, 2000), 257.

7. "The Five Principles", Mars.

8. Andrew Edgecliffe-Johnson, "Stephen Badger: Balancing Profit with Creating Value for Society", *Financial Times*, 9 de novembro de 2019, https://www.ft.com/content/bf039636-007a-11ea-b7bc-f3fa4e77dd47.

9. David Kaplan, "Mars Incorporated: A Pretty Sweet Place to Work", *Fortune*, 17 de janeiro de 2013, https://fortune.com/2013/01/17/mars-incorporated-a-pretty-sweet-place-to-work/.

10. Edgecliffe-Johnson, "Stephen Badger".

11. Paul Conley, "Mars in Joint Venture to Build Wind Farm in Texas", Food Dive, 30 de abril de 2014, https://www.fooddive.com/news/mars-in-joint-venture-to-build-wind-farm-in-texas/257595/.
12. Alistair Hall e Katie Ellman, "The Next-Generation Sustainability Aims of Mars", GreenBiz, 6 de outubro de 2017, https://www.greenbiz.com/article/next-generation-sustainability-aims-mars.
13. Simon Mainwaring, "Purpose at Work: How Mars Is Scaling Sustainability Goals Across Generations", *Forbes*, 2 de fevereiro de 2020, acessado em 3 de maio de 2021, https://www.forbes.com/sites/simonmainwaring/2020/02/12/purpose-at-work-how-mars-is-scaling-sustainability-goals-across-generations/.
14. "Economics of Mutuality (EoM)", Mutuality in Business, Briefing Paper 4, Saïd Business School e University of Oxford, 8 de junho de 2015, https://www.sbs.ox.ac.uk/sites/default/files/2018-06/MiB-EoM_Backgrounder_6.6.15.pdf; Mars, "Mars Launches 'Seeds of Change' Accelerator", comunicado de imprensa, 5 de março de 2019, https://www.mars.com/news-and-stories/press-releases/seeds-of-change-accelerator.
15. Citado em Laura Arrillaga-Andreessen, "Five Visionary Tech Entrepreneurs Who Are Changing the World", *New York Times Style Magazine*, 12 de outubro de 2015, https://www.nytimes.com/interactive/2015/10/12/t-magazine/elizabeth-holmes-tech-visionaries-brian-chesky.html?_r=0.
16. "Theranos Trains 100 Global Women Leaders in STEM for State Department's TechWomen Program", *Business Wire*, 10 de outubro de 2015, https://www.businesswire.com/news/home/20151010005018/en/Theranos-Trains-100-Global-Women-Leaders-in-STEM-for-State-Department%E2%80%99s-TechWomen-Program.
17. Observei uma tendência semelhante das empresas de relegar as metas de sustentabilidade para a periferia de seus negócios em Luciana Silvestri e Ranjay Gulati, "From Periphery to Core: A Process Model for Embracing Sustainability", em Rebecca Henderson, Ranjay Gulati e Michael Tushman, editores, *Leading Sustainable Change: An Organizational Perspective* (Oxford, NY: Oxford University Press, 2015), 81-110.
18. A maioria das empresas que tratam o propósito (e, por implicação, o bem social) como algo periférico ao negócio definem suas razões de ser de forma restrita e até mesmo vaga. Em vez de adotar um propósito expansivo, que eleva a empresa além de seus objetivos comerciais, elas adotam uma missão de negócios convencional, voltada para a entrega aos clientes ou para dominar um mercado e tratam isso como um propósito maior. Na verdade, os líderes dessas empresas se isentam de fazer o trabalho árduo e importante de maximizar o valor para todos os interessados. Algumas empresas adotam um propósito que à primeira vista parece transcender uma missão empresarial comercial, mas que, em última análise, não

se presta a uma abordagem de múltiplos *stakeholders*. O conglomerado industrial Danaher, por exemplo, tem como propósito "ajudar a realizar o potencial da vida". Isso parece altruísta, mas parece focar a empresa em atender os clientes, aumentar os mercados e, *depois*, realizar bons trabalhos para outros *stakeholders* como parte dos esforços do tipo RSC. Por essa interpretação, a Danaher pode reconhecer uma lógica social, mas a distingue de sua lógica comercial, tomando esta última como sua principal razão de ser. Parece que o objetivo da empresa não a obriga a replanejar seus *core businesses* para que eles atendam a uma grande gama de *stakeholders*.

19. Michael E. Porter e Mark R. Kramer, "Creating Shared Value", *Harvard Business Review*, janeiro-fevereiro de 2011, https://hbr.org/2011/01/the-big-idea-creating-shared-value.

20. Mackey e Sisodia parecem imaginar um modo de capitalismo de *stakeholder* que transcende as compensações: "Uma diferença fundamental entre um negócio tradicional e um negócio consciente é que, no primeiro, os gerentes costumam fazer escolhas entre os *stakeholders*. Um bom gestor é visto como aquele que faz escolhas mais vantajosas para os investidores do que para outros. Empresas conscientes entendem que, se procurarmos compensações, *sempre* as encontraremos. Se procurarmos sinergias entre as partes interessadas, geralmente também as encontraremos". Os autores também parecem sugerir um modo de capitalismo além das escolhas no seguinte trecho sobre organizações conscientes: "Como todos estão alinhados na mesma direção e se movendo em harmonia, o atrito no sistema é mínimo. Toda essa criatividade e comprometimento são canalizados para fins compartilhados, gerando grande valor para todos os *stakeholders*". John Mackey e Raj Sisodia, *Conscious Capitalism: Liberating the Heroic Spirit of Business* (Boston: Harvard Business Review Press, 2014), 70-71.

21. Para ver uma excelente visão geral dos desafios enfrentados pelo capitalismo, consulte o livro de Rebecca Henderson, *Reimagining Capitalism in a World on Fire* (Nova York: Public Affairs, 2020).

22. David Gelles, "C.E.O.s Are Not Here to Save Us", *New York Times*, atualizado em 2 de dezembro de 2020, https://www.nytimes.com/2019/09/28/business/wework-juul-ebay-ceo.html.

23. "Business Roundtable Redefines the Purpose of a Corporation to Promote 'An Economy That Serves All Americans,'" Business Roundtable, 19 de agosto de 2019, https://www.businessroundtable.org/business-roundtable-redefines-the--purpose-of-a-corporation-to-promote-an-economy-that-serves-all-americans.

24. Michael Hiltzik, "Last Year CEOs Pledged to Serve Stakeholders, Not Shareholders. You Were Right Not to Buy It", *Los Angeles Times*, 19 de

agosto de 2020, https://www.latimes.com/business/story/2020-08-19/big-business-shareholder-value-scam.
25. Hiltzik, "Last Year CEOs Pledged".
26. Veja, por exemplo, Anand Giridharadas, *Winners Take All: The Elite Charade of Changing the World* (Nova York: Alfred A. Knopf, 2018); e Colin Mayer, *Prosperity: Better Business Makes the Greater Good* (Oxford, UK: Oxford University Press, 2018).
27. Veja, por exemplo, Paul S. Adler, *The 99 Percent Economy: How Democratic Socialism Can Overcome the Crises of Capitalism* (Nova York: Oxford University Press, 2019).
28. "Purpose: Shifting from Why to How", *McKinsey Quarterly* (abril de 2020), 3, https://www.mckinsey.com/business-functions/organization/our-insights/purpose-shifting-from-why-to-how.
29. Veja o artigo pioneiro de Charles Handy, "What's A Business For?", *Harvard Business Review*, dezembro de 2002, https://hbr.org/2002/12/whats-a-business-for.
30. William Damon, *The Path to Purpose: How Young People Find Their Calling in Life* (Nova York: Free Press, 2008), 33. Grifo nosso.
31. "Kavvanah", Jewish Virtual Library, acessado em 25 de maio de 2021, https://www.jewishvirtuallibrary.org/kavvanah.
32. Deepak Chopra, "Are you Living Your True Purpose?", Heal Your Life, 10 de junho de 2013, https://www.healyourlife.com/are-you-living-your-true-purpose.
33. "Reimagining How and Where Fresh Food is Grown", Gotham Greens, acessado em 5 de maio de 2021, https://www.gothamgreens.com/our-story/.
34. "High-Tech Hydroponic Farm Transforms Abandoned Bowling Alley", Greenhouse Management, 3 de novembro de 2011, https://www.greenhousemag.com/article/gotham-greens-hydroponic-farm-bowling-alley/; Gail Ciampa, "Gotham Greens Opens Its Massive Providence Greenhouse on Thursday. Here's a Look Inside", *Providence Journal*, atualizado em 4 de dezembro de 2019, https://www.providencejournal.com/news/20191204/gotham-greens-opens-its-massive-providence-greenhouse-on-thursday-heres-look-inside; "Vegetable Growers News", Vegetable Growers, 13 de novembro de 2019, https://vegetablegrowersnews.com/news/gotham-greens-opens-largest-urban-agriculture-campus-in-chicago/.
35. PR Newswire, "Gotham Greens Raises $87 Million to Grow Its Indoor Agriculture Footprint, Bringing More Fresh Foods to Shoppers Nationwide", comunicado de imprensa da Gotham Greens, 8 de dezembro de 2020, https://www.prnewswire.com/news-releases/gotham-greens-raises-87-million-to-grow-its-indoor-agriculture-footprint-bringing-more-fresh-foods-to-shoppers-nationwide-301187876.html.

36. Consulte o *site* da empresa, https://www.gothamgreens.com/, acessado em 7 de maio de 2021.
37. Viraj Puri (fundador da Gotham Greens), entrevista com o autor, 1º de setembro de 2020.
38. Tenho uma dívida aqui com Christopher Bartlett e Sumantra Ghoshal, que argumentaram que o propósito precede a estratégia e a estrutura. Veja Christopher A. Bartlett e Sumantra Ghoshal, "Changing the Role of Top Management: Beyond Strategy to Purpose", *Harvard Business Review* 72, n. 6 (novembro-dezembro de 1994): 79 citações no texto. Meu argumento aqui é baseado na minha formação em sociologia, uma disciplina que se concentra no poder dos contextos que cercam os indivíduos. O propósito, na linguagem de Neil Fligstein, pode ser uma nova "concepção de controle" (ideologia de sobrevivência econômica) que, por sua vez, pode levar a mudanças na forma como os gerentes elaboram sua estratégia. Veja Neil Fligstein, *The Transformation of Corporate Control* (Cambridge, MA: Harvard University Press, 1990).
39. Satya Nadella (CEO da Microsoft), entrevista com o autor, 1º de junho de 2020.
40. Michael C. Jensen articulou com clareza essa visão econômica da empresa: "Acredito que seja produtivo definir uma organização como uma entidade legal que serve como um nexo para um conjunto complexo de contratos (escritos e não escritos) entre diferentes indivíduos. O comportamento da organização é como o comportamento de equilíbrio de um mercado. Muitas vezes não caracterizamos o mercado do aço ou o mercado do trigo como tendo preferências e motivos ou fazendo escolhas". Michael C. Jensen, *Foundations of Organizational Strategy* (Cambridge, MA: Harvard University Press, 2001), 135, 137.
41. Roland Marchand, *Creating the Corporate Soul: The Rise of Public Relations and Corporate Imagery in American Big Business* (Berkeley: University of California Press, 1998), 7-10.
42. Marchand, *Creating the Corporate Soul*, 87.
43. Philip Selznick, *Leadership in Administration: A Sociological Interpretation*, rev. ed. (Berkeley: University of California Press, 1984), 19.
44. Joel M. Podolny, Rakesh Khurana e Marya L. Besharov, "Revisiting the Meaning of Leadership", em Nitin Nohria e Rakesh Khurana, eds., *Handbook of Leadership Theory and Practice* (Boston: Harvard Business Press, 2010), 71. Cerca de duas décadas antes de Selznick, o executivo de negócios e pensador da administração Chester Barnard sugeriu que significado e propósito constituíam um código moral que deveria ser seguido pelas pessoas dentro de uma organização tão intensamente que poderia substituir suas próprias necessidades emocionais. Ele deu o exemplo de uma telefonista que permaneceu em seu posto mesmo quando a casa de sua mãe acamada pegou fogo, tão dedicada que era à "necessidade moral de realizar um serviço sem interrupção" para a empresa e seus clientes.

45. Mayer, *Prosperity* (Oxford: Oxford University Press, 2018), 11.
46. Veja Robert E. Quinn e Anjan V. Thakor, *The Economics of Higher Purpose* (Oakland, CA: Berrett-Koehler Publishers, 2019), especialmente o Capítulo 5.
47. Satya Nadella, *Hit Refresh: The Quest to Rediscover Microsoft's Soul and Imagine a Better Future for Everyone* (Nova York: HarperCollins, 2017), 78-79.
48. Ranjay Gulati, "The Soul of a Start-Up", *Harvard Business Review*, julho-agosto de 2019, https://hbr.org/2019/07/the-soul-of-a-start-up.
49. Veja, por exemplo, Aaron K. Chatterji e Michael W. Toffel, "Divided We Lead", *Harvard Business Review*, 22 de março de 2018, https://hbr.org/2018/03/divided-we-lead; e Aaron K. Chatterji e Michael W. Toffel, "The Right and Wrong Way to Do 'CEO Activism'", *Wall Street Journal*, 22 de fevereiro de 2019, https://www.wsj.com/articles/the-right-and-wrong-way-to-do-ceo-activism-11550874530.
50. Aaron K. Chatterji e Michael W. Toffel, "The New CEO Activists", *Harvard Business Review*, janeiro-fevereiro de 2018, https://hbr.org/2018/01/the-new-ceo-activists.
51. Citado em Handy, "What's a Business For?" Alguns questionaram se Keynes realmente fez essa afirmação. Veja, por exemplo, "Capitalism: The Nastiest of Men for the Nastiest of Motives Will Somehow Work for the Benefit of All", Quote Investigator, acessado em 25 de maio de 2021, https://quoteinvestigator.com/2011/02/23/capitalism-motives/.

Capítulo 2: Caminhando no fio da navalha

1. Josh Silverman (CEO da Etsy), entrevista com o autor, 1º de junho de 2020. Além das fontes publicadas mencionadas, baseei meu relato da Etsy neste capítulo em várias entrevistas que conduzi com executivos da Etsy. Essas entrevistas também serviram de base para um estudo de caso que conta uma história semelhante à que foi apresentada aqui. Veja Ranjay Gulati, Luciana Silvestri e Monte Burke, "Etsy: Crafting a Turnaround to Save the Business and Its Soul", Harvard Business School Case Study (no prelo).
2. Kiron Roy, "Stand for More Than Just Profits", Coworker.org, acessado em 14 de maio de 2021, https://www.coworker.org/petitions/recommit-to-etsy-s-values-and-support-the-etsy-community-for-the-long-term.
3. Roy, "Stand for More".
4. David Gelles, "Inside the Revolution at Etsy", *New York Times*, 25 de novembro de 2017, https://www.nytimes.com/2017/11/25/business/etsy-josh-silverman.html.
5. Citado em Thales S. Teixeira, "Airbnb, Etsy, Uber: Expanding from One to Many Millions of Customers", Harvard Business School Case Study 9-519-087, 5 de junho de 2019, 6.
6. Citado em Teixeira, "Airbnb, Etsy, Uber", 6.

7. Max Chafkin, "Can Rob Kalin Scale Etsy?", Inc., abril de 2011, https://www.inc.com/magazine/20110401/can-rob-kalin-scale-etsy.html.
8. Chafkin, "Can Rob Kalin Scale Etsy?"; Tugba Sabanoglu, "Annual Gross Merchandise Sales (GMS) of Etsy Inc. from 2005 to 2020", Statista, 11 de março de 2021, https://www.statista.com/statistics/219412/etsys-total-merchandise-sales-per-year.
9. "Rob Kalin Out as Etsy CEO", Inc., 21 de julho de 2011, acessado em 18 de maio de 2021, https://www.inc.com/articles/201107/rob-kalin-steps-down-as-etsy-ceo.html.
10. Chad Dickerson, "Etsy's Next Chapter: Reimagining Commerce as a Public Company", *Etsy* (*blog*), 16 de abril de 2015, https://blog.etsy.com/news/2015/etsys-next-chapter-reimagining-commerce-as-a-public-company/; Kruti Patel Goyal (diretor de produtos na Etsy), correspondência por *e-mail* com o autor, 23 de abril de 2021.
11. Michelle Traub, "Etsy Joins the B Corporation Movement", *Etsy* (*blog*), 9 de maio de 2012, https://blog.etsy.com/news/2012/etsy-joins-the-b-corporation-movement/.
12. Amy Larocca, "Etsy Wants to Crochet Its Cake, and Eat It Too", *The Cut*, abril de 2016, https://www.thecut.com/2016/04/etsy-capitalism-c-v-r.html (o artigo apareceu na edição de 4 de abril de 2016 da *Nova York Magazine*).
13. Caitlin Huston, "Five Things to Know About Etsy Before Its IPO", MarketWatch, 15 de abril de 2015, https://www.marketwatch.com/story/five-things-to-know-about-etsy-before-its-ipo-2015-03-05.
14. Dickerson, "Etsy's Next Chapter".
15. Citado em Larocca, "Etsy Wants to Crochet Its Cake".
16. Ben Popper, "Etsy Completes Its IPO, Valuing the Craft Marketplace at Over $3.5 Billion", Verge, 16 de abril de 2015, https://www.theverge.com/2015/4/16/8428627/etsy-ipo-goes-public.
17. Gelles, "Inside the Revolution at Etsy".
18. Josh Silverman (CEO da Etsy), entrevista com o autor, 1º de junho de 2020.
19. Autores acadêmicos têm insistido na busca idealista do "ganha-ganha". Veja R. Edward Freeman, Kirsten E. Martin e Bidhan L. Parmar, *The Power of And: Responsible Business Without Trade-Offs* (Nova York: Columbia University Press, 2020).
20. Essa não é uma posição nova. Um estudioso em um artigo de revisão jurídica de 1932 observou que a opinião pública estava se tornando mais receptiva a "uma visão da corporação de negócios como uma instituição econômica que tem um serviço social, bem como uma função lucrativa". E. M. Dodd, "For Whom Are Corporate Managers Trustees?", *Harvard Law Review* 45, n. 7 (maio de 1932): 1148. Como Rebecca Henderson observou, "Reinventar o capitalismo requer assumir a ideia de que, embora as empresas devam ser lucrativas para prosperar, seu propósito deve ser não apenas ganhar dinheiro, mas também construir prosperidade

e liberdade no contexto de um planeta habitável e um sociedade mais saudável". Henderson, *Reimagining Capitalism in a World on Fire*.
21. "Completing Capitalism", Economics of Mutuality, acessado em 18 de maio de 2021, https://eom.org/.
22. Porter e Kramer, "Creating Shared Value", 64 citações no texto.
23. Alex Edmans, *Grow the Pie: How Great Companies Deliver Both Purpose and Profit* (Cambridge, UK: Cambridge University Press, 2020).
24. Michael Beer *et al.*, *Higher Ambition: How Great Leaders Create Economic and Social Value* (Boston: Harvard Business Review Press, 2011), 53.
25. Mackey e Sisodia, *Conscious Capitalism*, 35-36.
26. Anand Giridharadas dedica um capítulo inteiro (Capítulo 2) para criticar a noção do ganha-ganha. Veja seu livro *Winners Take All*, 38, 51. O economista Colin Mayer considera "perigoso" o conceito de "fazer bem fazendo o bem", criticando-o por presumir que "a filantropia só tem valor se for lucrativa" e por converter "a caridade em entidades geradoras de lucro da forma como transformamos companhias de serviços públicos e outras em organizações maximizadoras de valor para os acionistas". Mayer, *Prosperity*, 6-7.
27. Brett Ryder, "What Is Stakeholder Capitalism?", *Economist*, 19 de setembro de 2020, https://www.economist.com/business/2020/09/19/what-is-stakeholder-capitalism; Andrea Ucini, "What Companies Are For", *Economist*, 22 de agosto de 2019, https://www.economist.com/leaders/2019/08/22/what-companies-are-for.
28. Rosabeth Moss Kanter, "How Great Companies Think Differently", *Harvard Business Review*, novembro de 2011, https://hbr.org/2011/11/how-great-companies-think-differently.
29. Julie Battilana *et al.*, "The Dual-Purpose Playbook", *Harvard Business Review*, março-abril de 2019, https://hbr.org/2019/03/the-dual-purpose-playbook.
30. David A. Lax e James K. Sebenius, *3-d Negotiation: Powerful Tools to Change the Game in Your Most Important Deals* (Boston: Harvard Business School Press, 2008); Barry Schwartz, *The Paradox of Choice: Why More Is Less* (Nova York: Harper Collins, 2004), 131-32.
31. Nessas situações, as empresas identificam implícita ou explicitamente taxas de trocas internas entre as lógicas social e comercial, valorizando o impacto de um sacrifício em curto prazo por um ou mais *stakeholders* contra o valor dos ganhos em longo prazo. Ao determinar essas taxas de câmbio, as empresas consideram os *limites mínimos* que os *stakeholders* individuais podem considerar aceitáveis em qualquer decisão. Quais são os retornos mais baixos que a empresa pode oferecer enquanto ainda acalma os acionistas? Ou, de modo inverso, quais são os sacrifícios máximos que eles podem pedir aos funcionários sem aliená-los? Julie Battilana *et al.*, "Beyond Shareholder Value Maximization: Accounting for Financial/Social Tradeoffs in Dual-Purpose Companies", Academy of Management Review

(no prelo). Também é importante, ao gerenciar as compensações, levar em consideração as partes interessadas individuais e sua importância variável para a empresa. Veja Paul Strebel, Didier Cossin e Mahwesh Khan, "How to Reconcile Your Shareholders with Other Stakeholders", *MIT Sloan Management Review*, 13 de julho de 2020. Alex Edmans também ataca o problema das escolhas em seu livro *Grow the Pie*.

32. "Q4 2018 Financial Results", Etsy, 25 de fevereiro de 2019, https://s22.q4cdn.com/941741262/files/doc_financials/quarterly/2018/q4/Etsy-4Q-2018-Earnings-Presentation.pdf; "Q4/FY 2019 Financial Results", Etsy, 26 de fevereiro de 2020, https://s22.q4cdn.com/941741262/files/doc_financials/2019/q4/Etsy-4Q-2019-Earnings-Presentation_FOR-IR-WEBSITE-FINAL.pdf; "Q2 2020 Financial Results", Etsy, 5 de agosto de 2020, https://s22.q4cdn.com/941741262/files/doc_financials/2020/q2/ETSY-2Q-2020-Earnings-Presentation_Final-Version_8.4.20.pdf.

33. Tugba Sabanoglu, "Number of Active Etsy Sellers from 2012 to 2020", Statista, 11 de março de 2021, https://www.statista.com/statistics/409374/etsy-active-sellers/; "Annual Gross Merchandise Sales (GMS) of Etsy Inc. from 2005 to 2020", Statista, 11 de março de 2021, https://www.statista.com/statistics/219412/etsys-total-merchandise-sales-per-year/.

34. Anuradha Garg, "Is Etsy Stock a Buy Even After Tripling in 2020?", Market Realist, 19 de agosto de 2020, https://marketrealist.com/p/is-etsy-stock-a-buy/; dados da empresa.

35. "Impact Report", Etsy, 2019, https://investors.etsy.com/impact-reporting/default.aspx.

36. Mary Mazzoni, "Etsy Shows Leadership on Diversity in Tech", Triple Pundit, 22 de janeiro de 2019, https://www.triplepundit.com/story/2019/etsy-shows-leadership-diversity-tech/81936.

37. Margolis e Patrick Walsh, *People and Profits?*

38. O termo veio de James O'Toole, *The Enlightened Capitalists: Cautionary Tales of Business Pioneers Who Tried to Do Well by Doing Good* (Nova York: Harper Business, 2019).

39. Ao negociar escolhas, os líderes normalmente não estão tentando reconciliar apenas os interesses dos acionistas contra a sociedade, mas também os interesses em conflito dos *stakeholders* que se encontram ou na categoria de lógica social ou na de lógica comercial. Desenvolvo a lógica social aqui como uma categoria de análise por uma questão de simplicidade. Dependendo da empresa ou do setor envolvido, o termo pode abranger diversos *stakeholders* distintos, com interesses às vezes conflitantes, incluindo comunidades locais, meio ambiente e funcionários. O número de *stakeholders* em potencial complica ainda mais a tarefa do líder de otimizar a agregação de valor e a distribuição dos ganhos.

40. Como aponta Sarah Kaplan, os líderes geralmente avaliam projetos em potencial ao solicitar um caso de negócios, optando por não prosseguir se os aspectos econômicos não apresentarem resultados. Sarah Kaplan, "Why Social Responsibility Produces More Resilient Organizations", *MIT Sloan Management Review*, 20 de agosto de 2020, https://sloanreview.mit.edu/article/why-social-responsibility-produces-more-resilient-organizations/.
41. Esse relato da Recruit é baseado em grande parte em Sandra J. Sucher e Shalene Gupta, "Globalizing Japan's Dream Machine: Recruit Holdings Co., Ltd.", Harvard Business School Case Study 9-318-130, 25 de abril de 2018. Também me baseio em um segundo caso que escrevi com Akiko Kanno: "Freedom Within a Framework at Recruit", Harvard Business School Case Study Number N1-421-042, 13 de novembro de 2020.
42. Shogo Ikeuchi (ex-diretor executivo corporativo sênior, CHRO e diretor do conselho da Recruit), entrevista com o autor, 21 de maio de 2020.
43. Sucher e Gupta, "Globalizing Japan's Dream Machine", 19.
44. Sucher e Gupta, "Globalizing Japan's Dream Machine", 19.
45. "59 Bet on Passion", Recruit, acessado em 19 de maio 2021, https://60th.recruit-holdings.com/stories/no59/.
46. Gulati e Kanno, "Freedom Within a Framework at Recruit", 16.
47. "Recruit Group to Increase Fee for Their Educational Video Contents by Two Times", *Nikkei Newspaper* (edição da manhã), 18 de fevereiro de 2020, 14.
48. Viraj Puri, entrevista com o autor, 1º de setembro de 2020.
49. Kaplan, "Why Social Responsibility Produces More Resilient Organizations".
50. "Carbon-Offset Shipping and Packaging: Delivering a World of Good", Etsy, acessado em 13 de julho de 2021, https://www.etsy.com/impact.
51. Chelsea Mozen, "Expanding Our Sustainability Efforts", *Etsy* (blog), 20 de abril de 2020, https://blog.etsy.com/news/2020/expanding-our-sustainability-efforts/.
52. Adele Peters, "Etsy Offsets the Entire Carbon Footprint of Its Shipping – and It Wants Other Retailers to Do the Same", *Fast Company*, 28 de abril de 2020, https://www.fastcompany.com/90483317/etsy-offsets-the-entire-carbon-footprint-of-its-shipping-and-it-wants-other-retailers-to-do-the-same.
53. "Etsy", Great Place To Work, acessado em 19 de maio de 2021, https://www.greatplacetowork.com/certified-company/1204864.
54. Paul Strebel, Didier Cossin e Mahwesh Khan, "How to Reconcile Your Shareholders with Other Stakeholders", *MIT Sloan Management Review*, 13 de julho de 2020, https://sloanreview.mit.edu/article/how-to-reconcile-your-shareholders-with-other-stakeholders/; Edmans, *Grow the Pie*.
55. David M. Cote, *Winning Now, Winning Later: How Companies Can Succeed in the Short Term While Investing for the Long Term* (Nashville, TN: HarperCollins Leadership, 2020), 7-8.
56. Charles Dickens, *A Tale of Two Cities* (London: James Nisbet & Co., 1902), 292.

Capítulo 3: Quatro propulsores para um desempenho superior

1. Mark Zuckerberg, "Bringing the World Closer Together", Facebook, acessado em 20 de maio de 2021, https://www.facebook.com/notes/mark-zuckerberg/bringing-the-world-closer-together/10154944663901634/. A empresa chama isso de sua missão, não de seu propósito.
2. Kathleen Chaykowski, "Mark Zuckerberg Gives Facebook a New Mission", *Forbes*, 22 de junho de 2017, https://www.forbes.com/sites/kathleenchaykowski/2017/06/22/mark-zuckerberg-gives-facebook-a-new-mission/#6f130dd31343.
3. Casey Newton, "The Verge Tech Survey 2020", Verge, 2 de março de 2020, https://www.theverge.com/2020/3/2/21144680/verge-tech-survey-2020-trust-privacy-security-facebook-amazon-google-apple.
4. Para ver um resumo das notícias negativas que a mídia informa sobre o Facebook, consulte "'Where the Worst of Humanity Has Manifested' – Updating the Facebook Timeline of Scandal and Strife", Creative Future, atualizado em 9 de dezembro de 2020, https://creativefuture.org/facebook-scandal-timeline/. Ao elaborar minha discussão sobre o Facebook neste capítulo, baseei-me fortemente nesse *site*, bem como em minha própria pesquisa.
5. "WhatsApp Offers $50,000 for Ideas to Stop Fake News Spread as India Orders It to Take Action Over Lynchings", *Telegraph*, 4 de julho de 2018, https://www.telegraph.co.uk/news/2018/07/04/india-calls-whatsapp-help-end-spate-lynchings-sparked-rumours/.
6. Alex Warofka, "An Independent Assessment of the Human Rights Impact of Facebook in Myanmar", Facebook, 5 de novembro de 2018, https://about.fb.com/news/2018/11/myanmar-hria/.
7. Gretchen Peters e Amr Al-Azm, "Time to Clean Up Facebook's Dark Side", Morning Consult, 25 de junho de 2019, https://morningconsult.com/opinions/time-to-clean-up-facebooks-dark-side/; Owen Pinnell e Jess Kelly, "Slave Markets Found on Instagram and Other Apps", BBC, 31 de outubro de 2019, https://www.bbc.com/news/technology-50228549.
8. "White Supremacist Groups Are Thriving on Facebook", Tech Transparency Project, 21 de maio de 2020, https://www.techtransparencyproject.org/articles/white-supremacist-groups-are-thriving-on-facebook.
9. Shirin Ghaffary, "Mark Zuckerberg on Leaked Audio: Trump's Looting and Shooting Reference 'Has No History of Being Read as a Dog Whistle'", Vox, 2 de junho de 2020, https://www.vox.com/recode/2020/6/2/21278405/facebook-mark-zuckerberg-internal-employee-q-a-defend-moderate-trump-looting-shooting-post; Shannon Bond, "Critics Slam Facebook but Zuckerberg Resists Blocking Trump's Posts", NPR, 11 de junho de 2020, https://www.npr.

org/2020/06/11/874424898/critics-slam-facebook-but-zuckerberg-resists-blocking-trumps-posts; Brian Fung, "The Hard Truth About the Facebook Ad Boycott: Nothing Matters but Zuckerberg", CNN, atualizado em 26 de junho de 2020, https://www.cnn.com/2020/06/26/tech/facebook-boycott/index.html.

10. Billy Perrigo, "Facebook Has Finally Banned Holocaust Denial. Critics Ask What Took Them So Long", *Time*, 12 de outubro de 2020, https://time.com/5899201/facebook-holocaust-denial/.

11. Andrew Marantz, "Why Facebook Can't Fix Itself", *Nova Yorker*, 12 de outubro de 2020, https://www.newyorker.com/magazine/2020/10/19/why-facebook-cant-fix-itself.

12. David Gilbert, "An Outside Oversight Group Is Forcing Facebook to Get Its Shit Together for the Election", *Vice*, 1º de outubro de 2020, https://www.vice.com/en/article/z3epva/an-outside-oversight-group-is-forcing-facebook-to-get-its-shit-together-for-the-election.

13. Giulia Segreti, "Facebook CEO Says Group Will Not Become a Media Company", Reuters, 29 de agosto de 2016, https://www.reuters.com/article/us-facebook-zuckerberg/facebook-ceo-says-group-will-not-become-a-media-company-idUSKCN1141WN.

14. Marantz, "Why Facebook Can't Fix Itself"; Fung, "The Hard Truth About the Facebook Ad Boycott: Nothing Matters but Zuckerberg".

15. Roger McNamee, "If Mark Zuckerberg Wants Forgiveness, He's Going to Need to Come Clean First", *USA Today*, atualizado em 10 de outubro de 2017, https://www.usatoday.com/story/opinion/2017/10/10/if-facebooks-mark-zuckerberg-wants-forgiveness-hes-going-need-come-clean-first-roger-ncmanee-column/744520001/.

16. Roger McNamee, "I Mentored Mark Zuckerberg. I Loved Facebook. But I Can't Stay Silent About What's Happening", *Time*, 17 de janeiro de 2019, https://time.com/5505441/mark-zuckerberg-mentor-facebook-downfall/.

17. Perrigo, "Facebook Has Finally Banned Holocaust Denial"; Joseph Guzman, "Facebook Finally Bans Holocaust Denial Content, but Critics Say It's Ignoring Larger Problem", *Hill*, 13 de outubro de 2020, https://thehill.com/changing-america/respect/equality/520812-facebook-finally-bans-holocaust-denial-content-but-critics.

18. Raj Sisodia, David B. Wolfe e Jag Sheth, *Firms of Endearment: How World-Class Companies Profit from Passion and Purpose*, 2. ed. (Upper Saddle River, NJ: Pearson Education, 2014), 7, 14. Os autores chamam essas empresas de "empresas de afeto", definindo-as como aquelas que "[se tornam queridas] pelos *stakeholders* ao trazer os interesses de todos os grupos de *stakeholders* para o alinhamento estratégico".

19. "The Business Case for Purpose", *Harvard Business Review Analytic Services Report*, 5.
20. Claudine Madras Gartenberg, Andrea Prat e George Serafeim, "Corporate Purpose and Financial Performance", Columbia Business School Research Paper n. 16-69 (2016): resumo. Uma análise da BCG de 25 empresas de capital aberto constatou que praticamente todas as empresas com pontuação alta em uma medida de propósito geraram retornos ao longo de uma década que excederam os retornos médios entre as 500 maiores empresas americanas de capital aberto. Analisando as empresas que tratavam bem os funcionários, Alex Edmans descobriu que elas geraram retornos cumulativos de ações ao longo de quase três décadas, 89 a 184% mais altos do que as empresas semelhantes. Jim Hemerling *et al.*, "For Corporate Purpose to Matter, You've Got to Measure It", BCG, 16 de agosto de 2018, https://www.bcg.com/en-us/publications/2018/corporate-purpose-to-matter-measure-it; Edmans, *Grow the Pie*, 83.
21. "Profit & Purpose", BlackRock, 2019, https://www.blackrock.com/americas-offshore/2019-larry-fink-ceo-letter.
22. Henderson, *Reimagining Capitalism*, 118.
23. Edmans, *Grow the Pie*, 91-96.
24. Meu relato da Bühler Holding AG é, em grande parte, baseado em um estudo de caso da Harvard Business School que preparei sobre a empresa, N9-822-001 (no prelo).
25. "The Future Is Now", apresentação corporativa da Bühler em 2020 [internal company documento interno da empresa], 10, 87.
26. Relatório Anual, Bühler, 2011, 52.
27. Relatório Anual, Bühler, 2012, 76.
28. Relatório Anual, Bühler, 2016, 21, 91.
29. Ian Roberts, "A Challenge Shared", *Diagram*, dezembro de 2019, 8.
30. Em relação a isso, a Bühler segue o conselho apresentado no artigo clássico de Christopher A. Bartlett e Sumantra Ghoshal "Changing the Role of Top Management: Beyond Strategy to Purpose", *Harvard Business Review* 72, n. 6 (novembro-dezembro de 1994): 79-88.
31. Spence, *It's Not What You Sell*, 13.
32. "The Business Case for Purpose", *Harvard Business Review Analytic Services Report*, 5. Veja também "The State of the Debate on Purpose in Business", *EY Beacon Institute* (relatório), 2016, 20-24.
33. Edouard Dubois e Ali Saribas, "Making Corporate Purpose Tangible – A Survey of Investors", *Harvard Law School Forum on Corporate Governance*, 19 de junho de 2020.

34. Este ponto também aparece em "The State of the Debate on Purpose in Business", 20-24.
35. "Purpose-Driven Leadership for the 21st Century: How Corporate Purpose Is Fundamental to Reimagining Capitalism", *Horvath and Partners* (relatório), 2019, 17, 36.
36. Susan Reidy, "Protix Opens Insect Protein Production Plant", World Grain, 20 de junho de 2019, https://www.world-grain.com/articles/12229-protix-opens-insect-protein-production-plant.
37. "New Horizons", Bühler, acessado em 13 de julho de 2021, https://www.buhlergroup.com/content/buhlergroup/global/fr/key-topics/Nutrition/Insects.html.
38. Andrew Donlan, "Best Buy Floats Lofty In-Home Health Care Goals in 5-Year Plan", *Home Health Care News*, 4 de dezembro de 2019, https://homehealthcarenews.com/2019/12/best-buy-floats-lofty-in-home-health-care-goals-in-5-year-plan/.
39. Mark R. Kramer e Sarah Mehta, "Becton Dickinson: Global Health Strategy", Harvard Business School Case Study 718-406, setembro de 2017 (revisado em fevereiro de 2018), 12.
40. Thomas W. Malnight, Ivy Buche e Charles Dhanaraj, "Put Purpose at the Core of Your Strategy", *Harvard Business Review*, setembro-outubro de 2019, https://hbr.org/2019/09/put-purpose-at-the-core-of-your-strategy.
41. Stefan Scheiber (CEO da Bühler), entrevista com o autor, 21 de maio de 2020.
42. "Meeting with Technology Experts: 'Bühler Networking Days 2016'", *Miller Magazine*, acessado em 25 de maio de 2021, https://millermagazine.com/english/meeting-with-technology-experts-buhler-networking-days-2016/.
43. Ian Roberts (CTO da Bühler), entrevista com o autor, 21 de maio de 2020.
44. Relatório Anual, Bühler, 2019, 31.
45. Veja o Capítulo 7 de Sisodia, Wolfe e Sheth, *Firms of Endearment*.
46. Rebecca Henderson, "Innovation in the 21st Century: Architectural Change, Purpose, and the Challenges of Our Time", *Management Science* (pré-publicado *on-line* em 30 de outubro de 2020), https://doi.org/10.1287/mnsc.2020.3746
47. George Serafeim *et al.*, "The Value of Corporate Purpose: A Guide for CEOs and Entrepreneurs", KKS Advisors, acessado em 25 de maio de 2021, 5-10.
48. Queenie Wong, "Facebook Ad Boycott: Why Big Brands 'Hit Pause on Hate'", CNET, 30 de julho de 2020, https://www.cnet.com/news/facebook-ad-boycott-how-big-businesses-hit-pause-on-hate/.
49. Megan Graham, "Zuckerberg Was Right: Ad Boycotts Won't Hurt Facebook That Much", CNBC, 4 de agosto de 2020, https://www.cnbc.com/2020/08/04/some-major-companies-will-keep-pausing-facebook-ads-as-boycott-ends.html.
50. Scott Rosenberg, "Facebook's Reputation Is Sinking Fast", Axios, 6 de março de 2019, https://www.axios.com/

facebook-reputation-drops-axios-harris-poll-0d6c406a-4c2e-463a-af98--1748d3e0ab9a.html.
51. Para obter um guia para uma série de pesquisas recentes sobre a relação entre propósito e reputação, consulte Afdhel Aziz, "The Power of Purpose: The Business Case for Purpose (All The Data You Were Looking For Pt 1)", *Forbes*, 7 de março de 2020, https://www.forbes.com/sites/afdhelaziz/2020/03/07/the-power--of-purpose-the-business-case-for-purpose-all-the-data-you-were-looking-for--pt-1/#16bdc72230ba.
52. Relatório Anual, Bühler, 2019, 48-53.
53. Dan Dye (CEO da Ardent Mills), entrevista com o autor, 21 de maio de 2020.
54. Andy Sharpe (presidente e CEO da Bühler North America), entrevista com o autor, 21 de maio de 2020.
55. Andy Sharpe, entrevista com o autor, 21 de maio de 2020.
56. Stefan Dobrev (ex-chefe global de gestão de portfólio de inovação da Nestlé), entrevista com o autor, 17 de setembro de 2020.
57. Stefan Scheiber (CEO da Bühler), entrevista com o autor, 17 de setembro de 2020.
58. Veja o Capítulo 4 de Beer *et al.*, *Higher Ambition*.
59. Stefan Dobrev (ex-chefe global de gestão de portfólio de inovação da Nestlé), entrevista com o autor, 17 de setembro de 2020.
60. Para acessar um dos primeiros estudos sobre como os consumidores e funcionários percebem os esforços de RSC das empresas, consulte C. B. Bhattacharya, Sankara Sen e Daniel Korschun, *Leveraging Corporate Social Responsibility: The Stakeholder Route to Maximizing Business and Social Value*, (Cambridge, UK: Cambridge University Press, 2011).
61. Nellie Bowles, "'I Don't Really Want to Work for Facebook.' So Say Some Computer Science Students", *New York Times*, 15 de novembro de 2018, https://www.nytimes.com/2018/11/15/technology/jobs-facebook-computer-science-students.html. O Vale do Silício em geral foi atingido em termos de atratividade como empregadores – o que os comentaristas chamaram de *techlash* – devido à percepção de que eles estão causando danos à sociedade. Veja Emma Goldberg, "'Techlash' Hits College Campuses", *New York Times*, atualizado em 15 de janeiro de 2020, https://www.nytimes.com/2020/01/11/style/college-tech-recruiting.html.
62. Ghaffary, "Mark Zuckerberg on Leaked Audio"; Charlie Warzel e Ryan Mac, "Mark Zuckerberg's Biggest Problem: Internal Tensions at Facebook Are Boiling Over", Buzzfeed News, 5 de dezembro de 2018, https://www.buzzfeednews.com/article/charliewarzel/facebooks-tensions-zuckerberg-sandberg.
63. Chris Hughes, "It's Time to Break Up Facebook", *New York Times*, 9 de maio de 2019, https://www.nytimes.com/2019/05/09/opinion/sunday/chris-hughes-facebook-zuckerberg.html.

64. Sally Blount e Paul Leinwand, "Why Are We Here?", *Harvard Business Review*, novembro-dezembro de 2019, https://hbr.org/2019/11/why-are-we-here.
65. Christopher A. Bartlett e Sumantra Ghoshal, "Changing the Role of Top Management: Beyond Strategy to Purpose", *Harvard Business Review*, 1º de novembro de 1994.
66. Steven J. Heine, Travis Proulx e Kathleen D. Vohs, "The Meaning Maintenance Model: On the Coherence of Social Motivations", *Personality and Social Psychology Review* 10, n. 2 (2006): 88-110, https://www2.psych.ubc.ca/~heine/docs/MMM.PDF.
67. Para saber mais sobre a teoria da autoconsistência em psicologia, veja Prescott Lecky, *Self-Consistency: A Theory of Personality* (Fort Myers Beach, FL: The Island Press Publishers, 1994).
68. Neal Chalofsky, "An Emerging Construct for Meaningful Work", *Human Resource Development International* 6, n. 1 (2003): 78.
69. Henderson, "Innovation in the 21st Century", 4.
70. Veja, por exemplo, "Connecting People and Purpose: 7 Ways High-Trust Organizations Retain Talent", 2016 Great Place to Work, 2016, 3.
71. Quinn e Thakor, *The Economics of Higher Purpose*, 48-51.
72. "Purpose: A Practical Guide", LinkedIn, acessado em 25 de maio de 2021. Pesquisas confirmam os impactos que a devoção a um propósito tem em uma série de métricas de recursos humanos, incluindo lealdade, engajamento e disposição dos funcionários para promover suas organizações para outras pessoas. Veja, por exemplo, "The Business Case for Purpose", *Harvard Business Review Analytic Services Report* 9.
73. Vineet Nayar, "A Shared Purpose Drives Collaboration", *Harvard Business Review*, 2 de abril de 2014; Quinn e Thakor, *The Economics of Higher Purpose*, 23.
74. "Gartner Identifies Three Dimensions That Define the New Employer-Employee Relationship", Street Insider, 13 de outubro de 2020, https://www.streetinsider.com/Business+Wire/Gartner+Identifies+Three+Dimensions+That+Define+The+New+Employer-Employee+Relationship/17463086.html.
75. Glen Tullman, (fundador e presidente executivo da Livongo), entrevista com o autor, 9 de março de 2021.
76. Raghu Krishnamoorthy (ex-vice-presidente sênior de recursos humanos globais da General Electric), entrevista com o autor, 17 de setembro de 2020.
77. Irene Mark-Eisenring (diretor de recursos humanos na Bühler), entrevista com o autor, 17 de setembro de 2020.
78. Dados da empresa.
79. Edward B. Reeves, "Moral Community", *Encyclopedia of Religion and Society*, acessado em 25 de maio de 2021, http://hirr.hartsem.edu/ency/MoralC.htm.

Capítulo 4: De onde *realmente* vem o propósito: olhe para trás enquanto olha para a frente

1. "The Power of Sankofa: Know History", *Berea College*, 29 de maio de 2021, https://www.berea.edu/cgwc/the-power-of-sankofa/.
2. Retirei meu relato sobre a LEGO deste capítulo das minhas entrevistas com Jørgen Knudstorp e também de David C. Robertson, *Brick by Brick: How LEGO Rewrote the Rules of Innovation and Conquered the Global Toy Industry* (Nova York: Crown Business, 2013); Jan W. Rivkin, Stefan H. Thomke e Daniela Beyersdorfer, "LEGO", Harvard Business School Case Study 613-004, julho de 2012; Stefan H. Thomke, "Jørgen Vig Knudstorp: Reflections on LEGO's Transformation", Harvard Business School Background Note 620-133, maio de 2020; Majken Schultz e Tor Hernes, "A Temporal Perspective on Organizational Identity", *Organization Science* 24, n. 1 (fevereiro de 2013): 1-21. Retirei as informações biográficas sobre Knudstorp de Sherman Hollar, "Jørgen Vig Knudstorp", Britannica, 17 de novembro de 2020, https://www.britannica.com/biography/Jorgen-Vig-Knudstorp.
3. Robertson, *Brick by Brick*, 67-8. Veja, no Capítulo 3, um relato detalhado das dificuldades que a LEGO passou.
4. Citado em Robertson, *Brick by Brick*, 91.
5. Robertson, *Brick by Brick*, 148.
6. Rivkin, Thomke e Beyersdorfer, "LEGO".
7. Rivkin, Thomke e Beyersdorfer, "LEGO".
8. Citado em Stefan Thomke, "Jørgen Vig Knudstorp: Reflections on LEGO's Transformation", Harvard Business School Note 620-133, maio de 2020. Grifo nosso.
9. Citado em Rivkin, Thomke e Beyersdorfer, "LEGO".
10. Jørgen Vig Knudstorp (ex-CEO da LEGO), entrevista com o autor, 26 de junho de 2020.
11. Jørgen Vig Knudstorp, entrevista com o autor, 26 de junho de 2020.
12. Schultz e Hernes, "A Temporal Perspective on Organizational Identity", 1-21.
13. Jørgen Vig Knudstorp, entrevista com o autor, 26 de junho de 2020.
14. Robertson, *Brick by Brick*, 16-17.
15. Stefan Thomke, "Jørgen Vig Knudstorp"; e Jørgen Vig Knudstorp, entrevista com o autor, 23 de novembro de 2020.
16. Rivkin, Thomke e Beyersdorfer, "LEGO".
17. Schultz e Hernes, "A Temporal Perspective on Organizational Identity", 1-21.
18. Jørgen Vig Knudstorp, entrevista com o autor, 26 de junho de 2020.
19. Citado em Schultz e Hernes, "A Temporal Perspective on Organizational Identity", 1-21.; Jørgen Vig Knudstorp, entrevista com o autor, 26 de junho de 2020.
20. Jørgen Vig Knudstorp, entrevista com o autor, 26 de junho de 2020.

21. Outros argumentaram que o propósito deve fluir de forma orgânica e indutiva de dentro e de fora da empresa, refletindo os significados que os próprios *stakeholders* – principalmente funcionários e clientes – atribuem a ele. Veja, por exemplo, o Capítulo 8 de Quinn e Thakor, *The Economics of Higher Purpose*, e o Capítulo 2 de Spence, *It's Not What You Sell*.
22. Em seu livro *It's Not What You Sell, It's What You Stand For*, o consultor Roy Spence pede aos leitores que "usem o estatuto de fundação de sua organização. Encontre o plano de negócios original. Tenha em mente que o que você está procurando é a motivação fundamental que deu origem à organização" (Spence, *It's Not What You Sell*, 36). Contudo, a maioria dos consultores e especialistas acadêmicos faz apenas uma breve referência à história quando discutem como definir um propósito.
23. "Moral Community", Oxford Reference, acessado em 25 de maio de 2021, https://www.oxfordreference.com/view/10.1093/oi/authority.20110803100208740#:~:text=The%20moral%20community%20is%20characterized,be%20termed%20a%20moral%20community.
24. Lucia D. Wocial, "In Search of a Moral Community", *Online Journal of Issues in Nursing* 23, n. 1 (janeiro de 2018), resumo, DOI: 10.3912/OJIN.Vol23No01Man02.
25. Émile Durkheim citado em Reeves, "Moral Community". De acordo com um pesquisador, os valores "fornecem a base pela qual os coletivos se tornam comunidades, dentro e fora dos limites organizacionais". Violina P. Rindova e Luis L. Martins, "From Values to Value: Value Rationality and the Creation of Great Strategies", *Strategy Science* 3, n. 1 (março de 2018): 323-334.
26. Wocial, "In Search of a Moral Community".
27. Alguns estudiosos identificaram as narrativas morais como relatos que podem abranger ou fazer referência a desafios externos mais amplos. Veja Roland Bénabou, Armin Falk e Jean Tirole, "Narratives, Imperatives, and Moral Reasoning", documento de trabalho 24798, *National Bureau of Economic Research* (July 2018): 2. Conforme escrevem, "As narrativas mais importantes, no entanto, dizem respeito a ações com implicações morais ou sociais, como aquelas que envolvem externalidades/internalidades e preocupações (auto) reputacionais".
28. Na verdade, o Antigo Testamento contém dois tipos de "histórias de fundação": uma em que um ancestral estabelece uma nova terra e "seus descendentes povoam a terra e se tornam seus habitantes locais", como no relato bíblico de Abraão; e outra em que conquistam uma população, como na história do Êxodo. Ambas as histórias contribuem para a noção mais ampla dos hebreus como um "povo escolhido", ungido pelo divino – uma noção especialmente significativa, que traz implicações para a identidade de grupo e comunidade moral no presente. Guy Darshan, "The Origins of the Foundation Stories Genre in the

Hebrew Bible and Ancient Eastern Mediterranean", *Journal of Biblical Literature* 133, n. 4 (Winter 2014): 689-709. Veja também Bruce Cauthen, "Covenant and Continuity: Ethno-Symbolism and the Myth of Divine Election", *Nations and Nationalism* 10, n. 1-2 (janeiro de 2004): 19-33.

29. Anthony D. Smith, "Chosen Peoples: Why Ethnic Groups Survive", *Ethnic and Racial Studies* 15, n. 3 (setembro de 2010): 436-456, conforme citado em Cauthen, "Covenant and Continuity", 22.

30. Anthony D. Smith, "Ethnic Election and National Destiny: Some Religious Origins of Nationalist Ideals", *Nations and Nationalism* 5, n. 3 (1999): 331-355, conforme citado em Cauthen, "Covenant and Continuity", 25. Para saber mais sobre criação de mitos e nacionalismo, veja, por exemplo, Veronika Bajt, "Myths of Nationhood: Slovenians, Caranthania and the Venetic Theory", *Annales Series Historia et Sociologia* 21, n. 2 (2011).

31. Eric Hobsbawm e Terence Ranger, eds., *The Invention of Tradition* (Cambridge, UK: Cambridge University Press, 1983).

32. John T. Seaman Jr. e George David Smith, "Your Company's History as a Leadership Tool", *Harvard Business Review*, 1º de dezembro de 2012.

33. Mary Jo Hatch e Majken Schultz, "Toward a Theory of Using History Authentically: Historicizing in the Carlsberg Group", *Administrative Science Quarterly* 62, vol. 4 (2017): 657-697. Minha descrição da Carlsberg neste e nos parágrafos seguintes baseia-se fortemente nesse artigo. Todas as citações apareceram originalmente lá.

34. Citado em Hatch e Schultz, "Toward a Theory of Using History Authentically", 672.

35. Citado em Hatch e Schultz, "Toward a Theory of Using History Authentically", 681.

36. Citado em Hatch e Schultz, "Toward a Theory of Using History Authentically", 682.

37. Alguns estudiosos referenciam os valores como "marcadores de identidade". Rindova e Martins, "From Values to Value".

38. Um grande corpo de pesquisa analisou a identidade organizacional. Nas palavras de um pesquisador, a identidade é composta "por aquelas características de uma organização que, aos olhos de seus membros, são fundamentais para o caráter ou 'autoimagem' da organização, tornam a organização distinta de outras semelhantes e são vistas como tendo continuidade ao longo do tempo." Dennis A. Gioia *et al.*, "Organizational Identity Formation and Change", *Academy of Management Annals* 7, n. 1 (junho de 2013), https://doi.org/10.5465/194 16520.2013.762225.

39. O conceito de autenticidade tem gerado muita discussão entre estudiosos de vários campos. Para saber mais sobre autenticidade na liderança, veja

Herminia Ibarra, "The Authenticity Paradox", *Harvard Business Review Magazine,* janeiro-fevereiro de 2015, https://hbr.org/2015/01/the-authenticity-paradox; Bill George, Peter Sims, Andrew N. McLean e Diana Mayer, "Discovering Your Authentic Leadership", *Harvard Business Review,* fevereiro de 2007, https://hbr.org/2007/02/discovering-your-authentic-leadership. Com base no trabalho de outros estudiosos em sua análise da Carlsberg, Mary Jo Hatch e Majken Schultz apontam uma distinção entre autenticidade "artesanal" e "moral". A primeira implica permanecer fiel às práticas artesanais originais presentes em um negócio; a segunda implica permanecer fiel aos ideais morais dos fundadores de um negócio. Veja Hatch e Schultz, "Toward a Theory of Using History Authentically".

40. Denise M. Rousseau, "Psychological and Implied Contracts in Organizations", *Employee Responsibilities and Rights Journal* 2 (janeiro de 1989): 121-139, DOI: 10.1 007/BF01384942.
41. Jane E. Dutton e Amy Wrzesniewski, "What Job Crafting Looks Like", *Harvard Business Review,* 12 de março de 2020, https://hbr.org/2020/03/what-job-crafting-looks-like.
42. Jørgen Vig Knudstorp, entrevista com o autor, 6 de agosto de 2020.
43. "Responsibility Report", LEGO Group, 2015, https://www.lego.com/cdn/cs/aboutus/assets/blt8630ef4d3066bc76/Responsibility-Report-2015.pdf; "Sustainability Progress", LEGO Group, 2019, https://s3-us-west-2.amazonaws.com/ungc-production/attachments/cop_2020/483723/original/The_LEGO_Group_2019_Sustainability_progress.pdf?1583318316.
44. Jørgen Vig Knudstorp, entrevista com o autor, 6 de agosto de 2020.
45. Sierk Ybema, "Talk of Change: Temporal Contrasts and Collective Identities", *Organization Studies* 31 (2010), DOI: 10.1177/0170840610372205.
46. Nadella, *Hit Refresh,* 64-71.
47. Kathleen Hogan (diretora de pessoal na Microsoft), entrevista com o autor, 12 de maio de 2020.
48. Adam Lashinsky, "The Cook Doctrine at Apple", *Fortune,* 22 de janeiro de 2009, https://fortune.com/2009/01/22/the-cook-doctrine-at-apple/.
49. Steve Jobs, "Steve Jobs: Apple Brand Purpose", divulgando a campanha publicitária "Think Different" da Apple, 23 de setembro de 1997, vídeo do YouTube, enviado por @markgoconnor, 6:54, 23 de maio de 2011, https://www.youtube.com/watch?v=ugqcXqTEVMA.
50. Citado em Killian Bell, "Steve Jobs Legacy Will Live On in the Apple University", Cult of Mac, 7 de outubro de 2011, https://www.cultofmac.com/121798/steve-jobs-legacy-will-live-on-in-the-apple-university/.

51. Timothy B. Lee, "How Apple Became the World's Most Valuable Company", Vox, atualizado em 9 de setembro de 2015, https://www.vox.com/2014/11/17/18076360/apple.
52. Brian X. Chen, "Simplifying the Bull: How Picasso Helps to Teach Apple's Style", *New York Times*, 10 de agosto de 2014, https://www.nytimes.com/2014/08/11/technology/-inside-apples-internal-training-program-.html.
53. Para saber mais sobre a Apple University, veja Brian X. Chen, "Inside the Secretive Apple University", *Sydney Morning Herald*, atualizado em 12 de agosto de 2014, https://www.smh.com.au/business/inside-the-secretive-apple-university-20140812-102yzz.html.
54. Thomas R. Piper, "Johnson & Johnson's Corporate Credo", Harvard Business School Case 304-084, janeiro de 2004 (revisado em maio de 2008).
55. Para obter a versão mais recente do credo até o momento em que este livro foi escrito, veja "Code of Business Conduct", Johnson & Johnson, 2020, https://www.jnj.com/sites/default/files/pdf/code-of-business-conduct-english-us.pdf.
56. "Our Credo", Johnson & Johnson, acessado em 26 de maio de 2021, https://www.jnj.com/sites/default/files/pdf/our-credo.pdf.
57. "The Power of Our Credo: Johnson & Johnson Chairman and CEO Alex Gorsky Reflects on the Legacy of the Company's Historic Mission Statement", Johnson & Johnson, 13 de dezembro de 2018, https://www.jnj.com/latest-news/johnson-johnson-ceo-alex-gorsky-reflects-on-the-power-of-the-companys-credo.
58. "Leadership Challenges at Johnson & Johnson", Wharton, 9 de janeiro de 2014, https://knowledge.wharton.upenn.edu/article/alex-gorsky-leadership-moments-jj/; Erika Janes, "8 Fun Facts about Our Credo – Johnson & Johnson's Mission Statement", Johnson & Johnson, 5 de fevereiro de 2018, https://www.jnj.com/our-heritage/8-fun-facts-about-the-johnson-johnson-credo.
59. Vídeo complementar para um estudo de caso da Johnson & Johnson (sala de aula da Harvard Business School).
60. "The Power of Our Credo".
61. Alex Gorsky, "The Past, Present and Future of Our Credo: A Conversation with Wharton's Adam Grant", LinkedIn, 13 de dezembro de 2018, https://www.linkedin.com/pulse/past-present-future-our-credo-conversation-whartons-adam-alex-gorsky/.
62. Judith Rehak, "Tylenol Made A Hero of Johnson & Johnson: The Recall That Started Them All", *New York Times*, 23 de março de 2002, https://www.nytimes.com/2002/03/23/your-money/IHT-tylenol-made-a-hero-of-johnson-johnson-the-recall-that-started.html.

63. Citado em "Case Study: The Johnson & Johnson Tylenol Crisis", *Department of Defense*, 26 de maio de 2021, https://www.ou.edu/deptcomm/dodjcc/groups/02C2/Johnson%20&%20Johnson.htm.
64. Natasha Singer, "In Recall, a Role Model Stumbles", *New York Times*, 17 de janeiro de 2010, https://www.nytimes.com/2010/01/18/business/18drug.html.
65. "Patients Versus Profits at Johnson & Johnson: Has the Company Lost Its Way?", Wharton, 15 de fevereiro de 2012, https://knowledge.wharton.upenn.edu/article/patients-versus-profits-at-johnson-johnson-has-the-company-lost-its-way/.
66. Johnson & Johnson's Recall of Children's Tylenol and Other Children's Medicines and the Phantom Recall of Motrin (PART 2): Hearing Before the Committee on Oversight and Government Reform, 111th Congress, 30 de setembro de 2010; Clayton S. Rose *et al.*, "On Weldon's Watch: Recalls at Johnson & Johnson from 2009 to 2010", Harvard Business School Case Study 9-311-029, 5 de agosto de 2016.
67. Citado em "Patients Versus Profits".
68. "Leadership Challenges at Johnson & Johnson".
69. Relatório Anual, Johnson & Johnson, 2018, 11, https://www.investor.jnj.com/annual-meeting-materials/2018-annual-report.
70. Citado em Gorsky, "The Past, Present and Future".
71. Relatório Anual, Johnson & Johnson, 2019, 2, https://www.investor.jnj.com/annual-meeting-materials/2019-annual-report.
72. Line Højgaard (historiador corporativo na LEGO), entrevista com o autor, 4 de dezembro de 2020.
73. "Responsibility Report", LEGO, 2015.
74. Jørgen Vig Knudstorp, entrevista com o autor, 26 de junho de 2020.
75. Emma Bedford, "Revenue of the LEGO Group from 2003 to 2020 (in Billion Euros)", Statista, 10 de março de 2021, https://www.statista.com/statistics/282870/lego-group-revenue/.
76. Emma Bedford, "Net Profit of the LEGO Group Worldwide from 2009 to 2020 (in Million Euros)", Statista, 10 de março de 2021, https://www.statista.com/statistics/292305/lego-group-net-profit/.
77. Lucy Handley, "LEGO Is the World's Most Reputable Company as Tech Giants Lag, Survey Says", CNBC, 3 de março de 2020, https://www.cnbc.com/2020/03/03/lego-is-the-worlds-most-reputable-company-disney-follows.html.

Capítulo 5: Você é poeta ou encanador?

1. H. Porter Abbott, *The Cambridge Introduction to Narrative* (Cambridge, UK: Cambridge University Press, 2002), 12. Abbott define narrativa como "a representação de um evento ou uma série de eventos". Conforme observa, os

pesquisadores discutem frefinamentos de tais definições, mas essa é suficiente para meus propósitos aqui. Na vida cotidiana, costumamos igualar "narrativa" e "história". Abbott distingue entre os dois com bases técnicas e bastante esotéricas. Para simplificar, usarei esses termos signindistintamente . Para obter uma definição semelhante de narrativa como "representação de uma série de eventos significativamente conectados de maneira temporal e causal", consultei Violina P. Rindova e Luis L. Martins, "Futurescapes: Imagination and Temporal Reorganization in the Design of Strategic Narratives", artigo não publicado e fornecido ao autor. Observadores têm notado o poder motivacional das histórias. Em uma entrevista no *Harvard Business Review*, o roteirista Robert McKee argumentou que "uma grande parte do trabalho de um CEO é motivar as pessoas a atingirem determinados objetivos. Para fazer isso, ele ou ela deve envolver suas emoções, e a chave para alcançar seus corações é a história". Bronwyn Fryer, "Storytelling That Moves People: A Conversation with Screenwriting Coach Robert McKee", *Harvard Business Review*, junho de 2003, https://hbr.org/2003/06/storytelling-that-moves-people; Chip e Dan Heath, autores do *bestseller Made to Stick*, apresentam a narrativa como um princípio retórico chave que faz as ideias "pegarem", observando sua capacidade de inspirar ações e de fornecer ao público informações concretas sobre como agir. Em um capítulo separado de seu livro, os Heaths descrevem a emoção como um fator distinto de "fixação", embora a natureza inspiradora das histórias pareça sugerir que contar histórias também funciona evocando emoções. Chip Heath e Dan Heath, *Made to Stick: Why Some Ideas Survive and Others Die* (Nova York: Random House, 2008), Capítulos 5 e 6, especialmente 206.
2. Especialistas em várias disciplinas estabeleceram princípios para uma narrativa forte, incluindo a presença de uma tensão fascinante, a introdução de um "herói", a incorporação de detalhes suficientes, a manutenção da história concisa e simples e assim por diante. Em um contexto de negócios, veja, por exemplo, Dan Schawbel, "How to Use Storytelling as a Leadership Tool", *Forbes*, 13 de agosto de 2012, https://www.forbes.com/sites/danschawbel/2012/08/13/how-to-use-storytelling--as-a-leadership-tool/?sh=4c8e94695e8e; Carolyn O'Hara, "How to Tell a Great Story", *Harvard Business Review*, 30 de julho de 2014, https://hbr.org/2014/07/how--to-tell-a-great-story; Fryer, "Storytelling That Moves People"; Dianna Booher, "7 Tips for Great Storytelling as a Leader", *Fast Company*, 12 de janeiro de 2015, https://www.fastcompany.com/3040709/7tips-for-great-storytelling-as-a-leader.
3. Os líderes costumam usar grandes narrativas estratégicas para ajudar as pessoas a entenderem os eventos, dar vida às estratégias e incentivar a força de trabalho a aceitar a mudança transformacional. Algumas dessas narrativas compreendem o que os estudiosos chamam de *futurescapes*, relatos que "articulam o futuro preferido de uma empresa e o papel da empresa em criá-lo" (Rindova e Martins, "Futurescapes", 4). Argumento que os líderes com um propósito profundo criam

narrativas para apoiar e comunicar o propósito organizacional, e não apenas uma determinada estratégia. Elena Dalpiaz e Giada Di Stefano, "A Universe of Stories: Mobilizing Narrative Practices During Transformative Change", *Strategic Management Journal* 39, n. 3 (março de 2018): 664-96; Scott Sonenshein, "We're Changing – Or Are We? Untangling the Role of Progressive, Regressive, and Stability Narratives during Strategic Implementation", *Academy of Management Journal* 53, n. 3 (30 de novembro de 2017), https://doi.org/10.5465/amj.2010.51467 638; Sarah Kaplan e Wanda Orlikowski, "Beyond Forecasting: Creating New Strategic Narratives", *MIT Sloan Management Review*, 16 de setembro de 2014, https://sloanreview.mit.edu/article/beyond-forecasting-creating-new-strategic-narratives/.

4. Um grupo de estudiosos define a potência moral como "a capacidade de gerar responsabilidade e motivação para agir moralmente diante da adversidade e perseverar nos desafios". Veja Sean T. Hannah, Bruce J. Avolio e Douglas R. May, "Moral Maturation and Moral Conation: A Capacity Approach to Explaining Moral Thought and Action", *Academy of Management* 36, n. 4 (outubro de 2011), https://doi.org/10.5465/amr.2010.0128; Neil Morelli, "The Makings of Morality: The Factors Behind Ethical Behavior (IO Psychology)", *Academy of Management Review*, 9 de janeiro de 2012, http://www.ioatwork.com/the-makings-of-morality-the-factors-behind-ethical-behavior/.

5. Citado em "Indra K. Nooyi Biography", *Encyclopedia of World Biography*, acessado em 26 de maio de 2021, https://www.notablebiographies.com/news/Li-Ou/Nooyi-Indra-K.html#ixzz6iVTnrVhz.

6. "Get Married or Say No to Yale: Indra Nooyi's Knotty Affair", *Economic Times*, atualizado em 7 de agosto de 2018, https://economictimes.indiatimes.com/magazines/panache/get-married-or-say-no-to-yale-indra-nooyis-knotty-affair/articleshow/652858 68.cms.

7. "Indra Nooyi – a 'Mentor + Inspiration,'" *Indian Express*, 16 de janeiro de 2019, https://indianexpress.com/article/world/indra-nooyi-a-mentor-inspiration-5540979/.

8. Sherman Hollar, "Indra Nooyi", *Britannica*, acessado em 26 de maio de 2021, https://www.britannica.com/biography/Indra-Nooyi; Fiona Walsh, "Indian-Born Nooyi Takes Over at PepsiCo", *Guardian*, 14 de agosto de 2006, https://www.theguardian.com/business/2006/aug/15/genderissues.uknews.

9. "PepsiCo Chairman and CEO Reinemund to Retire", Reliable Plant, 26 de maio de 2021, https://www.reliableplant.com/Read/2314/pepsico-chairman-ceo-reinemund-to-retire; "Market Capitalization of PepsiCo (PEP)", Companies Market-Cap, acessado em 26 de maio de 2021, https://companiesmarketcap.com/pepsico/marketcap/.

10. Joseph L. Badaracco e Matthew Preble, "PepsiCo, Profits, and Food: The Belt Tightens", Harvard Business School Case Study 9-314-055, 21 de dezembro de 2015, 6.

11. Michael I. Norton e Jill Avery, "The Pepsi Refresh Project: A Thirst for Change", Harvard Business School Case Study 512-018, revisado em agosto de 2013, 3.
12. No relatório anual da empresa de 2006, Nooyi e Reinemund (que permaneceu por um ano como presidente) posicionam o Desempenho com Propósito como uma extensão ou destilação das atividades existentes da empresa: "Acreditamos que esta é uma empresa de bom coração e reconhecemos o papel que empresas líderes como a nossa desempenham na sociedade. Isso nos inspira a focar em entregar Desempenho com Propósito – algo que pretendemos continuar fazendo". Relatório Anual, PepsiCo, 2006, 3. Em outro relatório, Nooyi e a empresa descreveram o Desempenho com Propósito como mais revolucionário, como uma "agenda ousada", uma "decisão de redefinir a forma como fazemos negócios" e até mesmo "uma nova missão estratégica para tentar capturar o coração e a alma da PepsiCo". Veja, por exemplo, Roy Manuell, "PepsiCo Talks Sugar, Sustainability and a Responsible Approach to Development", *New Food Magazine*, 1º de novembro de 2016, https://www.newfoodmagazine.com/article/27576/pepsico-sugar-health-development/; Relatório Anual, PepsiCo, 2008, 4, https://www.pepsico.com/docs/album/annual-reports/2008-annual-english.pdf?sfvrsn=2fe2d333_4.
13. Indra K. Nooyi e Vijay Govindarajan, "Becoming a Better Corporate Citizen", *Harvard Business Review Magazine*, março-abril de 2020, https://hbr.org/2020/03/becoming-a-better-corporate-citizen; Rosabeth Moss Kanter et al., "PepsiCo, Performance with Purpose, Achieving the Right Global Balance", Harvard Business School Case 412-079, outubro de 2011 (revisado em janeiro de 2012), 7-9. Em outro lugar, a empresa apresenta o Desempenho com Propósito como uma estrutura de três partes, omitindo o ponto fundamental da sustentabilidade financeira, que talvez tenha sido inferido.
14. Katie Kuehner-Hebert, "PepsiCo's CEO and Chair Indra Nooyi Is Leading the Company to New Heights", Chief Executive, 30 de abril de 2018, https://chiefexecutive.net/pepsicos-ceo-chair-indra-nooyi-leading-company-new-heights/. A Pepsi tem categorizado seus produtos dessa forma desde meados da década de 1990. Veja "Nandan Nilekani Chats up with Indra Nooyi", *Economic Times*, 7 de fevereiro de 2007, https://economictimes.indiatimes.com/news/company/corporate-trends/nandan-nilekani-chats-up-with-indra-nooyi/articleshow/1569097.cms?from=mdr.
15. Badaracco e Preble, "PepsiCo, Profits, and Food", 5.
16. "Indra K. Nooyi on Performance with Purpose", BCG, 14 de janeiro de 2010, https://www.bcg.com/publications/2010/indra-nooyi-performance-purpose.
17. Frank Cooper III (ex-diretor de *marketing* da Pepsi), entrevista com o autor, 1º de setembro de 2020.
18. Citado em Badaracco and Preble, "PepsiCo, Profits, and Food".

19. Michele Simon, "A Leopard Like PepsiCo Cannot Change Its Spots", *Guardian*, 21 de março de 2012, https://www.theguardian.com/sustainable-business/blog/pepsico-corporate-social-responsibility-public-health.
20. Nooyi e Govindarajan, "Becoming a Better Corporate Citizen".
21. John Seabrook, "Snacks for a Fat Planet", *Nova Yorker*, 9 de maio de 2011, https://www.newyorker.com/magazine/2011/05/16/snacks-for-a-fat-planet.
22. Frank Cooper III, entrevista com o autor, 1º de setembro de 2020.
23. Chego a esta sinopse geral baseando-me em várias fontes, incluindo a discussão de Nooyi sobre Desempenho com Propósito em uma aparição em 2019 na Stern School of Business da New York University, "In Conversation with Lord Mervyn King" Series Presents Indra Nooyi, NYU Stern, vídeo do YouTube, 1:04:13, 1º de novembro de 2019, https://www.youtube.com/watch?v=MvQf7XStV-Q&feature=youtube; minha entrevista com Frank Cooper, citada anteriormente; e Nooyi e Govindarajan, "Becoming a Better Corporate Citizen".
24. "In Conversation with Lord Mervyn King"; "'Performance with Purpose' vs. Corporate Social Responsibility" Aspen Institute, 2014 Aspen Ideas Festival Afternoon of Conversation with Indra Nooyi and David Bradley, vídeo do YouTube, 2:28. 1º de julho de 2014, https://www.youtube.com/watch?v=3ePlLrdusLQ.
25. "Nandan Nilekani Chats Up with Indra Nooyi", *Economic Times*, 7 de fevereiro de 2007, https://economictimes.indiatimes.com/news/company/corporate-trends/nandan-nilekani-chats-up-with-indra-nooyi/articleshow/1569097.cms?from=mdr.
26. "Nandan Nilekani Chats Up".
27. "Nandan Nilekani Chats Up".
28. "Emmanuel Faber Speech at Consumer Goods Forum", Danone, vídeo do YouTube, 23:12, 22 de junho de 2017, https://www.youtube.com/watch?v=PhuEtyH6SK4&feature=emb_rel_pause.
29. "Emmanuel Faber Speech at Consumer Goods Forum".
30. Andrew M. Carton, Chad Murphy e Jonathan R. Clark, "A (Blurry) Vision of the Future: How Leader Rhetoric about Ultimate Goals Influences Performance", *Academy of Management Journal* 57, n. 4 (junho de 2014): 1544-1570.
31. Não sou o primeiro a aplicar o modelo de Ganz ao tema do propósito. Veja John Coleman, "Use Storytelling to Explain Your Company's Purpose", *Harvard Business Review*, 24 de novembro de 2015, https://hbr.org/2015/11/use-storytelling-to-explain-your-companys-purpose.
32. Marshall Ganz, "Public Narrative, Collective Action, and Power", em *Accountability Through Public Opinion: From Inertia to Public Action*, ed. Sina Odugbemi e Taeku Lee (Washington, DC: World Bank, 2011), 273.
33. Ganz, "Public Narrative", 273-74.
34. Ganz, "Public Narrative", 283-85.

35. Emmanuel Faber, "Without Social Justice, There Is No Future for the Economy", endereço inicial publicado na Medium, 29 de junho de 2016, https://medium.com/@dominiquebel/without-social-justice-there-is-no-future-for-the-economy-b87537166e89.
36. "Indra Nooyi: Performance with Purpose", *Fortune*, vídeo do YouTube, 3:07, 9 de novembro de 2011, https://www.youtube.com/watch?v=BDTVdX-enr4. Adaptei essa citação da melhor forma possível ouvindo a conversa ao vivo de Nooyi.
37. Citado em Indra Nooyi, "Leading with Purpose: Changing the Way We Make Money to Change the World", LinkedIn, 11 de julho de 2018, https://www.linkedin.com/pulse/leading-purpose-changing-way-we-make-money-change-world-indra-nooyi/.
38. Citado em Gary Burnison, *No Fear of Failure: Real Stories of How Leaders Deal with Risk and Change* (Hoboken, NJ: Jossey-Bass, 2011), 34.
39. Ganz, "Public Narrative", 285-86.
40. Relatório Anual, PepsiCo, 2008, 4-7.
41. Ganz, "Public Narrative", 286-88.
42. Emmanuel Faber, "Food Is a Human Right, Not a Commodity", LinkedIn, 22 de junho de 2017, https://www.linkedin.com/pulse/food-human-right-commodity-emmanuel-faber/.
43. Sohini Mitter, "PepsiCo CEO Indra Nooyi Reveals Why She Writes Letters to Parents of Her Senior Executives", Mashable, 2 de fevereiro de 2017, https://mashable.com/2017/02/02/pepsico-ceo-indra-nooyi-letters-parents-senior-executives/?utm_cid=mash-prod-nav-sub-st#_G8ocF9WESq3.
44. Marguerite Ward, "Why PepsiCo CEO Indra Nooyi Writes Letters to Her Employees' Parents", CNBC, atualizado em 1º de fevereiro de 2017, https://www.cnbccom/2017/02/01/why-pepsico-ceo-indra-nooyi-writes-letters-to-her-employees-parents.html.
45. Ward, "Why PepsiCo CEO Indra Nooyi Writes Letters".
46. Relatório Anual, PepsiCo, 2006, https://www.pepsico.com/docs/album/annual-reports/2006-Annual-English.pdf.
47. Os estudiosos da liderança descreveram três níveis de domínio da liderança: saber, fazer e ser. Como explicam os editores de um manual de liderança bastante lido: "Para ter sucesso, há certas coisas que os líderes devem saber (conhecimento), certas coisas que devem ser capazes de fazer (habilidades) e certas maneiras como eles devem ser (caráter, identidade, visão de mundo)". Scott Snook, Nitin Nohria e Rakesh Khurana, eds., *The Handbook for Teaching Leadership: Knowing, Doing, and Being* (Los Angeles: SAGE Publications, 2012), xv.
48. Bill George *et al.*, "Discovering Your Authentic Leadership", *Harvard Business Review*, fevereiro de 2007; Quinn e Thakor, *The Economics of Higher Purpose*, 101-109.

49. Emmanuel Faber (CEO da Danone), entrevista com o autor, 8 de dezembro de 2020.
50. Citado em David Gelles, "Indra Nooyi: 'I'm Not Here to Tell You What to Eat'" *New York Times*, 21 de março de 2019, https://www.nytimes.com/2019/03/21/business/indra-nooyi-corner-office-pepsi.html.
51. Burnison, *No Fear of Failure*, 33-35.
52. Indra K. Nooyi e Vijay Govindarajan, "Becoming a Better Corporate Citizen", *Harvard Business Review*, março-abril de 2020, https://hbr.org/2020/03/becoming-a-better-corporate-citizen.
53. Scott Snook, "Be, Know, Do: Forming Character the West Point Way", *Compass* 1, n. 2 (2º trim. 2004): 16-19.
54. David De Cremer, "Affective and Motivational Consequences of Leader Self-Sacrifice: The Moderating Effect of Autocratic Leadership", *Leadership Quarterly* 17 (2006): 79-93.
55. "Good for You, Not for Shareholders", *Economist*, 17 de março de 2012, https://www.economist.com/business/2012/03/17/good-for-you-not-for-shareholders.
56. M. L. Besharov e R. Khurana, "Leading Amidst Competing Technical and Institutional Demands: Revisiting Selznick's Conception of Leadership", em *Institutions and Ideals: Philip Selznick's Legacy for Organizational Studies*, Research in the Sociology of Organization 44 (Bingley, UK: Emerald Group Publishing Limited, 2015), 53-88.
57. Besharov e Khurana, "Leading Amidst Competing Technical and Institutional Demands", 19.
58. O teórico organizacional Philip Selznick via os líderes como criadores de grandes mitos que inundam as organizações de significado e propósito. Essa não era simplesmente uma "melhor prática" em sua opinião, mas uma responsabilidade central da liderança. Além disso, os líderes tinham a obrigação de *internalizar* o propósito e levá-lo adiante por meio de seus próprios comportamentos. Os *stakeholders* esperam que os líderes incorporem valores e propósitos abstratos para eles. Se os líderes falharem nisso, a melhor criação de mitos do mundo terá pouco significado. Quando os líderes conseguem incorporar o propósito, eles criam um contexto organizacional no qual os funcionários fazem seu trabalho com paixão e exuberância. Os funcionários percebem que estão engajados em uma busca moral por um futuro melhor, palpável e real, e dão o máximo de si por isso.
59. Andrew M. Carton, "'I'm Not Mopping the Floors, I'm Putting a Man on the Moon': How NASA Leaders Enhanced the Meaningfulness of Work by Changing the Meaning of Work", *Administrative Science Quarterly* 63, n. 2 (2018): 325, https://doi.org/10.1177/0001839217713748.
60. Citado em Kanter *et al.*, "PepsiCo, Performance with Purpose", 7-9.

61. Jade Scipioni, "Pepsi CEO Indra Nooyi's Last Day: A Look at Her Legacy", FOX Business, 2 de outubro de 2018, https://www.foxbusiness.com/features/pepsi-ceo-indra-nooyis-last-day-a-look-at-her-legacy; Nooyi e Govindarajan, "Becoming a Better Corporate Citizen".
62. Indra K. Nooyi e Vijay Govindarajan, "Becoming a Better Corporate Citizen".
63. "In Conversation with Lord Mervyn King Series Presents Indra Nooyi".
64. Nooyi e Govindarajan, "Becoming a Better Corporate Citizen"; "Sustainability Report", PepsiCo, 2017.
65. Julie Creswell, "Indra Nooyi, PepsiCo C.E.O. Who Pushed for Healthier Products, to Step Down", *New York Times*, 6 de agosto de 2018, https://www.nytimes.com/2018/08/06/business/indra-nooyi-pepsi.html; John D. Stoll, "How Should Pepsi's Indra Nooyi Be Graded?", *Wall Street Journal*, 9 de agosto de 2018, https://www.wsj.com/articles/how-should-pepsis-indra-nooyi-be-graded-1533819601.

Capítulo 6: O "eu" no propósito

1. Hemal Jhaveri, "A Brief History of Super Bowl Media Day in Photos", *USA Today*, 27 de janeiro de 2019, https://ftw.usatoday.com/gallery/super-bowl-media-day-history.
2. Jeff Legwold, "Lynch: 'I'm Here So I Won't Get Fined,' " ESPN, 27 de janeiro de 2015, https://www.espn.com/nfl/playoffs/2014/story/_/id/12237417/marshawn-lynch-seattle-seahawks-uses-same-answer-repetition-super-bowl-media-day-here-get-fined.
3. Coby McDonald, "'Bout That Action: How Marshawn Lynch Threw the Sports Media for a Loop", Berkeley (ex-alunos), outono de 2015, https://alumni.berkeley.edu/california-magazine/fall-2015-questions-race/bout-action-how-marshawn-lynch-threw-sports-media-loop.
4. Baseio meu relato estilizado em um vídeo que mostra a aparição de Lynch, disponível no *site* da Daily Motion (https://www.dailymotion.com/video/x2ftewu). Veja também Legwold, "Lynch: 'I'm Here.' "
5. Em 2019, ele tinha mais de 10 mil jardas corridas, cinco participações no Pro Bowl e uma vitória no Super Bowl em seu crédito ao longo de sua carreira de 13 anos. Madilyn Zeegers, "NFL: Is Marshawn Lynch a Hall of Fame Running Back?", Sportscasting, 14 de junho de 2019, https://www.sportscasting.com/marshawn-lynch-hall-of-fame-running-back/.
6. Patrick Olde Loohuis, "NFL Ranks Marshawn Lynch's 'Beast Quake' the Greatest Run in History", Seahawks Wire, 2 de novembro de 2019, https://seahawkswire.usatoday.com/2019/11/02/nfl-ranks-marshawn-lynchs-beast-quake-the-greatest-run-in-history/.

7. Brandon K., "Marshawn Lynch Continues to Taint Image, Charged with Gun-Related Misdemeanors", Bleacher Report, 20 de fevereiro de 2009, https://bleacherreport.com/articles/127160-marshawn-lynch-continues-to-taint-image-charged-with-gun-related-misdemeanors; "Lynch Gets Probation for Guilty Plea", ESPN, 5 de março de 2009, https://www.espn.com/nfl/news/story?id=3955441; Terry Blount, "Marshawn Lynch Resolving DUI Case", ESPN, 20 de fevereiro de 2014, https://www.espn.com/nfl/story/_/id/10490851/marshawn-lynch-seattle-seahawks-pleads-guilty-reckless-driving.
8. Kent Babb, "Super Bowl 2014: Seahawks Running Back Marshawn Lynch Gives People Reason to Talk", *Washington Post*, 30 de janeiro de 2014, https://www.washingtonpost.com/sports/redskins/super-bowl-2014-seahawks-running-back-marshawn-lynch-gives-people-reason-to-talk/2014/01/30/b874cc6a-89ff-11e3-833c-33098f9e5267_story.html; McDonald, "'Bout That Action".
9. Outros viram isso de forma mais positiva, como um "movimento de poder para atletas negros". Jenée Desmond-Harris, "Marshawn Lynch's Selective Silence Is a Power Move for Black Athletes", Vox, 31 de janeiro de 2015, https://www.vox.com/2015/1/31/7956685/marshawn-lynch-media-race. Lynch parece ter considerado a mídia falsa, intrusiva e perturbadora, percebendo que os jornalistas estavam tentando colocá-lo em destaque, negligenciando o papel desempenhado por seus companheiros de time. "Marshawn Lynch Talks About Why He Doesn't Talk to the Media", *USA Today*, atualizado em 29 de janeiro de 2015, https://www.usatoday.com/story/sports/nfl/2015/01/29/marshawn-lynch-talks-about-why-he-doesnt-talk-to-the-media/22533561/; Sam Laird, "It's About the Team: Why Marshawn Lynch Doesn't Talk to Media", Mashable, 28 de janeiro de 2015, https://mashable.com/2015/01/28/marshawn-lynch-media/.
10. Ed Sherman, "Jerk Mode: Marshawn Lynch and Why Athletes Need to Talk to Media", Sherman Report, 25 de novembro de 2014, http://www.shermanreport.com/jerk-mode-marshawn-lynch-and-why-athletes-need-to-talk-to-media/.
11. Katie Sharp, "Super Bowl 2015: Why Does Marshawn Lynch Grab His Crotch When He Scores a Touchdown?", SB Nation, 30 de janeiro de 2015, https://www.sbnation.com/2015/1/30/7945155/super-bowl-2015-why-marshawn-lynch-grab-his-crotch-touchdown.
12. McDonald, "'Bout That Action".
13. Citado em Parker Molloy, "Super Bowl XLIX Media Day – as It Happened", *Guardian*, atualizado em 29 de março de 2018, https://www.theguardian.com/sport/live/2015/jan/27/super-bowl-xlix-media-day-live.
14. Pete Carroll (treinador principal e vice-presidente executivo do Seattle Seahawks), entrevistas com o autor, 6 e 10 de abril de 2020.
15. Michael Bennett (ex-atacante do Seattle Seahawks), entrevista com o autor, 7 de maio de 2020.

16. Pete Carroll, entrevistas com o autor, 6 e 10 de abril de 2020.
17. Pete Carroll, entrevistas com o autor, 6 e 10 de abril de 2020.
18. Durante a metade do século XX, os estudiosos descreveram a cultura como uma forma de "persuasão não coercitiva" e registraram a formação de "homens de organização" dentro das empresas. Veja William H. Whyte, *The Organization Man* (Philadelphia: University of Pennsylvania Press, 2002); Edgar H. Schein, Inge Schneier e Curtis H. Barker, *Coercive Persuasion: A Socio-Psychological Analysis of the "Brainwashing" of American Civilian Prisoners by the Chinese Communists* (Nova York: W.W. Norton, 1971).
19. Conforme se pensa, as pessoas não podem simplesmente "fazer suas próprias atividades" dentro das organizações. Se fizessem isso, as organizações cairiam no caos ou, no mínimo, teriam desempenho inferior. Contudo, as organizações também não podem monitorar facilmente as pessoas e seu comportamento. Os sistemas formais de rastreamento de comportamento podem ser caros e podem fracassar porque os gerentes que os implementam não aderem a eles ou porque os comportamentos e seus resultados desafiam uma medição fácil. Charles O'Reilly, "Corporations, Culture, and Commitment: Motivation and Social Control in Organizations", *California Management Review* (verão de1989).
20. O'Reilly, "Corporations, Culture, and Commitment", 12.
21. Relembrando seu tempo como CEO da IBM durante a década de 1990, Lou Gerstner refletiu: "O que aprendi na IBM é que a cultura é tudo". "Gerstner: Changing Culture at IBM – Lou Gerstner Discusses Changing the Culture at IBM", *Harvard Business School* (Working Knowledge), 9 de dezembro de 2002, https://hbswk.hbs.edu/archive/gerstner-changing-culture-at-ibm-lou-gerstner--discusses-changing-the-culture-at-ibm.
22. Culturas fortes podem se tornar forças opressoras. Veja, por exemplo, John Van Maanen, "The Asshole", em Peter K. Manning e John van Maanen, eds., *Policing: A View from the Streets* (Santa Monia, CA: Goodyear, 1978), 221-238; Philip Selznick, *The Organizational Weapon: A Study of Bolshevik Strategy and Tactics* (Nova Orleans, LA: Quid Pro Books, 2015); e Rosabeth Moss Kanter, "Commitment and Social Organization: A Study of Commitment Mechanisms in Utopian Communities", *American Sociological Review* 35 (agosto de 1968): 499-517.
23. Donald Sull, Stefano Turconi e Charles Sull, "When It Comes to Culture, Does Your Company Walk the Talk?", *MIT Sloan Management Review*, 21 de julho de 2020, https://sloanreview.mit.edu/article/when-it-comes-to-culture-does-your-company-walk-the-talk/.
24. Documentos internos da Ovia.
25. Documentos internos da Ovia apresentam a visão da empresa como: "Todas as mulheres, pais e filhos merecem cuidados iguais, apoio longitudinal, intervenções que salvam vidas e uma família saudável e feliz". Wallace também explicou

o propósito da empresa durante uma entrevista que fiz com ele: Paris Wallace (CEO da Ovia Health), entrevista com o autor, 11 de fevereiro 2021.
26. Grifo nosso. Documento interno da Ovia.
27. Paris Wallace, entrevista com o autor, 11 de fevereiro de 2021.
28. Paris Wallace, entrevista com o autor, 17 de dezembro de 2020.
29. Molly Howard (Chief Operating Officer da Ovia), entrevista com o autor, 6 de janeiro de 2021.
30. Bruce N. Pfau, "How an Accounting Firm Convinced Its Employees They Could Change the World", *Harvard Business Review*, 6 de outubro de 2015, https://hbr.org/2015/10/how-an-accounting-firm-convinced-its-employees-they-could-change-the-world.
31. Pfau, "How an Accounting Firm".
32. Bruce Pfau (ex-vice-presidente de recursos humanos e comunicações da KPMG), entrevista com o autor, 13 de janeiro de 2021.
33. Kathleen Hogan, entrevista com o autor, 12 de maio de 2020.
34. Ao retratar esse episódio, baseio-me no livro de Nadella, bem como em entrevistas que realizei com vários membros de sua equipe. Veja Nadella, *Hit Refresh*, 1-11.
35. Citado em Francesca Gino, Allison Ciechanover e Jeff Huizinga, "Culture Transformation at Microsoft: From 'Know it All' to 'Learn it All,' Harvard Business School Case Study 9-921-004, revisado em novembro de 2020, 5.
36. Doug J. Chung, "Commercial Sales Transformation at Microsoft", Harvard Business School Case Study 519-054, janeiro de 2019 (revisado em outubro de 2019), 4.
37. Satya Nadella, entrevista com o autor, 1 de junho de 2020.
38. Nadella, *Hit Refresh*, 11.
39. A pesquisa mostrou que as pessoas que veem seu trabalho como uma vocação "têm um relacionamento mais forte e gratificante com seu trabalho, que está associado a passar mais tempo no trabalho e obter mais prazer e satisfação com ele". Amy Wrzesniewski, "Finding Positive Meaning at Work", em K. S. Cameron, J. E. Dutton e R. E. Quinn, eds., *Positive Organizational Scholarship: Foundations of a New Discipline* (San Francisco: Berrett-Koehler, 2003), 302. Para obter uma visão geral concisa da criação de tarefas, veja Patrick F. Bruning e Michael A. Campion, "Exploring Job Crafting: Diagnosing and Responding to the Ways Employees Adjust Their Jobs", *Business Horizons* 65, n. 5 (setembro-outubro de 2019): 625- 35. Para obter ideias sobre as várias maneiras pelas quais os funcionários podem moldar ou elaborar seus trabalhos, consulte Dorien T. A. M. Kooij *et al.*, "Job Crafting Towards Strengths and Interests: The Effects of a Job Crafting Intervention on Person-Job Fit and the Role of Age", *Journal of Applied Psychology* 102, n. 6 (2017): 971-981.

40. Eric Garton e Michael Mankins, "Engaging Your Employees Is Good, but Don't Stop There", *Harvard Business Review*, 9 de dezembro de 2015, https://hbr.org/2015/12/engaging-your-employees-is-good-but-dont-stop-there.
41. Matt Breitfelder (chefe global de recursos humanos e sócio sênior da Apollo Global Management), entrevista com o autor, 15 de janeiro de 2021.
42. Kathleen Hogan, "The 5Ps of Employee Fulfillment", LinkedIn, 11 de dezembro de 2018, https://www.linkedin.com/pulse/5ps-employee-fulfillment-kathleen-hogan/.
43. Ron Carucci, "Balancing the Company's Needs and Employee Satisfaction", *Harvard Business Review*, 1º de novembro de 2019, https://hbr.org/2019/11/balancing-the-companys-needs-and-employee-satisfaction.
44. Suzanne Choney, "For the Love of Aaron, and All Children Who May Be Susceptible to SIDS", Microsoft, 7 de junho de 2017, https://news.microsoft.com/features/love-aaron-children-may-susceptible-sids/; Erin Dietsche, "This Microsoft Team Volunteered Their Time to Develop a SIDS Research Tool", Med City News, 12 de junho de 2017, https://medcitynews.com/2017/06/microsoft-sids-research-tool/; "A Child's Sudden Death Leads Data Scientists on a Quest for Answers", Bloomberg, 31 de agosto de 2017, https://www.techatbloomberg.com/blog/childs-sudden-death-leads-data-scientists-quest-answers/.
45. Outros comentaram sobre vários tipos de propósito pessoal. Veja, por exemplo, Dan Pontefract, *The Purpose Effect: Building Meaning in Yourself, Your Role, and Your Organization* (Boise, ID: Elevate, 2016).
46. Observe que esse propósito incorpora uma lógica estritamente comercial, em vez do propósito mais profundo descrito no Capítulo 2, que funde o comercial e a intenção de realizar algum bem social mais nobre.
47. Para a cobertura da imprensa, veja Selena Ross e Kelly Greig, "Laurent Duvernay-Tardif Opts Out of NFL Season, Saying He Won't Risk Spreading COVID-19", CTV News Montreal, atualizado em 25 de julho de 2020, https://montreal.ctvnews.ca/laurent-duvernay-tardif-opts-out-of-nfl-season-saying-he-won-t-risk-spreading-covid-19-1.5038706; Adam Kilgore, "His Team Is Going to the Super Bowl. He's Staying on the Coronavirus Front Lines", *Washington Post*, 1 de fevereiro de 2021, https://www.washingtonpost.com/sports/2021/02/01/laurent-duvernay-tardif-coronavirus-super-bowl/.
48. Joshua Brisco, "Andy Reid Proud, Not Surprised by Laurent Duvernay-Tardif's Choice to Stay on COVID-19 Front Lines", *Sports Illustrated*, atualizado em 26 de julho de 2020, https://www.si.com/nfl/chiefs/news/andy-reid-laurent-duvernay-tardif-opt-out-covid-19.
49. Pete Carroll, entrevista com o autor, 6 e 10 de abril de 2020.
50. Kathleen Hogan, entrevista com o autor, 12 de maio de 2020.
51. Hogan, "The 5Ps".

52. Satya Nadella, entrevista com o autor, 1 de junho de 2020.
53. Scott Barry Kaufman, *Transcend: The New Science of Self-Actualization* (Nova York: TarcherPerigree, 2020), xxxv, 155.
54. Kaufman, *Transcend*, xv.
55. Kaufman, *Transcend*, 218. Veja também o prefácio e o Capítulo 1. Agradeço também a Angela Duckworth por me apresentar o conceito de transcendência de Maslow.
56. Ranjay Gulati, Matthew Breitfelder e Monte Burke, "Pete Carroll: Building a Winning Organization Through Purpose, Caring, and Inclusion", Harvard Business School Case Study 421-020, março de 2021, 17.
57. Gino, Ciechanover e Huizinga, "Culture Transformation at Microsoft", 13.
58. Austin Carr e Dina Bass, "The Most Valuable Company (for Now) Is Having a Nadellaissance", Bloomberg, 2 de maio de 2019, https://www.bloomberg.com/news/features/2019-05-02/satya-nadella-remade-microsoft-as-world-s-most-valuable-company.
59. Joe Whittinghill, vice-presidente corporativo de talentos, aprendizagem e ideias, citado em Gino, Ciechanover e Huizinga, "Culture Transformation at Microsoft", 6.
60. "Pete Carroll", Statscrew, acessado em 27 de maio de 2021, https://www.statscrew.com/football/stats/c-carropet001; "Is Seahawks' Pete Carroll a Hall of Fame Coach?", Herald Net, 24 de janeiro de 2020, https://www.heraldnet.com/sports/is-seahawks-pete-carroll-a-hall-of-fame-coach/; Bryan DeArdo, "10 Current NFL Coaches with a Shot at Hall of Fame, Ranked by Tiers with Two Absolute Locks at the Top", CBS Sports, 3 de fevereiro de 2020, https://www.cbssports.com/nfl/news/10-current-nfl-coaches-with-a-shot-at-hall-of-fame-ranked-by-tiers-with-two-absolute-locks-at-the-top/. Estes resultados são de 2020. O registro de Carrol também reflete seus anos anteriores com os New York Jets e os New England Patriots.
61. Joel M. Podolny, "Discussion of 'How to' Session", Conference on Organizations with Purpose, 16-17 de setembro de 2016.
62. Kaufman, *Transcend*, 151-53, 217-27.
63. Pete Carroll, entrevistas com o autor, 6 e 10 de abril de 2020.

Capítulo 7: Fuga da gaiola de ferro

1. Christopher Jensen, "In General Motors Recalls, Inaction and Trail of Fatal Crashes", *New York Times*, 2 de março de 2014, https://www.nytimes.com/2014/03/03/business/in-general-motors-recalls-inaction-and-trail-of-fatal-crashes.html.

2. Citado em Scott Neuman, "Mother of Victim: More Killed by GM Ignition Switch Defect", Iowa Public Radio, 1º de abril de 2014, https://www.iowapublicradio.org/2014-04-01/mother-of-victim-more-killed-by-gm-ignition-switch-defect; Jonathan Abel, "In One Week, Six Traffic Deaths on Tri-County Roads", *Washington Post*, 31 de julho de 2005, https://www.washingtonpost.com/wp-dyn/content/article/2005/07/30/AR2005073000044.html.
3. No modo acessório, o motor do carro e certos recursos de segurança, como os *airbags*, são desativados, mas os vidros e outros acessórios ainda funcionam.
4. Baseio essas frases sobre a descrição em um comunicado de imprensa da GM emitido logo após a empresa ter feito o *recall* de seus Chevy Cobalts de 2005 a 2010. Veja "GM to Replace Lock Cylinder During Ignition Switch Recall", GM (jornal corporativo), 10 de abril de 2014, https://media.gm.com/media/us/en/gm/news.detail.html/content/Pages/news/us/en/2014/Apr/0410-ignition.html.
5. Michelle Murillo, "After Md. Teen's Death, Family Fights for General Motors Accountability", WTOP News, 28 de fevereiro de 2014, https://wtop.com/news/2014/02/after-md-teens-death-family-fights-for-general-motors-accountability/; "NHTSA GM Ignition Switch Chronology", Center for Auto Safety, acessado em 27 de maio de 2021, https://www.autosafety.org/wp-content/uploads/import/NHTSA%20Cobalt%20Chronology_1.pdf.
6. Brad Plumer, "The GM Recall Scandal of 2014", Vox, updated May 11, 2015, https://www.vox.com/2014/10/3/18073458/gm-car-recall; Clifford Atiyeh, "GM Expands Recall to Every Car Built With Faulty Ignition Switch, Will Fix 2.2 Million Cars in U.S.", *Car and Driver*, 28 de março de 2014, https://www.caranddriver.com/news/a15365392/gm-recalls-every-car-built-with-faulty-ignition-switch-will-fix-2-2-million-cars-in-u-s/; Clifford Atiyeh, "GM Ignition-S witch Review Complete: 124 Fatalities, 274 Injuries", *Car and Driver*, 3 de agosto de 2015, https://www.caranddriver.com/news/a15353429/gm-ignition-switch-review-complete-124-fatalities-274-injuries/.
7. Danielle Ivory e Bill Vlasic, "$900 Million Penalty for G.M.'s Deadly Defect Leaves Many Cold", *New York Times*, 17 de setembro de 2015, https://www.nytimes.com/2015/09/18/business/gm-to-pay-us-900-million-over-ignition-switch-flaw.html.
8. Clifford Atiyeh, "GM, After Six-Year Battle, Settles Another Ignition-Switch Lawsuit for $120 Million", *Car and Driver*, 28 de março de 2020, https://www.caranddriver.com/news/a31965015/gm-settles-lawsuit-ignition-switch-car-values/. A empresa também aparentemente "resolveu ou liberou" cerca de 3 mil outros casos.
9. Michelle Arrouas, "Congress Pulls GM Over for Failing to Fix Defect", *Time*, 31 de março de 2014, https://time.com/43318/congress-pulls-gm-over-for-failing-to-fix-defect/.

10. Para obter uma cronologia detalhada de como a GM lidou com seus problemas com o interruptor de ignição, veja Randall W. Harris e W. Scott Sherman, "General Motors and the Chevy Cobalt Ignition Switch Crisis", *Case Research Journal* 37, n. 4 (outono de 2017). Meu relato da história do interruptor de ignição do Chevy Cobalt se deve especialmente a esse estudo de caso. Veja também Clifford Atiyeh, "GM Internal Audit: One Ugly Mess", *Car and Driver*, 11 de junho de 2014, https://www.caranddriver.com/news/a15363168/gm-internal--audit-one-ugly-mess/; Plumer, "The GM Recall Scandal of 2014"; Joseph B. White, "A Recall Bares GM's Love of Red Tape", *Wall Street Journal*, 7 de março de 2014, https://www.wsj.com/articles/SB10001424052702304732804579425381309764114; Tanya Basu, "Timeline: A History Of GM's Ignition Switch Defect", NPR, 31 de março de 2014, https://www.npr.org/2014/03/31/297158876/timeline-a-history-of-gms-ignition-switch-defect; Todd Spangler, "Delphi Told GM Ignition Switch Didn't Meet Specs", *USA Today*, atualizado em 30 de março de 2014, https://www.usatoday.com/story/money/cars/2014/03/30/gm-ignition-switches-recall-congressional-report/7085919/; "NHTSA GM Ignition Switch Chronology", Center for Auto Safety, acessado em 27 de maio de 2021, https://www.autosafety.org/wp-content/uploads/import/NHTSA%20Cobalt%20Chronology_1.pdf.

11. Michael A. Fletcher e Steven Mufson, "Why Did GM Take So Long to Respond to Deadly Defect? Corporate Culture May Hold Answer", *Washington Post*, 30 de março de 2014, https://www.washingtonpost.com/business/economy/why-did-gm-take-so-long-to-respond-to-deadly-defect-corporate-culture--may-hold-answer/2014/03/30/5c366f6c-b691-11e3-b84e-897d3d12b816_story.html.

12. "Max Weber on Bureaucratization in 1909", *RSU.edu*, acessado em 27 de maio de 2021, https://www.faculty.rsu.edu/users/f/felwell/www/Theorists/Weber/Whome3.htm.

13. Paul J. DiMaggio e Walter W. Powell, "The Iron Cage Revisited: Institutional Isomorphism and Collective Rationality in Organizational Fields", *American Sociological Review* 48 (abril de 1983): 147-60.

14. Ranjay Gulati, *Reorganize for Resilience: Putting Customers at the Center of Your Business* (Boston: Harvard Business Review Press, 2010).

15. Gary Hamel e Michele Zanini, *Humanocracy: Creating Organizations as Amazing as the People Inside Them* (Boston: Harvard Business Review Press, 2020), 58.

16. "CEO Mary Barra's Written Congressional Testimony Now Available", GM (noticiário corporativo), 31 de março de 2014, https://media.gm.com/media/us/en/gm/news.detail.html/content/Pages/news/us/en/2014/mar/0331-barra-written--testimony.html.

17. Patrick George, "GM's Scathing Internal Inquiry Is a Tale of Bureaucratic Incompetence", Jalopnik, 5 de junho de 2014, https://jalopnik.com/gms-scathing-internal-inquiry-is-a-tale-of-bureaucratic-1586756793. Veja, por exemplo, "Highlights from General Motors Investigation", Motley Fool, 5 de junho de 2014, https://www.fool.com/investing/general/2014/06/05/highlights-from-general-motors-investigation.aspx. Para obter o relatório original, veja Anton R. Valukas, "Report to Board of Directors of General Motors Company Regarding Ignition Switch Recalls", G.M. Internal Investigation Report (redigido), 29 de maio de 2014.
18. Valukas, "Report to Board of Directors", 265.
19. Valukas, "Report to Board of Directors", 266.
20. Valukas, "Report to Board of Directors", 256-8 e citações no texto.
21. Citado em "After Bankruptcy, G.M. Struggles to Shed a Legendary Bureaucracy", CNBC, 13 de novembro de 2009, https://www.cnbc.com/2009/11/13/after-bankruptcy-gm-struggles-to-shed-a-legendary-bureaucracy.html.
22. Valukas, "Report to Board of Directors", 266.
23. Harris e Sherman, "General Motors and the Chevy Cobalt", 11.
24. Ben Heineman, "GC and CEO Responsibility for GM's Dysfunctional Culture", Harvard Kennedy School Belfer Center, 6 de junho de 2014, https://www.belfercenter.org/publication/gc-and-ceo-responsibility-gms-dysfunctional-culture.
25. Atiyeh, "GM Internal Audit".
26. Em determinada época, a empresa tinha um código de vestimenta consagrado em um documento de 10 páginas. Como chefe de RH, Barra engavetou isso, permitindo que os gerentes determinassem o traje apropriado para suas equipes. Ela também eliminou camadas de burocracia na área de desenvolvimento de produtos da empresa. Richard Feloni, "GM CEO Mary Barra Said the Recall Crisis of 2014 Forever Changed Her Leadership Style", Business Insider, 14 de novembro de 2018, https://www.businessinsider.com/gm-mary-barra-recall-crisis-leadership-style-2018-11; Amy C. Edmondson, "Mary Barra Brings Teaming to General Motors", *Harvard Business Review*, 14 de janeiro de 2014, https://hbr.org/2014/01/mary-barra-brings-teaming-to-general-motors.
27. Jamie L. LaReau, "GM: We Encourage Employees, Dealers to Tattle after Ignition Switch Crisis", *Detroit Free Press*, atualizado em 6 de setembro de 2019, https://www.freep.com/story/money/cars/general-motors/2019/09/06/gm-ignition-switch-nhtsa-recalls-safety-defects/2099289001/.
28. "Transforming a Business Starts with Employees", General Motors Green, 29 de junho de 2017, https://www.generalmotors.green/product/public/us/en/GMGreen/social_impact.detail.html/content/Pages/news/us/en/gm_green/2017/0629-transforming-a-business.html.

29. Citado em Bill Snyder, "Mary Barra: Simplify Bureaucracy, and Don't Be Afraid to Job Hop", Stanford Business, 5 de junho de 2017, https://www.gsb.stanford.edu/insights/mary-barra-simplify-bureaucracy-dont-be-afraid-job-hop.
30. Para obter a missão da GM por volta de 2008, veja "General Motors Mission, Vision, and Values", UK Essays, December 5, 2017, https://www.ukessays.com/essays/business/general-motors-values.php.
31. "General Motors", Business Roundtable, acessado em 27 de maio de 2021, https://www.businessroundtable.org/policy-perspectives/energy-environment/sustainability/general-motors.
32. Jessica James, "General Motors Named One of the 2020 World's Most Ethical Companies by the Ethisphere Institute", GM (noticiário corporativo), 25 de fevereiro de 2020, https://media.gm.com/media/us/en/gm/home.detail.html/content/Pages/news/us/en/2020/feb/0225-ethical.html.
33. "Business Roundtable Redefines the Purpose of a Corporation to Promote 'An Economy That Serves All Americans,' " Business Roundtable, 19 de agosto de 2019, https://www.businessroundtable.org/business-roundtable-redefines-the-purpose-of-a-corporation-to-promote-an-economy-that-serves-all-americans; David Gelles e David Yaffe-Bellany, "Shareholder Value Is No Longer Everything, Top C.E.O.s Say", *New York Times*, 19 de agosto de 2019, https://www.nytimes.com/2019/08/19/business/business-roundtable-ceos-corporations.html; James, "General Motors Named One of the 2020 World's Most Ethical Companies".
34. General Motors Company Schedule 14A, Proxy Statement Pursuant to Section 14(a) of the Securities Exchange Act of 1934, United States Securities and Exchange Commission, https://www.sec.gov/Archives/edgar/data/1467858/000119312519110751/d613802ddef14a.htm.
35. "General Motors, the Largest U.S. Automaker, Plans to Be Carbon Neutral by 2040", GM (noticiário corporativo), 28 de janeiro de 2021, https://media.gm.com/media/us/en/gm/home.detail.html/content/Pages/news/us/en/2021/jan/0128-carbon.html.
36. Shipra Kumari, entrevista por Rachna Tahilyani (diretor associado sênior do India Research Center da Harvard Business School), 20 de julho de 2020.
37. "Mahindra & Mahindra Today", Mahindra, acessado em 28 de maio de 2021, https://www.mahindrafarmequipment.com/home/evolutions/evolution.
38. Shipra Kumari, entrevista por Rachna Tahilyani (diretor associado sênior do India Research Center), 20 de julho de 2020.
39. Lokesh Lakhchoura (Mahindra & Mahindra, gerente regional da Uttar Pradesh & Uttarakhand), entrevista com o autor, 20 de julho de 2020.
40. Rajesh Jejurikar (presidente do Farm Equipment Sector da Mahindra e membro do Conselho Executivo), entrevista com o autor, 30 de agosto de 2019.

41. Ranjay Gulati e Rachna Tahilyani, "The Mahindra Group: Leading with Purpose", Harvard Business School Case Study 421-091, 10 de abril de 2021, 6. Meu relato da Mahindra neste capítulo é baseado em grande parte nesse estudo de caso. A menos que indicado de outra forma, todas as citações dos executivos da Mahindra apresentadas aqui aparecem originalmente no estudo de caso.
42. Anand Mahindra (presidente da Mahindra & Mahindra), entrevista com o autor, 7 de maio de 2019.
43. Ramesh Iyer (diretor-gerente da Mahindra e da Mahindra Financial Services), entrevista com o autor, 10 de janeiro de 2019.
44. Sherna Sheldon (parceiro comercial de RH da Mahindra Electric), entrevista com o autor, 14 de fevereiro de 2020.
45. Veja, por exemplo, Marylène Gagne e Devasheesh P. Bhave, "Autonomy in the Workplace: An Essential Ingredient to Employee Engagement and Well-Being in Every Culture", em V. Chirkov, R. Ryan, K. Sheldon, (eds.) *Human Autonomy in Cross-Cultural Context Perspectives on the Psychology of Agency, Freedom, and Well-Being* (Dordrecht, Holanda: Springer, 2011).
46. Há muitos trabalhos sobre a importância dos motivadores intrínsecos e seu impacto, incluindo a necessidade humana de autonomia. Veja, por exemplo, Dan Pink, *Drive: The Surprising Truth about What Motivates Us* (Nova York: Penguin, 2009); e Paul R. Lawrence e Nitin Nohria, *Driven: How Human Nature Shapes Our Choices* (São Francisco: Jossey-Bass, 2002). O conhecido modelo de características de trabalho de J. R. Hackman e G. R. Oldham também inclui a autonomia entre as cinco principais características de um trabalho gratificante.
47. Veja, por exemplo, Richard M. Ryan e Edward L. Deci, *Self-Determination Theory: Basic Psychological Needs in Motivation, Development, and Wellness* (Nova York: Guilford, 2017).
48. "History", Warby Parker, acessado em 28 de maio de 2021, https://www.warbyparker.com/history.
49. "Buy a Pair, Give a Pair", Warby Parker, acessado em 28 de maio de 2021, https://www.warbyparker.com/buy-a-pair-give-a-pair.
50. "Buy a Pair".
51. Ranjay Gulati e Sam Yogi, "Warby Parker: Scaling a Startup", Harvard Business School Case Study 419-042, 14 de novembro de 2018, 2. Meu relato de Warby Parker baseia-se fortemente nesse estudo de caso.
52. A Warby Parker acabou desistindo de sua afiliação com a Empresa B, possivelmente em preparação para uma IPO: Dennis R. Shaughnessy, "The Public Capital Markets and Etsy and Warby Parker", *Northeastern*, 20 de outubro de 2018, acessado em 28 de maio de 2021, https://www.northeastern.edu/sei/2018/10/the-public-capital-markets-and-etsy-and-warby-parker/.
53. "Impact Report", Warby Parker, 2019, 42.

54. Gulati e Yogi, "Warby Parker", 2.
55. Gulati e Yogi, "Warby Parker", 4.
56. No momento em que este livro foi escrito, parece que a Warby Parker recuou sobre sua iniciativa Warbles.
57. Neil Blumenthal (cofundador e CEO da Warby Parker), entrevista com o autor, 5 de março de 2021.
58. As palavras exatas da empresa foram: "Suponha que a intenção seja positiva: confie, mas verifique".
59. "Impact Report", Warby Parker.
60. Dave Gilboa, "Here's What Happens When Employees Don't Trust Their Managers", *Fortune*, 7 de outubro de 2015, https://fortune.com/2015/10/07/employees-dont-trust-managers/.
61. Henderson, "Innovation in the 21st Century", 4-6.
62. Henderson, "Innovation in the 21st Century", 4-6. Outros falaram da criação de relacionamentos de aliança, promessas solenes de assistência mútua que muitas vezes carregam conotações sagradas. Veja Quinn e Thakor, *The Economics of Higher Purpose*. Veja também Cam Caldwell e Zack Hasan, "Covenantal Leadership and the Psychological Contract: Moral Insights for the Modern Leader", *Journal of Management Development* 35, n. 10 (novembro de 2016): 1302-1312.
63. "Infelizmente, a confiança costuma ser um bem escasso nas grandes empresas. Em uma pesquisa global da Ernst & Young de 2016, menos da metade dos 10 mil funcionários entrevistados disseram que tinham uma 'grande dose de confiança' em seus colegas ou na empresa como um todo". Hamel e Zanini, *Humanocracy*, 78.
64. Jesse Sneath (diretor de inovação social da Warby Parker), entrevista com o autor, 16 de fevereiro de 2021.
65. George Serafeim e seus coautores trazem o conceito de autenticidade à mistura, observando um "nexo de propósito, autenticidade, confiança e valor". Eles argumentam que as empresas podem "sinalizar" a autenticidade do propósito organizacional tomando medidas como tornar-se uma Empresa B, adotar relatórios integrados e alinhar a remuneração com a visão transcendente da empresa. Serafeim, "The Value of Corporate Purpose", 6 citações no texto.
66. Ranjay Gulati, "Structure That's Not Stifling", *Harvard Business Review*, maio-junho de 2018.
67. A pesquisa sugere que o autogerenciamento produz mais estresse e esgotamento ao mesmo tempo que se mostra menos viável em situações de conflito e crise. Michael Y. Lee e Amy C. Edmondson, "Self-Managing Organizations: Exploring the Limits of Less Hierarchical Organizing", *Research in Organizational Behavior* 37 (2017): 51.

68. Outros têm apresentado diferentes fórmulas para exercer o controle dentro das organizações, embora não costumem enfatizar a qualidade libertadora desses próprios controles. Simons, por exemplo, identifica quatro propulsores de controle: sistemas de crenças (incluindo propósito), sistemas de controle de diagnóstico (objetivos e métricas de resultados), sistemas de limites (regras "não farás") e sistemas de controle interativos (métricas de desempenho em tempo real). Veja Robert Simons, *Control in an Age of Empowerment*, além de Robert Simons, *Levers of Control: How Managers Use Innovative Control Systems to Drive Strategic Renewal* (Boston: Harvard Business School Press, 1994). Outro modelo, o de empoderamento estruturado, pode ser visto na discussão de Tatiana Sandinosobre em "Control or Flexibility? Structured Empowerment Offers Both – Lessons from Retail & Service Chains", Harvard Business School Technical Note 118-082, março de 2018 (revisado em 1º de março de 2019).

69. Extraí esse relato de uma apresentação que Mueller fez para minha turma na Harvard Business School em 30 de setembro de 2015.

70. Citado em Morten T. Hansen, "Preventing the Terrorist Attack: Massive Failure in Collaboration", *Harvard Business Review*, 31 de dezembro de 2009, https://hbr.org/2009/12/the-terrorist-attack-massive-f.

71. Ao oferecer esse relato da transformação do FBI sob Mueller, baseio-me fortemente em Jan V. Rivkin, Michael Roberto e Ranjay Gulati, "Federal Bureau of Investigation, 2007", Harvard Business School Case Study 710-451, 9 de março de 2010; Jan V. Rivkin, Michael Roberto e Ranjay Gulati, "Federal Bureau of Investigation, 2009", Harvard Business School Case Study 9-710-052, março de 2010 (revisado em maio de 2010); e Ryan Raffaelli *et al.*, "Strategic Framing in the Wake of a Crisis: Outcome and Process Frames at the Federal Bureau of Investigation", artigo não publicado (28 de outubro de 2020), 2, 14-20.

72. Sobre esse assunto, devo muito ao meu falecido conselheiro Paul R. Lawrence e ao meu colega Jay Lorsch. Seu trabalho seminal, "Organization and Environment", descreveu como as organizações devem administrar a chamada diferenciação (a criação de unidades modulares) e a integração (o estabelecimento de conexões entre essas unidades). Paul R. Lawrence e Jay W. Lorsch, *Organization and Environment* (Boston: Harvard Business Review Press, 1968).

73. Donald Sull, Rebecca Homkes e Charles Sull, "Why Strategy Execution Unravels – and What to Do About It", *Harvard Business Review Magazine*, março de 2015, https://hbr.org/2015/03/why-strategy-execution-unravelsand-what-to-do-about-it.

74. Veja meu artigo "Silo Busting: How to Execute on the Promise of Customer Focus", *Harvard Business Review Magazine*, maio de 2007, https://hbr.org/2007/05/silo-busting-how-to-execute-on-the-promise-of-customer-focus; e Ranjay Gulati, Franz Wohlgezogen e Pavel Zhelyazkov, "The Two Facets of Collaboration:

Cooperation and Coordination in Strategic Alliances", *Academy of Management Annals* 6 (2012): 531-83.
75. "John Ashcroft and FBI Director Robert Mueller on the FBI Reorganization", PBS, 29 de maio de 2002, https://www.pbs.org/newshour/show/john-ashcroft-and-fbi-director-robert-mueller-on-the-fbi-reorganization.
76. Rivkin, Roberto e Gulati, "Federal Bureau of Investigation, 2009", Harvard Business School supplement, 18 de março de 2010 (revisado em 18 de maio de 2010), 3.
77. "John Ashcroft and FBI Director Robert Mueller".
78. "Statement of Robert S. Mueller III Director Federal Bureau of Investigation", Committee on Homeland Security and Government Affairs United States Senate, 13 de setembro de 2011, https://www.hsgac.senate.gov/imo/media/doc/TestimonyMueller20110913.pdf.
79. Rivkin, Roberto e Gulati, "Federal Bureau of Investigation, 2009", 4.
80. "Statement of Robert S. Mueller III".
81. "John Ashcroft and FBI Director Robert Mueller"; "Transcript: Robert S. Mueller III: The Director (Part 2)", NBC News, 3 de fevereiro de 2021, https://www.nbcnews.com/podcast/the-oath/transcript-robert-s-mueller-iii-director-part-2-n1256675.
82. Robert S. Mueller, "Testimony", FBI, acessado em 28 de maio de 2021, https://archives.fbi.gov/archives/news/testimony/the-fbi-transformation-since-2001. Essa colaboração seria vital durante o atentado a bomba na Maratona de Boston. A polícia local forneceu vídeos da cena do atentado, enquanto o FBI dispunha da tecnologia necessária para analisar esses vídeos rapidamente e identificar os suspeitos. O FBI também desenvolveu colaborações com outras agências federais, como a Drug Enforcement Administration (DEA).
83. Como observa Rebecca Henderson, funcionários que acreditam no propósito de uma empresa costumam ser "temperamentalmente inclinados a confiar nos outros e a gostar de trabalhar com eles". Equipes compostas por indivíduos "pró-sociais" têm mais facilidade em estabelecer atmosferas nas quais pareça psicologicamente "seguro" trabalhar em conjunto e se comunicar. Henderson, *Reimagining Capitalism*, 92-93. Veja também "Purpose-Driven Leadership for the 21st Century: How Corporate Purpose Is Fundamental to Reimagining Capitalism", *Leaders on Purpose* (relatório de pesquisa) (2019), 26.
84. "Impact Report", Warby Parker, 2019, 52.
85. A Netflix é bem conhecida por oferecer aos funcionários um grau incomum de autonomia em suas tarefas diárias no trabalho e por incutir uma cultura colaborativa, aparentemente sem se orientar em torno de um propósito profundo. Embora a empresa tenha algo semelhante a uma missão ("entreter o mundo"), o famoso Culture Deck da empresa, consagrando sua filosofia operacional, faz apenas uma menção passageira a isso. Por mais bem-sucedido que o modelo operacional da Netflix tenha sido em entregar inovação e agilidade, podemos

argumentar que negligenciar um propósito social representa uma oportunidade inexplorada. Veja Ranjay Gulati, Allison Ciechanover e Jeff Huizinga, "Netflix: A Creative Approach to Culture and Agility", Harvard Business School Case Study 420-055, 23 de setembro de 2019.

86. Citado em Gulati e Tahilyani, "The Mahindra Group: Leading with Purpose, 16.
87. Tony Simons, "Taking Aim at False Empowerment: How Leaders Can Build a Culture of Trust", Cornell, 16 de abril de 2018, https://business.cornell.edu/hub/2018/04/16/false-empowerment-leaders-build-trust/.

Capítulo 8: De ideias a ideais: propósito à prova do futuro

1. "Boeing Completes First Flight of the 737 Max", Boeing, vídeo do YouTube, 3.03, 1º de fevereiro de 2016, https://www.youtube.com/watch?v=k82e08kdKyw.
2. William W. George e Amram Migdal, "What Went Wrong with Boeing's 737 Max?", Harvard Business School Case Study 9-320-104, junho de 2020 (revisado em outubro de 2020), 2. Meu relato do desastre do 737 Max baseia-se fortemente nesse estudo de caso. Veja também Jacopo Prisco, "Boeing 737: How World's Most Successful Airplane Became Its Most Troubled", CNN, 25 de dezembro de 2020, https://www.cnn.com/travel/article/boeing-737--story-behind-the-troubled-aircraft/index.html.
3. "Timeline: A Brief History of the Boeing 737 Max", *Seattle Times*, atualizado em 21 de junho de 2019, https://www.seattletimes.com/business/boeing-aerospace/timeline-brief-history-boeing-737-Max/; Dominic Gates, "Boeing Announces Design Changes for 737 MAX", *Seattle Times*, atualizado em 3 de novembro de 2011, https://www.seattletimes.com/business/boeing-announces-design-changes-for-737-Max/.
4. "Airbus Offers New Fuel Saving Engine Options for A320 Family", Airbus, 1º de dezembro de 2010, https://www.airbus.com/newsroom/press-releases/en/2010/12/airbus-offers-new-fuel-saving-engine-options-for-a320-family.html.
5. George e Migdal, "What Went Wrong with Boeing's 737 Max?", 5.
6. "737 Max Completes Successful First Flight", Boeing, 2 de fevereiro de 2016, https://www.boeing.com/company/about-bca/washington/737max-first-flight--success-02-02-16.page/.
7. George e Migdal, "What Went Wrong with Boeing's 737 Max?", 14.
8. "Boeing Sets New Airplane Delivery Records, Expands Order Backlog", Boeing, 8 de janeiro de 2019, https://www.boeing.com/company/about-bca/washington/2018-deliveries-strong-finish.page.
9. George e Migdal, "What Went Wrong with Boeing's 737 Max?", 7.

10. Jake Hardiman, "Five Years Ago the Boeing 737 Max Made Its Maiden Flight", Simple Flying, 30 de janeiro de 2021, https://simpleflying.com/737-Max-five-years/.
11. Dominic Gates *et al.*, "Investigators Find New Clues Pointing to Potential Cause of 737 Max Crashes as FAA details Boeing's Fix", *Seattle Times*, atualizado em 15 de março de 2019, https://www.seattletimes.com/business/boeing-aerospace/investigators-find-new-clues-to-potential-cause-of-737-Max-crashes-as-faa-details-boeings-fix/.
12. George e Migdal, "What Went Wrong with Boeing's 737 Max?", 9, 15-16.
13. Citado em Andy Pasztor e Andrew Tangel, "Boeing Withheld Information on 737 Model, According to Safety Experts and Others", *Wall Street Journal*, atualizado em 13 de novembro de 2018, https://www.wsj.com/articles/boeing-withheld-information-on-737-model-according-to-safety-experts-and-others-154208 2575.
14. Hannah Beech and Muktita Suhartono, " 'Spend the Minimum': After Crash, Lion Air's Safety Record Is Back in Spotlight", *New York Times*, 22 de novembro de 2018, https://www.nytimes.com/2018/11/22/world/asia/lion-air-crash-safety-failures.html.
15. James Glanz *et al.*, "After a Lion Air 737 Max Crashed in October, Questions About the Plane Arose", *New York Times*, 3 de fevereiro de 2019, https://www.nytimes.com/2019/02/03/world/asia/lion-air-plane-crash-pilots.html.
16. Dominic Gates e Lewis Kamb, "Indonesia's Devastating Final Report Blames Boeing 737 Max Design, Certification in Lion Air Crash", *Seattle Times*, atualizado em 27 de outubro de 2019, https://www.seattletimes.com/business/boeing-aerospace/indonesias-investigation-of-lion-air-737-max-crash-faults-boeing-design-and-faa-certification-as-well-as-airlines-maintenance-and-pilot-errors/.
17. George e Migdal, "What Went Wrong with Boeing's 737 Max?", 5-6.
18. "Q&A: What Led to Boeing's 737 MAX Crisis", *Seattle Times*, 18 de novembro de 2020, https://www.seattletimes.com/business/boeing-aerospace/what-led-to-boeings-737-max-crisis-a-qa/.
19. Gates e Kamb, "Indonesia's Devastating Final Report". Essas citações vêm de um rascunho do relatório final citado pelo *Seattle Times*.
20. George e Migdal, "What Went Wrong with Boeing's 737 Max?", 9-10.
21. John Cassidy, "How Boeing and the F.A.A. Created the 737 Max Catastrophe", *Nova Yorker*, 17 de setembro de 2020, https://www.newyorker.com/news/our-columnists/how-boeing-and-the-faa-created-the-737-max-catastrophe.
22. Chris Isidore, "These Are the Mistakes That Cost Boeing CEO Dennis Muilenburg his job", CNN, 24 de dezembro de 2019, https://www.cnn.com/2019/12/24/business/boeing-dennis-muilenburg-mistakes/index.html.
23. Peter Economy, "Boeing CEO Puts Partial Blame on Pilots of Crashed 737 Max Aircraft for Not 'Completely' Following Procedures", Inc., 30 de abril de 2019, acessado em 29 de maio de 2021, https://www.inc.com/peter-economy/

boeing-ceo-puts-partial-blame-on-pilots-of-crashed-737-max-aircraft-for-not-completely-following-procedures.html; Chris Isidore, "Boeing CEO says 737 Max Was Designed Properly and Pilots Did Not 'Completely' Follow Procedure", CNN, 30 de abril de 2019, https://www.cnn.com/2019/04/29/investing/boeing-annual-meeting/index.html.
24. Gates et al., "Investigators Find New Clues".
25. Natalie Kitroeff e David Gelles, "At Boeing, C.E.O.'s Stumbles Deepen a Crisis", *New York Times*, atualizado em 23 de dezembro de 2019, https://www.nytimes.com/2019/12/22/business/boeing-dennis-muilenburg-737-max.html.
26. Isidore, "These Are the Mistakes".
27. David Gelles e Natalie Kitroeff, "Boeing Pilot Complained of 'Egregious' Issue With 737 Max in 2016", *New York Times*, atualizado em 23 de outubro de 2019, https://www.nytimes.com/2019/10/18/business/boeing-flight-simulator-text-message.html; David Gelles e Natalie Kitroeff, "Boeing Fires C.E.O. Dennis Muilenburg", *New York Times*, 23 de dezembro de 2019, https://www.nytimes.com/2019/12/23/business/Boeing-ceo-muilenburg.html. Mais mensagens condenatórias foram divulgadas nos meses que se seguiram. David Gelles, " 'I Honestly Don't Trust Many People at Boeing': A Broken Culture Exposed", *New York Times*, atualizado em 10 de fevereiro de 2020, https://www.nytimes.com/2020/01/10/business/boeing-737-employees-messages.html.
28. Jon Hemmerdinger, "Boeing Estimates 737 Max Crisis Will Cost $18.6 Billion", Flight Global, 29 de janeiro de 2020, https://www.flightglobal.com/air-transport/boeing-estimates-737-max-crisis-will-cost-186-billion/136429.article.
29. Gelles e Kitroeff, "Boeing Fires C.E.O. Dennis Muilenburg".
30. Brakkton Booker, "Boeing's 737 Max Cleared to Return to European Skies, Regulator Says", NPR, 27 de janeiro de 2021, https://www.npr.org/2021/01/27/961110827/boeings-737-Max-cleared-to-return-to-european-skies-regulator-says. A FAA liberou em novembro de 2020, e os reguladores europeus liberaram em janeiro do ano seguinte.
31. Ben Baldanza, "Boeing Addresses 737 Max Issues but Program May Never Make Up for Damages", *Forbes*, 7 de janeiro de 2021, https://www.forbes.com/sites/benbaldanza/2021/01/07/boeing-addresses-737max-issues-but-program-may-never-make-up-for-damages/?sh=4d02d461e60f.
32. Paul Spitzer, "Boeing as a Start-Up Company, 1915-1917", *Pacific Northwest Quarterly* 95, n. 3 (verão de 2004): 144.
33. Robert J. Serling, *Legend and Legacy: The Story of Boeing and Its People* (Nova York: St. Martin's Press, 1992), 26.
34. Relatório Anual, Boeing, 1965.
35. Jeff Cole, "Boeing's Cultural Revolution – Shaken Giant Surrenders Big Dreams for the Bottom Line", *Seattle Times*, 13 de dezembro de 1998.

36. Jerry Useem, "The Long-Forgotten Flight That Sent Boeing Off Course", *Atlantic*, 20 de novembro de 2019.
37. Leon Grunberg e Sarah Moore, *Emerging from Turbulence: Boeing and Stories of the American Workplace Today* (Lanham, MD: Rowman & Littlefield, 2016), 1-3.
38. Jeff Cole, "Boeing's Cultural Revolution".
39. Useem, "The Long-Forgotten Flight".
40. "Boeing Revenue 2006-2021", Macrotrends, acessado em 29 de maio de 2021, https://www.macrotrends.net/stocks/charts/BA/boeing/revenue; Relatório Anual, Boeing, 2005, https://www.annualreports.com/HostedData/AnnualReportArchive/b/NYSE_BA_2005.pdf.
41. George e Migdal, "What Went Wrong with Boeing's 737 Max?", 5-6.
42. Michael A. Cusumano, "Boeing's 737 Max: A Failure of Management, Not Just Technology", *Communications of the ACM* 64, n. 1 (January 2021): 22-25. Veja também Natasha Frost, "The 1997 Merger That Paved the Way for the Boeing 737 Max Crisis", Quartz, 4 de junho de 2020.
43. "Starbucks Company Timeline", Starbucks, acessado em 29 de maio de 2021, https://www.starbucks.com/about-us/company-information/starbucks-company-timeline; Janet Adamy, "Starbucks Chairman Says Trouble May Be Brewing", *Wall Street Journal*, 24 de fevereiro de 2007, https://www.wsj.com/articles/SB117225247561617457.
44. Nancy F. Koehn *et al.*, "Starbucks Coffee Company: Transformation and Renewal", Harvard Business School Case Study 9-314-068, 2 de junho de 2014, 2-3, 8. Meu relato da Starbucks baseia-se em grande parte nesse estudo de caso.
45. Howard Schultz, *Onward: How Starbucks Fought for Its Life without Losing Its Soul* (Nova York: Rodale, 2011), 24.
46. Schultz, *Onward*, 112, 114.
47. Corie Barry (CEO da Best Buy), entrevista com o autor, 16 de abril de 2021.
48. Kevin Johnson (presidente e CEO da Starbucks), entrevista com o autor, 23 de novembro de 2020.
49. Citado em Mark R. Kramer e Sarah Mehta, "Becton Dickinson: Global Health Strategy", Harvard Business School Case Study, 718-406, setembro de 2017 (revisado em fevereiro de 2018), 6. Este parágrafo é baseado em grande parte nas páginas 4-6 e 10-13 desse estudo de caso.
50. Gary Cohen (vice-presidente executivo de saúde global da Becton Dickinson), entrevista com o autor, 31 de julho de 2020.
51. Gary Cohen, entrevista com o autor, 31 de julho de 2020.
52. Vince Forlenza (ex-CEO da Becton Dickinson), entrevista com o autor, 31 de julho de 2020.

53. Gary Cohen, entrevista com o autor, 31 de julho de 2020.
54. Vince Forlenza, entrevista com o autor, 31 de julho de 2020.
55. Kramer e Mehta, "Becton Dickinson: Global Health Strategy", 8. Esse parágrafo é baseado em grande parte nas páginas 14-15 e 20 desse estudo de caso.
56. Gary Cohen, entrevista com o autor, 31 de julho de 2020.
57. Vince Forlenza, entrevista com o autor, 31 de julho de 2020.
58. Robert S. Kaplan e David P. Norton, "Putting the Balanced Scorecard to Work", *Harvard Business Review Magazine*, setembro-outubro de 1993, https://hbr.org/1993/09/putting-the-balanced-scorecard-to-work; John Doerr, *Measure What Matters* (Portfolio Penguin, 2018).
59. Doerr, *Measure What Matters*.
60. Edouard Dubois e Ali Saribas, "Making Corporate Purpose Tangible – A Survey of Investors", *Harvard Law School Forum on Corporate Governance*, 19 de junho de 2020, https://corpgov.law.harvard.edu/2020/06/19/making-corporate-purpose-tangible-a-survey-of-investors/.
61. "Welcome to the Purpose Power Index", Purpose Power Index, acessado em 29 de maio de 2021, https://www.purposepowerindex.com/. Compare essa metodologia com aquela usada pela Just Capital, que consulta membros do público em geral para identificar comportamentos da empresa relacionados a ser uma "empresa justa" e, em seguida, cria métricas e coleta dados com base em resultados sobre esses comportamentos. Veja "Full Ranking Methodology", Just Capital, acessado em 30 de maio de 2021, https://justcapital.com/full-ranking-methodology/. Outras metodologias incluem a Forbes Just 100 e o processo de certificação para se tornar uma Empresa B.
62. "Purpose Strength Model", DPMC, acessado em 15 de julho de 2021, https://www.dpmc.us/purpose-strength-model/.
63. Tom A. Elasy e Gary Gaddy, "Measuring Subjective Outcomes", *Journal of General Internal Medicine* 13 (novembro de 1998), doi:10.1046/j.1525-1497.1998.00228.x.
64. Gulati e Tahilyani, "The Mahindra Group", 32.
65. Florian Berg, Julian Koelbel e Roberto Rigobon, "Aggregate Confusion: The Divergence of ESG Ratings", MIT Sloan School Working Paper 5822-19, 15 de agosto de 2019.
66. Robert G. Eccles, "The Purpose of the IBC/WEF Stakeholder Capitalism Metrics Initiative: A Conversation with Brian Moynihan", *Forbes*, 19 de dezembro de 2020; Billy Nauman e Patrick Temple-West, "BofA Chief Leads New Effort to Tame Unruly ESG Metrics", *Financial Times*, 14 de janeiro de 2020, https://on.ft.com/3x8EooS.
67. Relatório Anual, Bühler Group, 2020, 7, https://assetcdn.buhler-group.com/asset/874601345621/b59a311e2a10445aa4b9ed8d3db002d8.

Veja também "Sustainability: A Stakeholder Perspective", Bühler Group, 2020, https://assetcdn.buhlergroup.com/asset/874601345621/c8931642a0294c438648d091aeed4e05.

68. "Impact Reporting", Etsy, acessado em 29 de maio de 2021, https://investors.etsy.com/impact-reporting/default.aspx.
69. Josh Silverman (CEO da Etsy), comentários durante uma apresentação na Harvard Business School, 16 de setembro de 2020.
70. One Mighty Mill, "One Mighty Mill Impact Strategy", documento interno fornecido ao autor.
71. "Measuring Stakeholder Capitalism: Toward Common Metrics and Consistent Reporting of Sustainable Value Creation", *white paper* do Fórum Econômico Mundial, setembro de 2020, http://www3.weforum.org/docs/WEF_IBC_Measuring_Stakeholder_Capitalism_Report_2020.pdf; documentos internos da Ernst & Young.
72. Carmine Di Sibio, (presidente global e CEO da organização EY), entrevista com o autor, 16 de junho de 2021.
73. Andrew Hill, "The Difficulty in Managing Things That Cannot Easily Be Measured", *Financial Times*, 25 de novembro de 2018, https://www.ft.com/content/0e1cc35c-ed88-11e8-89c8-d36339d835c0.
74. "Emmanuel Faber's Ousting Puts Danone on 'Impact Watch,'" Impact Alpha, 24 de março de 2021, https://impactalpha.com/emmanual-fabers-ousting-puts-danone-on-impact-watch/; Lauren Hirsch, "A Boardroom Shake-up at the Food Giant Danone Sets off Shareholder Infighting", *New York Times*, 16 de março de 2021, https://www.nytimes.com/2021/03/16/business/Danone-Emmanuel-Faber.html.
75. "Danone Rethinks the Idea of the Firm", *Economist*, 9 de agosto de 2018, https://www.economist.com/business/2018/08/09/danone-rethinks-the-idea-of-the-firm.
76. "Entreprise à Mission", Danone, acessado em 29 de maio de 2021, https://www.danone.com/about-danone/sustainable-value-creation/danone-entreprise-a-mission.html; Dean Best, "Danone 'Entreprise à Mission' Status Will Help Drive Shareholder Value, CEO Insists", Just Food, atualizado em 31 de julho de 2020, https://www.just-food.com/news/danone-enterprise-a-mission-status-will-help-drive-shareholder-value-ceo-insists_id144130.aspx.
77. Citado em Nick Kostov, "Danone's CEO on Going Organic and Why It's Critical to Be Fair", *Wall Street Journal*, 20 de dezembro de 2016, https://www.wsj.com/articles/danone-ceo-reflects-on-balacing-economic-social-goals-1482247802.
78. Em um seminário para investidores em 2015, ele falou especificamente sobre crescimento lucrativo. Emmanuel Faber, "Transcript: Conclusion", Evian, 2015, https://www.danone.com/content/dam/danone-corp/danone-com/investors/

en-investor-seminars/2015/day-3--november-18,-2015/TranscriptEF.pdf; "Danone Rethinks the Idea of the Firm".
79. Citado em Best, "Danone 'Entreprise à Mission' Status Will Help".
80. Kostov, "Danone's CEO on Going Organic".
81. Corinne Gretler, "Danone Starts Search for New CEO as Faber to Give Up Role", Bloomberg, 1º de março de 2021, https://www.bloomberg.com/news/articles/2021-03-01/danone-bows-to-investor-pressure-to-split-chairman-ceo-roles.
82. "The Fall from Favour of Danone's Purpose-Driven Chief", *Financial Times*, 16 de março de 2021, https://www.ft.com/content/2a768b96-69c6-42b7-8617-b3be606d6625.
83. "The Fall from Favour".
84. Laurence Fletcher e Leila Abboud, "The Little-Known Activist Fund That Helped Topple Danone's CEO", *Financial Times*, 23 de março de 2021, https://www.ft.com/content/dd369552-8491-40a2-b83b-9a1b2e32407a.
85. Um estudo descobriu que os CEOs de empresas com baixo desempenho têm uma chance muito maior de serem demitidos se tiverem investido anteriormente em iniciativas de RSC. Timothy D. Hubbard, Dane M. Christensen e Scott D. Graffin, "Higher Highs and Lower Lows: The Role of Corporate Social Responsibility in CEO Dismissal", *Strategic Management Journal* 38 (2017): 2255-65, DOI: 10.1002/smj.2646.
86. Molly Rhodes (vice-presidente de estratégia da Warby Parker), entrevista com o autor, 30 de março de 2021.
87. Peter Gassner (CEO e cofundador da Veeva), entrevista com o autor, 26 de junho de 2019.
88. Peter Gassner, entrevista com o autor, 26 de junho de 2019.
89. "Veeva: A Public Benefit Corporation", Veeva, acessado em 29 de maio de 2021, https://www.veeva.com/br/pbc/.
90. Peter Gassner, entrevista com o autor, 26 de junho de 2019.
91. Matt Wallach (cofundador e membro do conselho da Veeva Systems), entrevista com o autor, 25 de abril de 2019.
92. Emmanuel Faber (ex-CEO da Danone), entrevista com o autor, 8 de dezembro de 2020.
93. Gelles, "'I Honestly Don't Trust Many People at Boeing.'"
94. Relatório Anual, Boeing, 2016, 1, https://s2.q4cdn.com/661678649/files/doc_financials/annual/2016/2016-Annual-Report.pdf.
95. Relatório Anual, Boeing, 2018, 1, https://s2.q4cdn.com/661678649/files/doc_financials/annual/2019/Boeing-2018AR-Final.pdf; Relatório Anual, Boeing, 2017, https://s2.q4cdn.com/661678649/files/doc_financials/annual/2017/2017-Annual-Report.pdf.

Apêndice: Nota sobre metodologia de pesquisa

1. Veja a introdução e a conclusão de O'Toole, *The Enlightened Capitalists*.
2. Alguns pesquisadores nutrem uma aversão a ideias baseadas em pesquisa de campo, especialmente aquelas que selecionam amostras de empresas. Temendo que o viés de confirmação possa distorcer suas conclusões, eles optam por análises de grandes amostras em populações de empresas. Sempre que possível, utilizo insights dessas pesquisas neste livro, mas as principais ideias apresentadas aqui derivam de uma cuidadosa pesquisa de campo que abrange 24 empresas, nas quais conduzi mais de 200 entrevistas. Minha "amostragem teórica" de empresas exemplares de propósito profundo ajuda a construir uma nova teoria sobre os mecanismos e processos subjacentes em andamento nesses contextos. Dada a raridade de empresas verdadeiramente de propósito profundo, esses casos extremos são "exemplos extremos e extraordinariamente reveladores" com os quais podemos aprender. Kathleen M. Eisenhardt e Melissa E. Graebner, "Theory Building From Cases: Opportunities and Challenges", *Academy of Management Journal* 50, n. 1 (fevereiro de 2007): 27, https://doi.org/10.5465/amj.2007.24160888. A amostragem teórica, um método qualitativo comum usado para desenvolver uma nova teoria, refere-se à seleção de casos com base em uma semelhança teórica, incluindo um histórico comum de sucesso. Veja Deborah Dougherty e Cynthia Hardy, "Sustained Product Innovation in Large, Mature Organizations: Overcoming Innovation-to-Organization Problems", *Academy of Management Journal* 39, n. 5 (outubro de 1996): 1120-53. A comparação dos processos subjacentes com base na semelhança é vista por alguns como "mais importante do que a amostragem estatística em um estudo qualitativo exploratório". Kathy E. Kram, "Phases of the Mentor Relationship", *Academy of Management Journal* 26, n. 4 (dezembro de 1983): 611.
3. Conduzi minha pesquisa como uma análise indutiva para descobrir constructos que meus entrevistados identificaram como críticos para se tornar uma organização orientada a propósito. Alinhado aos princípios da teoria fundamentada, comecei sem uma teoria ou hipótese *a priori*. Kathy Charmaz, *Constructing Grounded Theory* (Londres: Sage, 2014); J. Corbin e A. Strauss, *Basics of Qualitative Research* 3ª ed. (Los Angeles: Sage, 2008). Seguindo as tradições mais duradouras em pesquisa de campo, meu objetivo aqui foi "identificar dentro e por meio de nossas (minhas) entrevistas os padrões, processos e relacionamentos que pareciam conectados" ao fenômeno de meu interesse. Cheng Gao *et al.*, "Overcoming Institutional Voids: A Reputation-Based View of Long-Run Survival", *Strategic Management Journal* 38, n. 11 (fevereiro de 2017): 2147-67, DOI:10.1002/smj.2649. Subsequentemente, analisei meus dados e a teoria existente para descobrir os principais constructos e mecanismos descritos neste livro.

ÍNDICE

A

A Tale of Two Cities (Dickens), 47
A teoria dos sentimentos morais (Smith), 19
"Alimento é um direito humano, não uma *commodity*" (Faber), 110-111
alma, 16-17
Apple, 86-87, 178
Ardent Mills, 63
Ashcroft, John, 159
atentado à bomba na Maratona de Boston (2013), xvii
atividade criminosa, 4-5
ativismo, 19-20, 54, 70-71
autenticidade, 61, 82-84, 113-114, 116
autonomia, 150-158, 201
    confiança e, 154-158, 167

B

Badger, Stephen, 3
balanced scorecard, 180
Barra, Mary, 145, 147, 148-149
Barry, Corie, 178
Battilana, Julie, 30
Becton, Dickinson and Company (BD), 179-180

Beer, Michael, 64
Belichick, Bill, 138
bem social, 3-4
benefício público, *status* de, 190-191
Best Buy, 58, 178
BlackRock, xii, xiv
Blumenthal, Neil, 155, 163
Boeing, 169-172, 173-174, 187, 192
Boeing, William E., 174, 175
Breitfelder, Matt, 133
Bühler Holding AG, 53
    lições para líderes, 68-69
    métricas quantitativas e, 182, 183
    propósito como intenção e, 55-58
    propulsor do propósito motivacional e, 67-68
    propulsor do propósito relacional e, 58-60, 61
    propulsor do propósito reputacional e, 62-63
    sustentabilidade do propósito e, 189-190
Burke, James, 88, 89
burocracia, 143-167
    autonomia e, 150-158
    colaboração e, 158-164
    crises da empresa e, 143-145, 147-148

importância de, 145-146
ineficiência de, 146-147
lições para líderes, 164-167
natureza destruidora de almas, 146
passos de ação, 201-202
reformas em, 148-149
Bush, George W., 158-159
Business Roundtable, 8

C

capitalismo
  aridez moral de, xxi
  consciente, 6
  desconfiança em, 8
  possibilidades futuras para, xxi, 205
  regulamentação governamental de, 9
  sustentabilidade do propósito e, 193
  valor no longo prazo e, 204-205
capitalismo coletivo, 30
  Ver também soluções ganha-ganha
capitalismo consciente, 6, 29
capitalismo de *stakeholders*. Ver orientação *multistakeholder*; escolha e *stakeholders*
capitalismo do bem-estar, 15
caridade, 5
Carlsberg Group, 80-81, 82, 83
Carroll, Pete, 121-123, 125, 136, 137, 139, 140
Center for Higher Ambition Leadership, 64
CEOs ativistas, 20, 70-71
chefes demais, problema de. Ver autonomia
Chouinard, Yvon, xxi
Christiansen, Niels B., 93
Coase, Ronald, 15
Cohen, Gary, 179
colaboração, 158-164
  confiança e, 162-164, 167

FBI e, 158-159
passos de ação, 201-202
problema dos silos consolidados e, 159-160
Colorado Fuel and Iron Company, 16
comunicação
  navegação de escolha dos *stakeholders* e, 45-46, 197
  propósito profundo como princípio organizador e, 18-19
  Ver também líderes, lições para; contando histórias
comunidade moral
  ativismo e, 71
  contando histórias, 99, 108-109
  escolha e *stakeholders* e, 44-45
  orientação *multistakeholder* e, 70
  passos de ação, 202
  propósito como princípio organizador e, 16
  propósito individual e, 140
  propulsores do propósito e, 66, 69-70
  raízes do propósito e, 70-71, 79-82, 83
  Ver também cultura organizacional
confiança
  autonomia e, 154-158, 167
  colaboração e, 162-164, 167
  propulsores do propósito e, 61
Conselho Internacional de Negócios, xxi, 183
contando histórias (*storytelling*), 95-117
  ações de gestão e, 112-115
  autenticidade e, 113-114, 116
  autofoco, 106-108
  complexidade em, 105-106
  comunidade moral e, 99, 108-109
  estrutura "eu-nós-agora", 106-111
  foco do desafio atual, 109-111
  Grande História, 98-99, 103-105, 199
  lições para líderes, 115-117

motivação e, 98
passos de ação, 199-200
propósito individual e, 123
Cook, Tim, 86, 87
Cooper, Frank, 103
cooperação, 160, 161, 202
coordenação, 160-161, 201-202
Cote, David M., 47
credos. *Ver* declarações de propósito
crescimento
   contando histórias, 101, 117
   escolha e *stakeholders* e, 31
   propósito como intenção e, 12-13
   propósito individual e, 138-139
   propósito sobre o lucro e, 25
   propulsores do propósito e, 68-69
   raízes do propósito e, 78, 93
criação de empregos, 83, 132
criação de sentido, 14
   Ver também princípio organizador
crises na empresa
   burocracia e, 143-145, 147-148
   idealismo prático e, 36-37
   navegação de escolha dos *stakeholders* e, 23-29, 43-44, 45, 46
   passos de ação, 199
   prioridade de lucro e, 49-52, 53
   propósito como disfarce e, 4-5
   propósito sobre o lucro e, 25, 26
   raízes do propósito e, 74-75, 89-90, 91, 92
   reputação e, 61-62
   sustentabilidade do propósito e, 169-174
crises. *Ver* crises da empresa
crítica da sociedade. *Ver* ativismo
cuidados, 140-141, 201
cultura organizacional
   abordagens tradicionais, 124-125, 138
   propósito individual e, 124-128

   sustentabilidade do propósito e, 192-193
   Ver também comunidade
CVS, 20

D

Damon, William, 11
Danone
   contando histórias, 104-105, 107, 110-111, 113-114
   estrutura de governança, 191-192
   propósito sobre lucro e, 185-186, 187
declaração sobre o propósito de uma corporação (Business Roundtable), 8
declarações de propósito
   avaliando, 19, 196
   características de, 2
   comunidade moral e, 81
   estratégia de teste de estresse e, 88-91
   inadequações de, 10, 86
   orientação *multistakeholder* e, 2, 88
   propósito conveniente e, 4
   raízes do propósito e, 78, 81
   sustentabilidade do propósito e, 177
Delta Air Lines, 20
Desempenho com Propósito. *Ver* PepsiCo
desempenho financeiro. *Ver* crescimento; prioridade de lucro; propulsores do propósito para desempenho financeiro; vínculo propósito-desempenho
desviadores do propósito
   divisão propósito-estratégia, 188-192
   métricas quantitativas e, 179-185, *185*
   paradoxo da personificação, 176-178
   propósito sobre lucro, 185-188
Di Sibio, Carmime, xxi, 184
Dick's Sporting Goods, 20
Dickens, Charles, 47

Dickerson, Chad, 25-26
Dickinson, Becton, 58
dilema do bom samaritano. *Ver* propósito sobre o lucro
Disney, 87
divisão propósito-estratégia, 188-192
documentos de identidade. *Ver* declarações de propósito
Durkheim, Émile, 69, 79
Duvernay-Tardif, Laurent, 136
Dweck, Carol, 131
Dye, Dan, 63

E

Edmans, Alex, 53
empreendimentos empresariais, xvii–xviii, xix
Empresas tipo "bom samaritano". *Ver* propósito sobre lucro
Enron, 5
environmental, social and governance (ESG), objetivos, 183, 184, 190
escândalos. *Ver* crises da empresa
escolha e *stakeholders*, 23-48
   comprometer e, 39-42
   comunidade moral e, 44-45
   crises da empresa e, 23-29, 43-44, 45, 46
   dificuldade inerente, 30-31
   expectativas de desempenho e, 187
   idealismo prático e, 28-29, 33-39
   lições para líderes, 45-48
   motivação e, 42-43
   passos de ação, 196-197
   propósito como intenção e, 43
   propulsores do propósito e, 69
   relação propósito-desempenho e, 31-32
   resolução coletiva e, 44-45
   tomada de decisão empresarial e, 33-34, *33*, 46-47
   versus soluções ganha-ganha idealizadas, 28, 29-30, 31, 32, 44, 45, 196-197
estratégia de diálogo crítico, 86-87
estratégia de tensão nostalgia-postalgia, 84-86
estrutura de governança, 25, 186, 190-192
Etsy
   crise da empresa, 23-29, 45
   escolha e *stakeholders* e, 31-32, 43-44, 45, 46, 187
   métricas quantitativas e, 181, 182, 183
eu, foco ao contar histórias, 106-108
experiência do colaborador. *Ver* autonomia; propósito individual; comunidade moral; motivação
EY, 184, *185*
Ezoe, Hiromasa, 36

F

Faber, Emmanuel
   contando histórias, 104-105, 107, 110-111, 113-114
   estrutura de governança e, 191-192
   propósito sobre lucro e, 185-186, 187
Facebook
   crise da empresa, 49-52, 53, 61-62
   motivação e, 65
   propósito como intenção e, 54-55
Federal Bureau of Investigation (FBI), 158-159, 161-162
Fink, Larry, xx, 52-53
Forlenza, Vince, 179-180
Frankl, Viktor, 17
Friedman, Milton, xxi
Frymark, Jenn, 13

Índice **267**

G

Ganz, Marshall, 106, 108, 109, 111
Gassner, Pedro, 190, 191
Gates, Bill, 82
General Motors (GM), 143-145, 147-149
George, Bill, 113
Gervais, Miguel, 131
Gilboa, Dave, 155
Giridharadas, Anand, 29
Gorsky, Alex, 88, 90
Gotham Greens, 12-14, 20, 39-42, 43
Grande História, 98-99, 103-105, 199
    Ver também contando histórias
GreatCall, 58
Grieder, Calvin, 59

H

Haley, Eric, 13
Henderson, Rebecca, 53
Hernes, Tor, 76
Hit Refresh (Nadella), 17, 85, 130
Hogan, Kathleen, 85-86, 130-131, 132, 133, 136-137
Højgaard, Line, 92
Holmes, Elizabeth, 4-5
Honeywell, 47
Howard, Molly, 126
Hughes, Chris, 65

I

IBM, 124
idealismo prático, 28-29, 33-39
identidade. *Ver* comunidade moral
Ikeuchi, Shogo, 37, 38-39
inclusão, 126
indicadores-chave de desempenho (KPIs), 181

individualidade, 119-123
    Ver também propósito individual
inovação, 54, 57-58, 60
integração, 197
intenção. *Ver* propósito como intenção
IPOs, 25-26
Iyer, Ramesh, 1532

J

Jobs, Steve, 86-87, 178
Johnson & Johnson, 88-91
Johnson, Derrick, 51
Johnson, Kevin, 178
Johnson, Robert Wood, 88

K

Kahan, John, 133-134
Kalin, Rob, 24, 25
Kansas City Chiefs, 135-136
Kanter, Rosabeth Moss, 30
Kaufman, Scott Barry, 137, 138
Keynes, John Maynard, 20
Knudstorp, Jørgen Vig, 74-78, 83, 84, 93
KPIs (indicadores-chave de desempenho), 181
KPMG, 128-130, 139
Kramer, Mark R., 5-6, 29
Krishnamoorthy, Raghu, 67
Kristiansen, Ole Kirk, 77
Kumari, Shipra, 150-151

L

lacuna entre saber e fazer, 18
Laguarta, Ramon, 178
lavagem de propósito, 50-51, 102, 204
LEGO, 74-78, 83, 84, 92-93
líderes, lições para
    burocracia, 164-167

contando histórias, 115-117
engajando-se com o propósito, 18-21
escolhas e *stakeholders*, 45-48
propósito individual, 138-141
propulsores do propósito para o desempenho financeiro, 68-72
raízes do propósito, 91-93
sustentabilidade do propósito, 192-194
Livongo, 67, 127-128
lógica comercial, 30, 33-34, *33*
   Ver também prioridade de lucro
lógica social, 30, 33-34, *33*
Lynch, Marshawn, 120-121, 128

M

M. Dias Branco, 62-63
Mackey, John, 6
Mahindra, 150-152, 154, 165-166, 182, 188
Mahindra, Anand, 151-153
Mane, Dipak, 56, 64
marca, 197
March, James, 115
Mark-Eisenring, Irene, 67
Mars, Forrest, Sr., 1
Mars, Inc., 1-4, 47
Maslow, Abraham, 137-138, 140
maximização do valor para o acionista.
   Ver prioridade de lucro
McGregor, Douglas, 140
McNamee, Roger, 52
métricas quantitativas, xxi, 179-185, 203
Microsoft
   crescimento da, 138-139
   escolha e *stakeholders* e, 187
   propósito individual e, 130-132, 133-134, 136-137
   propósito profundo como princípio organizador e, 17, 18
   raízes de propósito e, 85-86

morte por medição (inadequada). *Ver* métricas quantitativas
motivação
   como propulsor para o desempenho financeiro, 65-68
   contando histórias, 98
   escolha e *stakeholders* e, 42-43
   intrínseca, 17, 65-66
   princípio organizador e, 15
   propósito individual e, 133
motivação intrínseca, 17, 65-66
Moynihan, Brian, xxi
Mueller, Roberto, 158-159, 161-162
Muilenburg, Dennis, 172, 173
multistakeholder, orientação, 180
   comunidade moral e, 70
   contando histórias, 102, 107, 113
   crises da empresa e, 25, 26-27
   declarações de propósito e, 2, 88
   estrutura de governança e, 190-191
   possibilidades futuras para o capitalismo e, xxi
   propósito conveniente e, 5-6, 7, 8
   propulsores do propósito e, 61, 63, 198
   raízes do propósito e, 78-79
   sustentabilidade do propósito e, 189-190, 203
   Ver também valor compartilhado; escolha e *stakeholders*
   vínculo do desempenho financeiro, xiv

N

Nadella, Satya
   desempenho financeiro e, 187
   propósito individual e, 130, 132, 137, 139, 140
   raízes do propósito e, 82, 85, 86
   sobre a alma, 17, 18

sobre propósito como princípio organizador, 15
narrativa mestra. *Ver* Grande História
National Cash Register Company, 16
National Football League (NFL), 119-123, 135-136, 138, 139
New England Patriots, 138
Nike, 70
Nooyi, Indra
   ações de gestão e, 112-113, 114
   adoção da estratégia de propósito e, 101, 102, 115, 117
   autenticidade e, 114
   comunidade moral e, 109
   contando histórias, 107-108, 109, 114
   experiência de, 100, 107-108
   paradoxo da personificação e, 178

O

Obama, Barack, 148
objetivo superordenado, 45
OKRs (objetivos e resultados-chave), 180-181
One Mighty Mill, 183-184
Onward (Schultz), 176-177
organização híbrida, 30
Ovia Health, 125-127

P

paradoxo da personificação, 176-178
passos de ação, 195-206
   burocracia, 201-202
   contando histórias, 199-200
   escolha e *stakeholders*, 196-197
   finalidade individual, 200-201
   propulsores do propósito para o desempenho financeiro, 197-198
   raízes do propósito, 198-199

sustentabilidade do propósito, 202-204
Patagonia, 20
pensamento "sim, e", 47
PepsiCo
   ações de gestão, 112-113, 114
   adoção de estratégia de propósito, 101-102, 115, 117
   comunidade moral e, 109
   contando histórias e, 103-104, 107-108, 114
   escolha e *stakeholders* e, 47
   Nooyi, nomeação, 100-101
   paradoxo da personificação e, 178
   reestruturação, 100
Pfau, Bruce, 129-130
planejamento para sucessão, 202-203
   Ver também paradoxo da personificação
poder de convocação, 60
Podolny, Joel, 139
Polman, Paul, xxi
pontos de escolha, 107, 109, 199
Porter, Michael E., 5-6, 29
postalgia, 84-86
potência moral, 99
princípio organizador, propósito como, 14-18, 54-58
prioridade de lucro
   afastando-se da, 46-47
   aridez moral do capitalismo e, xxi
   crises da empresa e, 49-52, 53
   críticas de, 29-30
   escolha e *stakeholders* e, 33, 34, 35
   motivações para, 53
   propósito como ganha-ganha apenas e, 6
   propósito conveniente e, 5, 6
   versus lógica social, 30, 33-34

problema dos silos consolidados, 159-160
  Ver também colaboração
produtos nocivos, 3-4, 51, 101, 102
propósito
  como ferramenta, 10-11
  como poder suave, 9
  definições de, 1
propósito como disfarce, 4-5, 7
propósito como ganha-ganha apenas, 5-6, 7
propósito como intenção, 11-14
  como propulsor para o desempenho financeiro, 54-58
  escolha e *stakeholders* e, 43
  idealismo prático e, 34-35, 37
propósito conveniente, 3-8, 7
  avaliando, 19
  cinismo sobre o capitalismo e, 8
  diversidade de empresas usuárias, 6-7
  Facebook e, 50
  idealismo prático e, 34
  produtos e, 3-4
  propósito como disfarce, 4-5, 7
  propósito como ganha-ganha apenas, 5-6, 7
  propósito periférico, 5, 7
  valor compartilhado e, 5-6
  versus propósito profundo, 18
propósito de carreira, 134, 135
propósito de vida, 134-138
  Ver também propósito individual
propósito-desempenho, vínculo, xii–xiii, xiv, xviii–xix, 31-32, 52-53
propósito do trabalho, 134, 135
propósito individual, 119-141
  comunidade moral e, 140
  cultura organizacional e, 124-128
  exploração pessoal de, 130-134, 200
  individualidade e, 119-123

lições para líderes, 138-141
passos de ação, 200-201
propósito de vida e, 134-138
três dimensões de, 134-135, *135*
voz dos colaboradores e, 128-130
propósito periférico, 5, 7
propósito profundo
  como princípio organizador, 14-18, 54-58
  radiação de, 12
  versus propósito conveniente, *18*
propósito sobre lucro
  como desviador do propósito, 185-188
  crises da empresa e, 25, 26
  lições para líderes, 46
  tomada de decisão empresarial e, *33, 34,* 35, 36
propulsor do propósito direcional, 54-58
propulsores do propósito para o desempenho financeiro, 53-72
  comunidade moral e, 66, 69-70
  direcional, 54-58
  escolha de *stakeholders* e, 69
  lições para líderes, 68-72
  motivacional, 65-68
  passos de ação, 197-198
  relacional, 58-61
  reputacional, 61-65
propulsores. *Ver* propulsores do propósito
Purdue Pharma, 5
Puri, Viraj, 13-14, 39, 41, 42

R

raízes do propósito, 74-93
  autenticidade e, 82-84
  comunidade moral e, 70-71, 79-82, 83
  contando histórias, 110
  crises da empresa e, 74-75, 89-90, 91, 92

declarações de propósito e, 78, 81
estratégia de diálogo crítico, 86-87
estratégia de tensão
  nostalgia-postalgia, 84-86, 198
estratégia de teste de estresse, 88-91, 198
imagem de Sankofa para, 74
lições para líderes, 91-93
orientação *multistakeholder*, 78-79
passos de ação, 198-199
sustentabilidade do propósito e, 177-178
reciprocidade, 3
Recruit Holdings Co., 36-37
recrutamento, 197
reestruturação, 23-24, 26-27, 31-32, 45, 75
regulamentação do governo, 9
Reid, Andy, 136
Reinemund, Steven, 101
relações
  autonomia e, 155
  propósito individual e, 122
  propulsores do propósito e, 58-61
  Ver também comunidade moral, confiança
reputação, 61-65
Resnick, Mitch, 76
responsabilidade social corporativa (RSC), 5, 27
Riboud, Antoine, 110
Roberts, Ian, 59-60
Rose, Amber Marie, 143-144, 147

S

Salesforce, 20
Santa Clara County *versus* Southern Pacific Railroad, 15
Scheiber, Stefan, 58-59, 60, 62, 63
Schultz, Howard, 176-177

Schultz, Majken, 76
Seattle Seahawks, 119-123, 139
Selznick, Philip, 16
Serafeim, George, 52
Shah, Anish, 165-166
significado, 14, 17, 66
  Ver também princípio organizador
Silverman, Josh
  crise da empresa e, 23-24, 26-28, 45, 46
  escolha e *stakeholders* e, 31, 32, 43-44, 187
  métricas quantitativas e, 183
Sisodia, Raj, 6
Smith, Adam, 19, 204-205
Smith, Antony D., 80
Sneath, Jesse, 156
solução simultânea. *Ver* soluções ganha-ganha idealizadas
soluções ganha-ganha
  idealizadas, 28, 29-30, 31, 32, 44, 45, 196-197
  propósito conveniente e, 5-6, 7
  Ver também orientação *multistakeholder*
soluções ganha-ganha idealizadas, 28, 29-30, 31, 32, 34, 44, 45, 196-197
Southwest, 124
Starbucks, 18, 176-177
Stonecipher, Harry, 174, 175
Strawberry Frog, 181
Study Sapuri, 38-39
sucessão de lideranças, 177-178
sustentabilidade do propósito, divisão, 169-194
  crises da empresa e, 169-174
  divisão propósito-estratégia e, 188-192
  estrutura de governança e, 190-192
  lições para líderes, 192-194

métricas quantitativas e, 179-185, *185*, 203
paradoxo da personificação e, 176-178
passos de ação, 202-204
propósito sobre o lucro e, 185-188

T

Teoria Y, 140
teste de estresse, estratégia de, 88-91
Theranos, 4-5, 7
tomada de decisão empresarial
  capacitação para, 199
  escolha e *stakeholders* e, 33-34, 33, 46-47
  propósito como intenção e, 56-57
tomada de decisão. *Ver* tomada de decisão empresarial
tomada de riscos, 35-39
Tullman, Glen, 67, 127-128
Turing Pharmaceuticals, 5

V

valor compartilhado, 5-6, 9, 26, 29, 180
  Ver também orientação *multistakeholder*
valor em longo prazo, xx–xxi, 31, 204-205

valor para o cliente, 27, 63-65
Valukas, Anton, 147, 148
Veeva Systems, 190-191
virtude, 19-20, 63
  Ver também comunidade moral

W

Wallace, Paris, 126, 127
Wallach, Matt, 190
Warby Parker, 154-155, 156, 163-164, 189
Weber, Max, 145, 146
Weick, Karl, 14
Weldon, William, 89-90
Winning Now, Winning Later, 47

Y

Yamaguchi, Fumihiro, 39
Ybema, Sierk, 84-85

Z

Zuckerberg, Mark, 50, 51, 61